世界警学名著译丛
江苏高校优势学科建设工程资助项目（PAPD）

Moral Issues in Intelligence-led Policing
情报主导警务中的道德问题

Nicholas R. Fyfe　　　　Helene O. I. Gundhus　　　　Kira Vrist Rønn

【英】尼古拉斯·R·费菲　　【挪】海伦娜·O·I·冈杜斯　　【丹】基拉·维斯特·罗恩　编

郭瑞斑　俞艳凤　译

江苏人民出版社

图书在版编目(CIP)数据

情报主导警务中的道德问题/(英)尼古拉斯·R.费菲,(挪)海伦娜·O. I.冈杜斯,(丹)基拉·维斯特·罗恩编;郭瑞珽,俞艳凤译. --南京:江苏人民出版社, 2021.11

(世界警学名著译丛)

书名原文:Moral Issues in Intelligence-led Policing

ISBN 978-7-214-26035-2

Ⅰ.①情… Ⅱ.①尼… ②海… ③基… ④郭… ⑤俞… Ⅲ.①警察-情报工作-研究-英国 Ⅳ.①D756.135

中国版本图书馆 CIP 数据核字(2021)第 058713 号

Moral Issues in Intelligence—led Policing, 1st Edition / by Helene Gundhus, Kira R? nn, Nick Fyfe / ISBN: 978-0415373791

Copyright © 2019 by Routledge

Authorized translation from English language edition published by Routledge, a member of Taylor & Francis Group; All Rights Reserved.

本书原版由 Taylor & Francis 出版集团旗下 Routledge 出版公司出版,并经其授权翻译出版。保留所有权利。

Jiangsu People's Publishing House is authorized to publish and distribute exclusively the **Chinese（Simplified Characters）** language edition. This edition is authorized for sale throughout **Mainland China**. No part of the publication may be reproduced or distributed by any means, or stored in a database or retrieval system, without the prior written permission of the publisher.

本书简体中文翻译版授权由江苏人民出版社独家出版并限在中国大陆地区销售,未经出版者书面许可,不得以任何方式复制或发行本书的任何部分。

Simplified Chinese edition copyright © 2021 by Jiangsu People's Publishing House. All rights reserved.

简体中文版权© 2021 江苏人民出版社。保留所有权利。

Copies of this book sold without a Taylor & Francis sticker on the cover are unauthorized and illegal.

本书贴有 Taylor & Francis 公司防伪标签,无标签者不得销售。

江苏省版权局著作权合同登记号:图字 10-2019-654 号

书　　名	情报主导警务中的道德问题
编　　者	[英]尼古拉斯·R·费菲　[挪]海伦娜·O·I 冈杜斯　[丹]基拉·维斯特·罗恩
译　　者	郭瑞珽　俞艳凤
责任编辑	张　凉
出版发行	江苏人民出版社
地　　址	南京市湖南路 1 号 A 楼,邮编:210009
照　　排	江苏凤凰制版有限公司
印　　刷	南京新洲印刷有限公司
开　　本	718 毫米×1000 毫米　1/16
印　　张	19.5　插页 2
字　　数	297 千字
版　　次	2021 年 11 月第 1 版
印　　次	2021 年 11 月第 1 次印刷
标准书号	ISBN 978-7-214-26035-2
定　　价	62.00 元

(江苏人民出版社图书凡印装错误可向承印厂调换)

在试图通过情报主导的方法研究主动警务的困境和法律含义时，编辑们整理了一些有见地的章节，提出了关于预防犯罪领域的风险和责任制的重要问题。由于西方警察部门对预测威胁而不是回应事件越来越感兴趣，因此本书各章适时讨论了在保持民主原则的同时减少不确定性的挑战。各章的作者主要是斯堪的纳维亚人，为这本有趣的书提供了令人耳目一新的观点。

杰里·H·拉特克利夫
刑事司法系教授
安全与犯罪中心三任
美国天普大学

北欧犯罪学以其深刻的理论见解和扎实的研究传统在国际上享有盛誉。本书是 21 世纪斯堪的纳维亚警察研究的先驱，对情报主导的警务研究做出了可喜的贡献。犯罪前摄、预防和主动警务、监控和情报分析都是复杂的专业语言，通常仅从效力角度进行论述。这本书超越了有关"在情报主导的警务领域什么行之有效"的问题。取而代之的是，这本书提出了道德问题，并理清了警务中重要的东西。

詹姆斯·谢普蒂基
文科和专业研究学院犯罪学教授
加拿大约克大学

这些关于以情报为主导的警务工作的丰富学术贡献应被视为反恐时代的及时雨。在这个时代，监视、卧底方法和预测性风险评估正被广泛接受，并被应用于越来越多的犯罪和公共罪行。从本质上讲，以情报为主导的警务是秘密的和侵入性的，因此公民没有机会表示是否同意。减少应有的正当程序保证是忧虑的源头：不仅边防警察，而且所有形式的执法和社会审查现在都常规地使用预测算法，每个个体无论犯罪与否都在其中被构建。作者们正确地发声,这种权力、组织理论和技术创新的重组可能具有潜在的危害,并且应该引发有关警察、政治与社区之间关系的社会辩论。

莫妮卡·登·布尔

研究与咨询主任

犯罪学和安全研究系兼职教授

澳大利亚悉尼麦觉理大学

贡献者

英格维德·布鲁斯（Ingvild Bruce） 拥有法学硕士学位（2005年），并在奥斯陆大学获得了"预防性地使用监视手段保护国家安全——比较研究"项目的博士学位。她曾在国际恐怖主义立法、刑事诉讼法和国际司法合作等领域发表过文章，并曾担任挪威政府和议会的法律顾问以及检察官，拥有多年的专业经验。

嘉尼·弗莱赫德（Janne Flyghed） 斯德哥尔摩大学犯罪学教授。他的主要研究领域涉及如何将犯罪保持在可接受水平，同时保持社会体面的问题。我们如何在尊重公民权利和自由的同时打击犯罪？他的研究在很大程度上处理了各种警务，包括私人警务的问题，例如，私人保安公司和审计公司进行的法务调查的扩张。

尼古拉斯·R·费菲（Nicholas R. Fyfe） 邓迪大学社会科学学院的教授兼副院长，苏格兰警务研究所所长。他从事有组织犯罪调查中的证人保护和失踪人员警务方面的重大项目。他目前的研究重点是警务改革，正在对苏格兰新的国家警察部队进行为期4年的评估。

海伦娜·O·I·冈杜斯（Helene O. I. Gundhus） 奥斯陆大学犯罪学和法律社会学系教授，还是挪威警察大学学院的二级教授。她于2006年在奥斯陆大学获得犯罪学博士学位。2006年至2016年，她在挪威警察大学学院工作。目前（2015—2021），她领导着一个名为"现代警务新趋势"的项目，该项目由挪威研究委员会资助。她在预防犯罪、警务专业化、警务技术使用和跨国警务等广泛的主题上发表了众多著作。

维达尔·哈尔沃森(Vidar Halvorsen) 最初受过政治学者的培训,并在司法部和奥斯陆警察学院中担任公务员多年。他于1999年加入奥斯陆大学犯罪学和法律社会学系,担任研究员,并于2002年为他关于警务武力伦理学的博士学位论文答辩。他目前是该系法律社会学教授。

米娅·R·哈特曼(Mia R. Hartmann) 心理学家、博士。哥本哈根商学院组织部和麻省理工学院斯隆管理学院博士后研究员。

娜佳·K·赫斯特哈夫(Nadja K. Hestehave) 拥有犯罪学硕士学位,并被聘为丹麦警察国家调查中心的高级顾问。目前,她正在丹麦奥尔堡大学做博士研究生,正在进行一项探索主动警务调查的方法的研究项目。

埃斯本·霍博格(Esben Houborg) 奥尔胡斯大学酒精与药物研究中心的副教授。他的研究兴趣包括毒品政策、毒品警务、毒品市场、历史上的毒品和毒品问题、城市角度的毒品和减少危害。

辛尼夫·扬森(Synnøve Jahnsen) 罗肯大学研究中心的博士后研究员。从2014年至2017年,她在挪威警察大学学院担任高级研究员。扬森于2014年在卑尔根大学获得社会学博士学位。她的研究兴趣包括全球化、性别、移民、警务和边境管制。

玛丽·考夫曼(Mareile Kaufmann) 奥斯陆大学犯罪学和法律社会学系的博士后研究员,也是奥斯陆和平研究所的高级研究员。她的工作重点是数字技术及其在危机管理、偏差和反监督领域与社会的关系。她在一系列学术文章、书籍章节、专著、公开社论和政治文件中都撰写了有关这些主题的文章。

保罗·拉尔森(Paul Larsson) 奥斯陆挪威警察大学学院的犯罪学博士和教授。在此之前,他曾在奥斯陆大学犯罪学研究所工作,2001年至2003年,他是国家警察局战略分析和犯罪预防部门的负责人。

海蒂·莫克·洛梅尔(Heidi Mork Lomell) 奥斯陆大学犯罪学和法学社会学系犯罪学教授。洛梅尔的研究领域包括刑事定罪和安全化、监控、警务和人权。

基拉·维斯特·罗恩(Kira Vrist Rønn) 哥本哈根城市大学学院的讲师。罗恩拥有哥本哈根大学哲学系的哲学博士学位,她的主要研究兴趣包括情报伦理学、安全研究、警务和监控。罗恩之前曾在政治学系担任博士后研究员,并曾在哥本哈根大学任丹麦国家警察的分析师。

托马斯·弗里斯·斯加尔德(Thomas Friis Søgaard) 奥尔胡斯大学酒精与药物研究中心的助理教授。他的研究兴趣包括夜间经济警务、伙伴关系警务、保镖、毒品市场、毒品使用、犯罪中止和男子气概。

安妮特·维斯特比(Annette Vestby) 奥斯陆挪威警察大学学院的犯罪学博士研究员。她研究了多机构和情报引导的警方对犯罪的反应,这些对有组织犯罪和经济犯罪之间的传统区别提出了挑战。

致　谢

这本书确实是集体智慧的结晶,大家参与,缺一不可。我们特别感谢那些在本书撰写过程中积极参与的撰稿人。如果没有来自各个学科全面而多样化的知识,这本书不会成型。

许多贡献者以各种方式与研究项目"现代警务新趋势"相关,该研究项目由挪威研究委员会资助,由海伦娜·O·I·冈杜斯领导。实际上,这本书的构想是基拉·维斯特·罗恩在2015年8月参加挪威警察大学学院的"现代警务新趋势"项目的初始研讨会之后提出的。我们非常感谢委员会提供的财政支持,这使得现代警务领域的领先学者之间的跨学科和国际合作成为可能。

我们也感谢劳特利奇(Routledge)出版社的支持以及他们的宝贵合作,尤其是汤姆·萨顿和汉娜·卡特瑞尔的支持,他们在实现本书的整个过程中都热情投入。我们同样感谢两位匿名审稿人广泛而周到的评论,他们在整个过程中为我们提供了指导。

最后,我们感谢达芙妮·黛(Daphne Day)和朱丽叶·赫维克(Julie Høivik)在定稿时对整个手稿进行了彻底的校对和支持,并感谢奥斯陆大学法学院犯罪学和法律社会学系、挪威警察大学学院提供的财政支持。

目 录

导读　尼古拉斯·R·费菲　海伦娜·O·I·冈杜斯　基拉·维斯特·罗恩　1
　　引言　1
　　ILP 是什么？　2
　　主动警务的核心概念　4
　　我们所说的"道德问题"是什么？　9
　　本书要素简介　14
　　参考文献　19

第一部分　情报主导警务的增长

　　第一章　预防时代的警务实践：道德类型化　维达尔·哈尔沃森　25
　　　　引言　25
　　　　先发制人的正义　26
　　　　先发制人的、预防性的和欺骗性的警务　29
　　　　强制的道德限度　32
　　　　被动警务与预防警务　33
　　　　反恐和预防的逻辑　36
　　　　结论　39
　　　　参考文献　40

　　第二章　侦查还是煽动？执行儿童诱骗立法　海蒂·莫克·洛梅尔　42

1

旧式的刑事侦查　42

刑法的预防性转向　43

网络性诱骗儿童　45

执行诱骗法规　49

总结思考　56

参考文献　57

第三章　预测犯罪？论知识组织转向对警方的挑战　娜佳·K·赫斯特哈夫　61

引言　61

新的警务范式　62

对预防犯罪和犯罪前摄社会的新认识　64

新警务范式面临的挑战　66

缺乏基于知识的工作经验　67

专业化问题　68

缺乏知识共享和知识垄断　69

分析质量差，无法应用　70

外部政治控制和内部等级制度　70

真正的警务和实地改革　71

基于知识警务的可能性　73

学习组织还是预测分析？　74

参考文献　76

第二部分　新逻辑——新措施？

第四章　保护国家安全中监控措施的预防性使用：荷兰、挪威和瑞典立法的比较分析　英格维德·布鲁斯　83

引言　83

概念框架及其应用　84

传统方法以及通过预防性立法的过程　86

预防性立法的内容　88

可能性的要求 93

总结性评论 97

参考文献 100

第五章 狩猎:挪威通信控制使用的各方面 保罗·拉尔森 102

引言 102

加宽网络? 105

常态化? 108

刹车 109

讨论:例外情况常态化? 111

参考文献 116

第六章 情报的职业道德:论道德作为情报活动内部自我调节规范的可行性 基拉·维斯特罗恩 119

引言 119

情报行为道德守则 127

道德准则的未来 133

结论 134

参考文献 135

第三部分 创新和新技术

第七章 犯罪预测的共建:数字数据、软件和人之间的动态关系 玛丽·考夫曼 139

引言:预测性警务的新能动性与理性 139

数字数据、软件和人:预测的共同构建中的合作与竞争 141

结论:预测性警务和作为"不同规律性"的犯罪 153

参考文献 155

第八章 灰色地带的创造力:以主动警务为例 米娅·R·哈特曼 157

引言 157

解释灰色地带创造力 158

政府创新项目的抽象化倾向 162

警务在社会层面陷入困境　164

预测性警务方法改变了传统的组织方式　169

结论　172

参考文献　174

第四部分　警务工作外包

第九章　多样的警务网络——揭示夜生活丰富地区执法合作和信息交换的多种形式　托马斯·弗里斯　斯加尔德　埃斯本·霍博格　181

引言　181

警务伙伴关系中的信息交换：概述分析框架　182

语境和研究方法　184

研究结果　186

结论性讨论：多元警务知识交流的道德含义　195

参考文献　197

第十章　情报主导的警务私域化：从事法务工作的审计员　嘉尼·弗莱赫德　201

引言　201

新的安全格局？　202

扩大咨询业务　205

是犯罪还是"商业问题"？　209

警务领域的审计师　210

讨论　211

参考文献　214

第五部分　联合力量

第十一章　权衡风险与威胁：通过情报手段确保边境安全　海伦娜·O·I·冈杜斯　219

引言　219

欧盟边防局——情报活动　221

犯罪预防和强制性措施 231

从风险指标到道德类别 233

结论 236

参考文献 237

第十二章　不断变化的警务生态和公平：在警务改革时代重新设定边界的一些启示　尼古拉斯·R·费菲 242

引言 242

"社区不在乎边界"：苏格兰警务改革的背景、概要和冲突 244

环境 244

概要 245

冲突 246

专家和调查资源的新生态 247

"我不知道它们的界限在哪里"：地方警察在寻找和协商新的组织格局方面的观点 250

结论 253

参考文献 255

第六部分　旧罪新方

第十三章　不受政治影响的政策制定：情报主导警务夸大了的客观性　安妮特·维斯特比 259

引言 259

背景 260

关于情报主导警务相互矛盾的观点 263

讨论 270

结论 274

参考文献 275

第十四章　寻找坏人：禁止和驱逐非法摩托车团伙　辛尼夫·扬森 278

引言 278

在犯罪预防社会中预先消除非法摩托车团伙犯罪 280

控制令的变迁 281

极端措施的常态化　282

执法和溢出效应　283

犯罪情报和身份等级变化　284

温水煮青蛙　286

搜寻坏人　288

品格和一般签证取消　290

等待的好处　291

最终讨论　293

参考文献　294

导　读

尼古拉斯·R·费菲　　海伦娜·O·I·冈杜斯　　基拉·维斯特·罗恩

引言

本书的核心目的是针对西方警察服务的核心发展提供批判性反思的焦点。以情报为主导的警务（Intelligence-Led Policing, ILP）是这些发展中的一项，需要进行严格的审查。例如，它的实际适用性，以及随之而来的警务核心范围的根本变化。

ILP 是警务领域中不断发展的概念（Ratcliffe, 2008）。虽然它的出现是为了给传统的警察调查战略和专业警察行动提供支持（John and Maguire, 2003；Tilley, 2003），但今天我们常用来描述 ILP 的关键词都是"战略性、面向未来、主动性、有针对性"，它也成了西方世界警察服务采用的主要警务策略之一（Ratcliffe, 2008, 2016；Maguire, 2000）。最初，它为被动警务和回应式警务（reactive and response-based policing）工作提供支持，但现在它越来越多地被定义为一个过程模型，用于巩固组织结构，以改进未来的警察工作（Ratcliffe, 2016: 64）。因此，ILP 只是警务内部逻辑发生相似变化的警务策略之一——从被动关注转向主动关注。问题导向警务、智能警务、整体警务以及其他术语或多或少描述了相同的转变，将重点放在预防和破坏犯罪活动、犯罪的风险管理，而不是像之前一样重点关注已经发生的个案和刑事犯罪案件（Ratcliffe, 2016）。

以情报为主导的警务工作，以及类似的策略，其根本目标是提高警察工作的效率和质量。ILP 的支持者强调，犯罪分析和情报方法是明智、客观决策框架的关键工具——无论是在实施战术性、针对性、专业化的行动，还是在制定战略优先事项时均是如此。将犯罪情报分析纳入警务工作，并着重于危险评估和减少犯罪活动的危害，这种尝试本身就很有吸引力，因为这些举措可能会导致警务工作发生质的变化。然而，这本书将指出采取更积极主动的警务形式可能存在的一些问题。本书的章节，从不同的学术角度出发，并不是要消除 ILP 和现代警务的主动性战略，而是要让人们看到认可这些战略会带来的新挑战，提醒人们不要在尚未对这些战略的基本社会影响进行批判性反思或讨论之前就盲目地进行授权。

在本书中，我们将首先介绍 ILP 的一些核心思想和核心概念。然后，我们会详细说明我们所说的"道德问题"是什么，以及我们所指的是什么类型的问题。第三，我们将介绍本书的各个部分，并逐一介绍 14 个章节。最后，我们将指出这本书在当前警务环境中的用处，以引发对 ILP 和主动警务理念未来发展的批判性、建设性讨论。

ILP 是什么？

杰里·拉特克利夫是 ILP 的创始人之一，他 2008 年所著的《情报主导警务》（*Intelligence-led Policing*）一书（2016 年有了新版），西方警务部门所有管理级警官几乎人手一本。拉特克利夫如下描述了 ILP 的核心思想：

> 一次处理一项艰苦的犯罪调查，永远不能影响更广泛的犯罪机会结构。相反地，退后一步将威胁和风险置于整体的角度下评估犯罪的社会危害，使得警务在更广阔的领域内预防犯罪成为可能，不再是解决一个个已经发生的单一案件。(Ratcliffe, 2008:8)

努力实现"退一步"、掌握手中问题的全局，不仅意味着犯罪情报分析人员在警察组织内全新的、更深刻的角色变化，也需要根本转变大多数警务服务的行动导向性质，所谓行动导向性质即更看重对给定问题的快速反应而非综合分析（见第三章）。

警务人员从被动警务转变为主动警务的主要原因之一,是他们所面对的犯罪环境日益复杂,特别是有组织及跨国犯罪的扩散。风险社会的一般逻辑也是一个有影响力的因素,推动了ILP的理念。这通常反映在上文所述的ILP准则中,即应该管理而非逐个处理犯罪。因此,ILP的目的是避免在无助于管理风险、威胁和不安全的控制上浪费资源。此外,作为公共机构的管理逻辑,向"新公共管理"迈进的普遍趋势,以及随后记录和衡量公共倡议影响的需要,也同样被强调为对ILP和其他此类警务策略的支持因素。绩效驱动的文化导致了数据和信息的过量生产(Ericson and Haggerty,1997;Ratcliffe,2016)。此外,强调ILP优于其他警务策略时,警务服务中缺乏资源也是经常提到的原因,因为ILP强调识别犯罪和罪犯的类型,警察应该主要将注意力集中在获得最高效率和最大价值,基于对特定犯罪的分析做出决策(Ratcliffe,2008;Maguire,2000;也见第三章对拉特克利夫的七项"变化驱动"的详细阐述)。

因此,在其支持者看来,ILP被直观地视为应对当前警务部门面临的挑战的完美策略,而它提高警务效率的承诺使其对世界各地的警察管理者更具吸引力。

强调犯罪情报分析

所谓的3-i模型体现了犯罪情报分析以及ILP的应用在警务服务中全新的中心角色。该模型反映了ILP的核心理念,并代表了三个关键角色之间的理想关系:决策者、犯罪环境和情报分析员。这种关系首先表现在情报分析人员对犯罪环境的解释(Interpret)上;其次体现在情报分析人员对决策者的影响(Influence)上;第三反映在决策者对犯罪环境的打击(Impact)上。

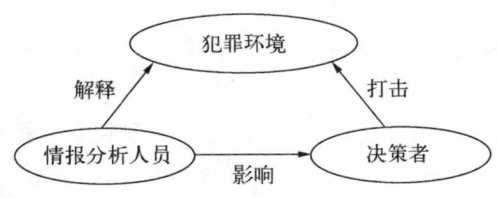

3-i模型
来源:拉特克利夫(Ratcliffe,2008,2009)

因此，ILP 的支持者强调要明晰犯罪情报分析人员和决策者之间的核心分工。而基本的目标，从情报分析师的角度来看，是为决策者提供"客观决策框架"(Ratcliffe,2009:4)，决策者的功能是基于情报分析人员的结果，结合其他更实际的政治和务实的因素，打击犯罪环境。因此，ILP 更多的是一种商业模式或一种管理理念，即如何实施警务，而不仅仅是为情报分析师提供具体的动手分析工具。为了强调模型的动态性，拉特克利夫(2016:83)最近引入了第四个组件，即从决策者到犯罪情报分析员(3-i 模型中的情报)的意图的迭代过程。由于警察领导人在自身的角色上一直在累积经验，因此他们指导和塑造情报系统的能力也一直在提高。

警察组织在实际实施 ILP 和 3-i 模型过程中面临的挑战之一，本质上通常是文化上的，而且主要基于这样一个事实：警察服务的决策者在他们的决策过程中通常不喜欢参考其他参与者，如犯罪分析师的发现(Cope,2004；Sheptycki,2004；James,2013；Ratcliffe,2016)。IPL 挑战了大多数警察部门指挥系统的等级性本质，特别是它要求根据犯罪分析做出全面决策方面。因此，决策者在决策过程中可能完全无视犯罪分析人员的结论，或要求犯罪分析人员给出具体结果来为他们既定的决策背书，这些挑战只是在实践中实施 ILP 的现实障碍之一。因此，改变特别是警察管理者的文化心态是真正成功实现 ILP 分析警务和主动警务的基本要求(见第三章对警察部门走向主动警务时面临的实际障碍的综合分析和讨论)。类似的挑战已经出现在警察对"循证型"或"知识型"警务方法接受度的辩论中：经常有报道说，人们常常对恰当的决策基础存在误判，盲目地关注专业经验而非研究证据(见 Lum et al.,2012；Gundhus,2013；Fleming and Wingrove,2017)。

主动警务的核心概念

我们使用"主动警务"这个总括名词，涵盖了强调制定策略议程重要性的警务方法、根据犯罪情报分析的调配资源方式，并以 ILP 作为这类策略的主要范例。然而，在 ILP 和类似战略的范围内，诸如犯罪分析、情报分析和风险评估等概念之间的区别往往很模糊。对于情报、预测、风险评估、先发机制、预防等术语，目前还没有一个统一的定义，但在下文中，我们将为这些贯穿全书的核心概念提供简要定义。

ILP vs. 预测性警务

尽管犯罪分析人员使用广泛的数据和信息来源来捕捉社区未来的危害很重要(Ratcliffe,2016),但是犯罪趋势的图表通常是建立在以前的事件上。关于犯罪环境的本质,ILP 文献中提出的核心概念之一是"模式识别"的作用(Ratcliffe,2009)。计算机作为工具,简化了寻找模式工作;根据 ILP,大多数情报分析的主要目的是识别特定类型犯罪的潜在模式。因此,模式是犯罪环境的重要特征,警察部门通过对犯罪"热点"开展海量工作、对地理信息系统的使用,使得模式变得明晰,并被决策者管理所用(见 Weisburd et al.,2012;Chainey and Ratcliffe,2005)。这方面的典型例子是,利用公共场所的暴力或毒品交易报告来绘制犯罪地图,从而指导警方合理分配警力以最有效地减少犯罪。因此 ILP 的主要逻辑是预防和破坏未来的犯罪行为,也即 ILP 的关键目标,需要基于过去的犯罪事件获得一定程度的可预测性。这种观点并非没有潜在的缺陷和弱点。例如,吉尔(Gill,2000)认为,一种固有的系统性偏见是由于信息收集集中在已经可用的东西上,并与反复出现的个人和问题有关。情报分析必然是基于"在现有数据中搜索以定位新的和正在出现的风险"(Innes,Fielding and Cope 2005 in Innes 2006:230)。尽管线上风险分析监控在一定程度上改变了对数据进行回顾性分析的重要性,但对于过去没有模式可供追溯的事物,风险和挑战并没有降低。

根据 ILP 方法审查犯罪环境时,模式和可预测性所起的核心作用突出了 ILF 与另一种主要警务策略——预测警务之间的密切联系。正如人们所预料的那样,预测是追求积极主动、面向未来的警务工作的核心要素。因此,预测警务强调对犯罪数据进行历时的定量分析,从而在过去犯罪的基础上建立预测未来犯罪的可行性(Perry et al.,2013)。回归分析、热点分析、数据挖掘技术等的结合,可以提供针对不同犯罪模式的洞察力。这种方法可以预测特定犯罪将在"何处"发生,或许还可以预测"谁"可能是受害者。如果有更多的现时数据和风险分析,预测犯罪"何时"可能发生也将成为可能(Perry et al.,2013:17)(见第七章和第八章)。然而预测性警务只涉及主动警务模式的一小部分,通过提供包括定量预测犯罪在内的预测,仅仅是 ILP 众多重要组成部分中的一个(Ratcliffe,2008,2016)。ILP 涉及远远超出基于历史犯罪数据的定量分析预测。情报分析事实上可以包括更多的定性的分析,其中分析的作用是基于,比方说,分析师的想象力和更多生产未来场景的猜测性信息,分析的作用更多地集中于解释犯罪环境、评估其在不久的将来的潜在发展方式。这样的分析也将以 ILP 的方式为决策者提供信息;犯罪环境的性质,以及为了了解它而使用的方法,是多种多样的,不能被简化为单一的方法或路径。

情报

国家安全情境下的情报术语指的是特定类型的知识产品(即情报分析的结果)、处理这类知识的特定组织类型、确保知识生产(即秘密信息收集)的特定过程(Kent,1949—1966)。其他学者,如吉尔和费西安更新了谢尔曼·肯特对情报的原始定义,他们对情报定义的贡献如下:"主要的秘密活动——寻找目标、收集、分析、传播和行动——通过预警威胁和机会,旨在提高相较于竞争对手的安全性和/或维持权力关系。"(Gill and Phythian,2012:199)

随着拉特克利夫引入情报主导的警务,20 世纪 90 年代,在英国出现了情报导向的新警务模式,如国家情报模型(National Intelligence Model,NIM)(见 James,2013),情报的概念出现了扩展。根据拉特克利夫的观点,情报不应该像肯特、吉尔和费西安的定义那样,仅仅被理解为涉及国家安全和秘密信息的产品和组织。ILP 领域的情报也应被理解为与通过犯罪分析产生的"可行动的知识"相关的更广泛的概念(Ratcliffe,2008)。因此,在 ILP 的背景下,对情报的强调并不一定是关于信息收集项目的秘密性质,也不是关于最初与情报概念相关的特殊秘密情报方法。相反,情报代表了通过犯罪分析产生的某种类型的可行动的知识,可以理想地用于为决策者提供特定犯罪环境的信息(Ratcliffe,2008,见 3-i 模型)。情报概念与犯罪分析概念之间的紧密联系由此变得显而易见。ILP 和在整个主动警务策略中,罪案分析占据中心地位,因为想要实现以最有效的方式制订策略和策略议程、分配警方资源,最重要的一环就是透彻分析所要处理的特定犯罪问题。从这个意义上说,情报和犯罪分析是同一枚硬币的两面,犯罪情报分析是使得明智的"客观决策框架"成为可能的关键因素。

随着情报主导警务的兴起,情报概念发生了另一个显著的转变。长期以来,情报对侦查至关重要,使他们能够识别各种类型的隐形和未报告的犯罪,比如非法毒品交易。但是,在引入ILP的方法之前,情报通常被视为私人财产,是不准备与其他人分享的个人资源。在最近的情报主导调查的民族志研究中,培根(Bacon,2016)指出了情报的理解如何发生着改变:从警察组织内外可以兑现权力和尊重的资本形式,转变为组织的资源。培根认为,在某种程度上,情报部门的中心地位削弱了侦查部门以前将信息开发为可操作的情报并设定自己行动目标的自主权。与始于21世纪初的数据研究相一致(见Gill,2000;Cope,2004;Sheptycki,2004;Gundhus,2005;Maguire and John,2006;James,2013),培根(Bacon,2016:164)的实证研究揭示了"组织呈现自身的正式方式和官员实际运作的非正式方式之间的巨大差异";这些将在本书的几章中做进一步分析(例如,见第三、五、八、九和十四章)。此外,这种差异产生了新的自治困境,以新的方式对街头警察活动的管理和控制提出了挑战,因为这种面向未来的做法造成了更多的法律和道德的灰色地带(见第八章)。

风险和威胁评估

随着ILP对犯罪分析、积极战略性资源配置的强调,警察部门越来越坚持进行风险和威胁评估(Tusikov and Fehlman,2009)。因此,ILP的采用对风险和威胁评估提出了需求,这是针对战术或战略决策者在决定未来关注的重点时提出的。这在有组织犯罪的警务工作中尤其明显,欧洲刑警组织的严重有组织威胁评估(Serious and Organized Threat Assessment,SOCTA)和许多类似的国别报告,都表明了威胁和风险评估在警务工作中发挥的新作用(第十三章)。这种风险和威胁评估很少对其中的风险和威胁的概念做出定义,评估的方式也多种多样(Zoutendijk,2010;Tusikov,2012;Tusikov and Fehlman,2009;Vander Beken,2004;Vander Beken and Verfaillie,2008)。事实上,在贝克的《风险社会》(Phythian,2012)之后,社会学文献中出现了许多对风险和威胁的不同理解。在某些方法中,威胁是通过综合分析潜在犯罪分子的意图和能力来定义的。相比之下,风险是指某一特定威胁发生的可能性,结合对该威胁周围环境的分析,以及对该威胁可能导致的潜在危害的评估(Vander Beken,2004)。对这两个概念的更抽象的理解应集中于威胁和风险概念所包含的不确定程度。此处,风险应理解为比威胁不确定性更高,因此更难采取对应行动(Phythian,2012)。我们不选定某个特定的威胁和风险的解释,因为我们只是想凸显警务工作中愈发重要的风险和威胁评估:创造各种类型的威胁和风险评估已经成为独立于ILP主动警务理念外,现代警务另一个全新的组成部分。此外,通过使用科学方法和语言,风险和威胁评估的产生符合政治中立的理念。然而,正如本书所指出的,这种中立可能只是表面的。风险评估必然带来组织文化框架下的人类选择和解释,并掩盖情报过程中出现的政治和道德偏见。定义风险和威胁远不是中立的信息收集的产物:

> 现有研究表明,构建情报的过程植根于控制犯罪的概念,因此警员们通常重视有关已知罪犯的"实时"信息,他们认为这些信息有助于促进刑法的执行。

(Bacon,2016:149)

虽然,在刑事司法系统中,情报最常用来在法庭上构建刑事案件,这与用来维护国家安全的情报形成对比(Brodeur,2007;见第五章),这些领域的模糊也可能影响国内警务内的ILP。各种类型对恐怖主义、野生动物犯罪、有组织犯罪等宣战的行为,似乎在某种程度上促进了对威胁采取更先发制人的方式(McCulloch and Wilson,2016;也见第五章)。通过处理甚至尚不明朗的犯罪威胁,风险变得更加面向未来和不安全(第二章)。

中断和预防

威胁和风险评估可能强调了ILP面向未来的理念,但进行这种评估的总体目的是使决策者能够利用其调查结果打击犯罪环境。拉特克利夫(Ratcliffe,2016)声称,相对于其他警务策略(如问题导向警务),ILP已成为一种更为重要的管理模式,是在对各种类型资源和优先级进行决策上取得的突破性进展。决策者将通过诸如中断或预防刑事犯罪等方式,在ILP的积极环境中打击犯罪环境(Innes and Sheptycki,2004)。此处,预防犯罪的概念已经改变了含义,其核心的关注点已经从被动警务转变为目前的主动警务。在被动警务的背景下,预防犯罪主要是指警察巡逻、宣传活动和犯罪调查(Lomell,2012;见第二章)。然而,随着ILP的引入,犯罪调查在更大程度上针对正在进行的刑事犯罪(如有组织犯罪),目的是中断这些犯罪(Bacon,2016)。这种主动调查并不是什么新鲜事,长期以来,它一直是警方各种调查隐藏的犯罪行动的一部分,例如涉及毒品的罪行。然而,犯罪调查也可以针对尚未发生的犯罪,目的是在第一时间防止犯罪的发生(例如,网络儿童诱骗、恐怖活动策划——见第二章;Innes and Sheptycki,2004)。

犯罪调查核心目标的转变从根本上改变了警察部门对犯罪预防的理解。预防犯罪,在被动警务的背景下,作为旨在减少潜在伤害的活动,相对来说不存在争议。而主动警务背景下的刑事犯罪预防和中断则被更多的伦理问题缠绕,因为在防止当前和未来犯罪的过程中,处理相关对象的方式是惩罚性的(见第二章和第三章)。犯罪预防含义的转变使我们转向了"犯罪前摄(Pre-crime)"的概念,这个概念借鉴自麦卡洛克和威尔逊(2016),他们从电影《少数派报告》中借鉴了这个概念。犯罪前摄不同于刑事司法系统中上述基于风险的逻辑,因为它们涉及以即将发生的风险为打击对象(McCulloch and Wilson,2016)。如上所述,将风险和安全纳入刑事司法系统对"犯罪前摄"一词的构建至关重要。这一概念的提出导致在制止和中断尚未发生但预计将会发生的罪行的过程中,采取了越来越多的强制性措施。这就提出了认识和承认偏见的问题(见第七章),然而,犯罪前摄行动和刑事定罪之间的联系越密切,执行刑法措施就会为越合法(第二章)。

我们所说的"道德问题"是什么?

"提高效率""减少关注个案"和"努力预防犯罪"似乎都很吸引人,而且在道德上也没有什么大问题。因此,我们有理由问:我们有必要强调关注与主动警务范式相关的道德问题吗?

要回答这个问题,就必须强调我们所说的"道德问题"并不单纯指道德哲学有限的领域内的问题。我们使用的是更宽泛的概念,此处的"道德问题"包括各种类型的社会困境和挑战,这些挑战是由于支持主动警务而产生的。从被动警务到主动警务,虽然工作范围的变化微乎其微,但是本书的出发点是,这种变化伴随着警务服务中的一系列潜在的、有问题的变化,在ILP和类似的警务策略中,这种变化却或多或少地成了理所当然，没有得到相应的重视。正如奥尼尔和洛夫特斯（O'Neill and Loftus, 2013:441）所指出的，隐蔽行动的目标本应限于有组织犯罪集团，实际操作中却常常针对轻微罪行：

> 虽然秘密警务方法是为了打击最严重的威胁和罪犯，如恐怖主义和重大有组织犯罪，但警官也越来越多地针对较低级别的街头犯罪，如吸毒和车辆犯罪。

此外，被全方位密切监视控制的对象是有问题的个人，而不是有问题的群体（O'Neill and Loftus, 2013），并且越来越多地针对外国人（Gundhus and Aas, 2016；参见第十一和十四章）。

因此，这本书将探索使用新的警务方法带来的困境、法律议题和问题，研究警察工作中预防、情报和调查之间模糊且矛盾的界线，为国际学术辩论提供新的见解。安全是一个规范的概念，描述的是好的事物，并且暗示着越安全越好（Zedner, 2007:266）。然而，本书的目的是通过指出意料之外的后果、政策和实践之间的差距，以及当前方法可能产生的反效果，针对警务领域内这些新趋势带来的挑战，为批判性讨论提供多样化且创新的出发点。

更具体地说，我们所说的道德问题可以分为以下三个方面：(1) 进入新的领域；(2) 应对不确定性；(3) 新的警务角色的责任。这三者紧密地联系在一起，但接下来，我们将逐一处理，以在本书各章节之间穿针引线，为读者提供大致的概念。

进入新的领域

正如上文所说，在采取积极的警务策略中，重点核心的转变可以说是从侦查犯罪转向了中止及预防犯罪（Innes and Sheptycki, 2004）。如上所述，努力在刑事罪行发生之前采取行动，可能有助于防止对无辜个人的伤害，这在直观上很有吸引力。然而，试图中止和预防犯罪也意味着调查必须在更大程度上针对正在进行或尚未发生的罪行，这些罪行可能正在计划中，但尚未表现出来。因此，与此相关的普遍关切可能是越来越多的人被视为潜在的罪犯，尽管尚未犯下任何罪行。因此，后续问题是，这种预防性逻辑将如何在警务和刑事司法领域影响我们对正义、无辜和有罪的思考(见第一章)。英尼斯和谢普蒂基如是表述了这种担忧:"这种中断在多大程度上减少犯罪活动带来的社会危害?这种行为意料之外的后果又在多大程度上增加了社会危害?"(Innes and Sheptycki,2004:22)。更具体的担忧可能是,努力实现犯罪的预防和中断可能导致更多的人成为监控措施等战术的目标,因为监控的目的已不仅是对已经发生的特定犯罪事件进行定向侦查,而且也包括对未来潜在犯罪的预防。自20世纪90年代以来,就有说法声称,风险方式意味着刑事司法系统已经从针对个体转向了管理风险群体,这种说法引发了很多讨论(Feeley and Simon,1992;Shearing,2001)。对我们来说,这意味着注意力从个人过去已经犯下的具体犯罪转向了潜在的集团和组织犯罪。这相应转移了对某人所作所为的注意力,转而针对他们的身份(即他们的户籍、国籍、身份问题、阶级、性别、道德行为)调动惩罚话语及违法行为道德考量。然而,这种强调主动审查的转向受到大量批评,理由是如果某类人,如潜在的吸毒者、车手、恐怖分子和非国民,比其他人受到更严密的监控,那么属于这些团体的特定个体将比其他人受到更具侵入性的监控(O'Neill and Loftus,2013;第九和十四章)。这种情况在反恐背景下最为突出,但在最近对"网络诱拐"和预备行为定罪的国家立法中也很明显(Lomell,2012;McCulloch and Wilson,2016),可以明显看到,案例中犯罪预防、情报和犯罪调查之间的界限变得模糊。整本书,特别是在第一、二、三、四和十四章中,都在讨论和质疑这种从侦查转向中止的趋势。

相互联系但又有所不同的挑战来自想要在普通警务中使用情报和秘密方法,处理通常属于国家安全领域并具有必然逻辑特征的问题(Maguire,2000)。为预防目的而越来越多地使用监控和秘密方法就是例证。斯诺登揭露的美国国家安全局的大规模监控项目是一个极端的例子,它显示了如何收集随机公民的个人信息"以备不时之需"(Brown and Korff,2009;Stahl,2016)。另一个例子是利用其他情报方法,例如,在犯罪环境中利用线人,以更好地了解这些集团和组织是如何组织架构的——例如,通过渗透毒品交易集团(Bacon,2016)。此外,越来越多的情况是,北欧和西欧国家的警察机构发现,最大的警务服务需求增长源于与脆弱和伤害有关的问题,而不仅仅是犯罪。这引起了人们的疑问,即对于那些因精神健康状况不佳而接触警察的人,或诸如寻找失踪人员、处理酒精与暴力之间的联系,或处理家庭虐待等问题,ILP方法可以/将会使用到什么程度。这种在越来越多的警务任务中使用情报方法的趋势,被一些学者描述为"异常情况常态化"(Flyghed,2002;Larsson,2014),情报逻辑的扩张需要我们讨论公民个人权利和追求公共安全二者间的关系(Maguire,2000)。这一困境将在第四和第五章中进一步讨论。

将执法转移到安全领域导致情报使用处于灰色地带,反之亦然(Hoogenboom,2006)。处理与移民事务有关的罪行或事前行为中会出现问题,例如刑事立案还是行政命令哪个更合适。前者可能会被驱逐出境,后者则会受到极其严厉的惩罚:多年监禁。犯罪前摄还赋予警察和安全机构更多的行政权力。犯罪前摄法律中预见性警务的基础缺乏清晰度,扩大了警察自由裁量权的范围,这使警察自主权的困境也成为道德困境(参见第六和十一章)。

应对不确定性

除了上述从被动警务转变为主动警务所带来的总体社会挑战外,另一个挑战是日益关注"可能触犯的罪行"而不是已经发生的刑事犯罪。如前所述,对于主动警务模式所涉及的新的不确定性,不同警队实际的处理方法有很大差异。然而,从被动警务向主动警务转变的总体挑战似乎是,被动警务的认识理念或多或少直接从被动警务转入主动警务。这在ILP强调通过犯罪分析提供"客观的决策框架"中非常显著(Ratcliffe,2008)。对客观决策框架的需求的理解往往非常机械,就是为解决未来的威胁和解决面向未来的犯罪调查提供绝对事实,与传统被动犯罪调查的模式并无二致(Rønn,2012)。一些学者强调,被动犯罪调查对证据的处理与ILP背景下的情报处理差异很大(Innes and Sheptycki,2004),有些学者甚至警告不要模糊"硬性"事实数据的理想和期望,一如他们对"软性"情报数据的反对(Brown and Korff,2009:130)。因此,主动警务中力求客观和事实常常带来错误的憧憬,从而导致一种与被动警务相比处理犯罪更理性客观的错觉(Rønn,2012)。因此,随着警务理念的改变,警务认识理念也发生了变化,不确定性必然会在面向未来的犯罪环境评估中发挥更大的作用(Phythian,2012)。西方警察机构普遍采用预测性警务,似乎反映出他们普遍不愿意承认对犯罪环境内发生的变化采取主动行动所涉及的高度不确定性。尽管预测性警务常常存在缺陷,但它通常被警察部门认可为提供"客观决策框架"的一种方式,因为预测性警务模型背后的算法就负责提供这些框架;他们的依据是基于犯罪历史数据的风险评估,通常也不接受质疑(Perry et al., 2013)。在兰德公司发表的一份报告中,提倡合理实施预测性警务,破除神话和陷阱,避免"依赖低质量的数据""忽视民事和隐私权",以及"相信计算机可以为你做到一切"(Perry et al., 2013: xix - xxi;参见第七章)。

对预测性警务的认知理念的批判性反思,主动警务领域中缺乏确定性,以及对主动警务算法的输出质量提出质疑的必要性,都是随着警务的前瞻性转变而不可避免的一些讨论。这些问题将在第二、三、七、八和十三章中讨论。

新的警务角色的责任

使用 ILP 导致在警务工作中加入大量的新角色。哈格蒂和埃里克森把现代警务描述为"知识中介",其中主要任务之一是,把相关知识提供并分发给合作伙伴,如私人保安公司和保险公司(Ericson and Haggerty, 1997)。然而,警务风险社会理论并没有捕捉到的一点是,风险逻辑并没有像改变警务那样改变警方,例如它试图"将这种最关注风险的警务工作外化到其他机构"(O'malley, 2015: 429)。"伙伴关系"和"信息共享"一般被视为 ILP 中积极理念的重要组成部分:致力于提高警务效率和质量(Maguire, 2000: 316)。

与传统上不被视为警务角色的伙伴建立了各种类型的伙伴关系,比如其他政府机构:税务机构、社会工作机构、住房机构等。政府当局之间的信息交换自然会引起对保密问题的关注,以及出现决定个人数据所有权的困难(Maguire, 2000)。然而,现在与警方合作的不仅是政府当局:私营公司也经常参与警务工作,它们既是技术提供者,又是特定环境警务工作的合作伙伴(见第十章)。警察和许多酒吧的老板和员工之间存在的密切合作,共同实现安全的夜生活(见第九章)。这种合作对非警方成员的责任和权力提出问题,以及应该如何确保私人合作伙伴的责任。对未来风险的关注也导致了其他领域警务职责的扩大,这被称为问题的政治化(Millie, 2014: 57)。然而,除了增加警察在社会中的作用外,这种扩展到其他领域的警务也导致了新的警察角色和传统情报收集之间的冲突,例如反恐领域(Millie,2014)。

因为对有组织和跨国犯罪、恐怖主义以及越来越多的从全球南部向全球北部移民的关注,各国警察之间日益加强的国际合作也带来了同样的挑战。各国警察部门之间的合作自然也带来了有关责任和问责的问题,因为没有政府间监管机构来确保国际范围内的问责(Richards,2012;见第十一和十四章)。

随着国际化和私有化程度的提高,以及将主权视为关系、网络和分散的趋势,警察部门面临着新的挑战(Slaughter,2004)。此外,由于警务集中化的尝试越来越大,警察部门也面临着内部挑战。"越大越好"似乎是许多警察改革的管理准则,而资源的集中不仅挑战了对社区和地方警务的传统理解,它还在许多其他方面影响了警察组织(见第十二章)。

本书要素简介

本书共有 14 章,所有作者都与斯堪的纳维亚(主要是挪威、丹麦和瑞典)的大学的社会科学系有联系。14 章分为 6 个部分,涵盖了上文所述向主动警务转变涉及的一系列主要问题。以下是书中每一节和各章的详细说明:

第一部分　情报主导警务的增长(第一至三章)

该书的第一部分阐述了预防性逻辑在警务领域的广泛应用。

本部分三章的第一章题为"预防时代的警察实践:道德类型化",由奥斯陆大学犯罪学和法学社会学教授维达尔·哈尔沃森撰写。本章对当前警务策略中反映的预防性逻辑以及与之相关的一些挑战展开了总体的讨论,如情报主导的警务。虽然其目的是保护公众免受不确定和危险,但警务和刑事司法领域内 ILP 的扩大使人们对其道德地位、有效性和应用范围产生了新的关切。

第二章题为"侦查还是煽动?执行儿童诱骗立法",作者海蒂·莫克·洛梅尔是奥斯陆大学犯罪学和法学社会学系的教授。本章的实证出发点是挪威在 2007 年对儿童性虐待(所谓的"儿童诱骗")之前预备行为的刑事化。这项扩大刑事化的一个后果是,这类案件中的刑事调查从主要是追溯性的转变为更具前瞻性或预测性的。追溯性犯罪调查主要关注事实——对犯罪地点、犯罪嫌疑人的活动等的考察;而前瞻性犯罪调查则更多关注个人动机,是对犯罪嫌疑人未来行为的前瞻性评价。本章阐述了主动前瞻调查新定罪的预备性犯罪时发生的一些变化,警察、检察官和最后的法官都不知道社会上哪些计划和预备行为将导致(或本会导致)犯罪。

第三章题为"预测犯罪?论知识组织转向对警方的挑战",作者娜佳·K·赫斯特哈夫是奥尔堡大学犯罪学系的博士学者,也是丹麦国家警察的特别顾问。本章讨论了从被动警务和标准警务模式转变为主动警务和基于知识警务时警方所遇到的结构性和文化性障碍。他认为在以下两方面存在着根本的矛盾:(1)外部和内部对这些策略及其概念的预期;(2)这些策略在警察组织内的实施方式和实施这些策略的必要条件。这种矛盾源于警察组织的结构、文化特征和政治干预等问题的大杂烩。因此,人们努力追求一个无法达到的目标,即预测风险和预测未来的犯罪,而不是建立一个足够强大的学习型组织,用专业的方法处理任何特定的犯罪问题。

第二部分 新逻辑——新措施?(第四至六章)

本部分讨论主动警务工作所须采取的一些具体措施,例如主动罪案调查工作中的预防性监察、窃听,以及在进行主动罪案调查工作时越来越多地采用秘密措施,因此需要制定内部道德准则。

本部分的第一章,也就是第四章的标题是"保护国家安全中监控措施的预防性使用:荷兰、挪威和瑞典立法的比较分析",作者英格维德·布鲁斯是奥斯陆大学犯罪学和法律社会学系的博士学者。这一章探讨了允许使用秘密胁迫措施(如窃听、音频监控和数据读取)来主动预防而不是被动调查对国家安全攻击的立法发展。布鲁斯认为,这些措施的预防性使用挑战了民主、法治和人权的基本原则。通过引用瑞典、挪威和荷兰立法的例子,布鲁斯研究了这类立法背后的三种不同的原理,它们在多大程度上源于刑法体系或与刑法体系相关联,以及各个解决方案的优缺点。因此,本章的目的是确定一些适用于今后秘密胁迫措施预防性使用立法发展的一般准则。

第五章的题目是"狩猎:挪威通信控制使用的各方面",作者是挪威警察大学学院的教授保罗·拉尔森。这一章论述了窃听和通信控制在挪威的使用。本章的实证出发点是在挪威的一起非法捕狼的刑事案件中使用窃听。这一章提请关注在普通犯罪案件中越来越多地使用"特殊方法",并强调了警方在对犯罪案件进行反应性和前瞻性调查时所面临的一些挑战。

本书第六章的标题是"情报的职业道德:论道德作为情报活动内部自我调节规范的可行性",作者基拉·维斯特·罗恩是哥本哈根城市大学学院的讲师。本章讨论在情报专业人员的工作中应用道德考虑和准则的可行性,以确保他们的工作达到较高的道德标准。本章阐述了为什么在现行法律框架非常模糊的情况下,道德作为情报活动的一种内部民主控制或监管的形式,确实与之息息相关。本章还介绍了一些在情报实践中以及关于情报伦理的学术文献中存在的道德准则的例子。本章最后讨论了一些可能改善这类道德准则的想法,并指出可以进一步推进的做法,例如公开民主地讨论情报方法。

第三部分　创新和新技术(第七至八章)

本部分讨论了警务中的一些挑战,它们源自对创新和所谓"大数据"技术应用需求的不断增加。

第七章题为"犯罪预测的共建:数字数据、软件和人之间的动态关系",作者是玛丽·考夫曼,她是奥斯陆大学犯罪学和法学社会学的博士后研究员。这一章讨论了大数据、自学算法和分析软件的出现,导致预测警务实践成为现代警察服务的重要变革。本章没有强调数字技术在犯罪预测领域的主体性力量,而是追溯了人类和数字对象如何共同创造新的理性和主体性,批判性地对其拆分和检视是很重要的。本章强调了在犯罪预测的共同构建中出现的多重原理。然而,本章末对所有的预测实践共同的特征进行批判性的讨论:可计算的模式及在统计材料中寻找"不同的规律",并认为其决定了犯罪者的行为、受害者的脆弱性及二者与他们环境的关系。

第八章名为"灰色地带的创造力:以主动警务为例",作者是哥本哈根商学院博士后研究员米娅·R·哈特曼。本章从灰色地带创新的角度对主动警务提出了质疑。因此,它讨论了一些实际警务实践中,与引进创新战略有关的有趣的组织和文化挑战,如预测性和情报引导的警务。朝着主动警务方向发展,意味着政府将变得更像一个创业企业:一场导致民主制度、等级制度、官僚主义和公共服务等基本宪法理念衰退的变革。因此,在理论和实践中,积极创新警务冲击了所谓"良好"社会的本质,因此也冲击了确保公民安全的所谓"良好"警务工作。

第四部分　警务工作外包(第九至十章)

本部分讨论了警察工作外包给公、私合作伙伴的问题。第九章标题是"多样的警务网络——揭示夜生活丰富地区执法合作和信息交换的多种形式",作者是托马斯·弗里斯·斯加尔德和埃斯本·霍博格,他们都是奥尔胡斯大学酒精和药物研究中心的助理教授。本章以丹麦夜生活中警察与保镖合作的案例研究为基础,探讨了夜生活俱乐部圈内"灰色情报"在警务工作中的监管、社会和伦理意义。两位作者讨论了"灰色情报"的流通以及保镖在"打击帮派"中作为第三方合作伙伴的作用,这两者都重新划分了传统的公私界线,同时也提出了如何规范和追责非正式警务伙伴关系的重要问题。

第十章的题目是"情报主导的警务私域化:从事法务工作的审计员",作者是斯德哥尔摩大学犯罪学系的教授嘉尼·弗莱赫德。这一章围绕两个特定的主题展开:与监控有关的新技术以及警察之外的警务,也即参与预防犯罪却又不属于传统警察的新参与者。这里的新参与者主要是私人保安公司与审核公司。本章特别关注的一点是新的参与者使用新技术对公民权利和隐私的影响。

第五部分　联合力量(第十一至十二章)

本部分讨论警察服务日益国际化和集中化的问题,这是 ILP 提高效率的核心要素。

第十一章标题是"权衡风险与威胁:通过情报手段确保边境安全",作者海伦娜·O·I·冈杜斯是奥斯陆大学犯罪学和法律社会学教授、挪威警察大学二级教授。本章讨论了国际警察在控制边界方面所面临的各种挑战。为了说明跨境情报主导警务(ILP)中相互交织的犯罪、威胁和安全,冈杜斯向我们阐述了欧洲内部数据收集、信息交换和安全治理是如何受到与移民警务相关的全球威胁的影响的。基于对欧洲和挪威边境警察的实证研究结果,她探讨了这一特定背景如何提供概念来架构风险指标以及公认合理的手段来实现目标,并产生情报产品。欧盟边境管理局宣称其目的是"在欧盟层面协调情报驱动的行动合作以加强外部边境安全",正是本文研究问题的视角。

第十二章标题是"不断变化的警务生态和公平:在警务改革时代重新设定边界的一些启示",作者尼古拉斯·R·费菲是邓迪大学社会科学学院的教授、挪威警察大学客座教授。本章的出发点是在追求更高的效率和效益的驱使下,北部和西部的警察机构发生了根本性的组织变革。本章以苏格兰国家警察部队为例,探讨了警察职能的集中,不仅能带来更大的效率和效力,还能通过创建地方警察单位可以利用的全国专家和调查资源带来更大的权益。本章重点讨论了警务资产重组带来的挑战和意想不到的后果,比如国家专门单位和地方警务之间的紧张关系,特别是这种专业化会削弱地方警员的能力、降低他们本地知识的价值。本章就集中力量对警察组织造成的冲击,总体评估其对刑事调查的成本和效益影响。

第六部分　旧罪新方(第十三至十四章)

本书的最后一部分阐述了情报引导警务对预防特定类型犯罪的影响,如非法的摩托车团伙,以及 ILP 范式中涉及的具体认知挑战。

第十三章的题目是"不受政治影响的政策制定:情报主导警务夸大了的客观性",作者是挪威警察大学学院的博士学者安妮特·维斯特比。本章质疑了情报行业的一些基本假设,例如追求战略资源分配的客观决策框架。本章说明并使用了挪威的两个完全不同的案例:国家警察总局的情报原则和奥斯陆警区战略情报产品。这些文件都涉及构成"好"情报的规范性假设,维斯特比分析这些文件来识别并讨论它们所述的客观性的观点。这一章质疑了挪威情报学说的"现实主义"假设,并呼吁对情报工作进行认知理念分析时,要有全然不同的出发点。

第十四章标题是"寻找坏人:禁止和驱逐非法摩托车团伙",作者辛尼夫·扬森是罗肯大学研究中心的博士后研究员。本章讨论了澳大利亚取缔摩托车帮派(Outlaw Motorcycle Gangs,OMCG)的警务工作。它着重于利用边境管制立法作为限制与 OMCG 有联系的人员进入和行动的一种方式。因此,OMCGs 警务案例成为情报主导警务模式中从"侦查犯罪走向侦查风险"的范例,本章讨论了与应用新措施相关的更广泛的社会挑战,如边境控制使得加入 OMCGs 缺乏吸引力。

本书的核心目标是批判性地讨论西方警察服务当前的发展,我们真诚地希望我们能在警察服务和对警察研究感兴趣的学者中激起批判性、建设性讨论的火花。

事实上,我们希望为那些支持以情报为主导和主动警务策略的人提供一些精神食粮,书中指出的讨论、区别和道德问题将为未来警务发展带来更多的反思性变化。

参考文献

Aas, K., Gundhus, H. O. and Lomell, H. (2009) Technologies of (In) Security: The Surveillance of Everyday Life, Abingdon and New York: Routledge-Cavendish.

Amoore, L. (2013) The Politics of Possibility: Risk and Security Beyond Probability, Durham: Duke University Press.

Bacon, M. (2016) Taking Care of Business. Police Detectives, Drug Law Enforcement and Proactive Investigation, Oxford: Oxford University Press.

Brodeur, J.-P. (2007) 'High and low policing in post-9/11 times', Policing, 1(1): 25–37.

Brown, I. and D. Korff (2009) 'Terrorism and the proportionality of internet surveillance', European Journal of Criminology, 6(2): 119–134.

Chainey, S. and Ratcliffe, J. (2005) GIS and Crime Mapping, London: Wiley-Blackwell.

Cope, N. (2004) 'Intelligence-led policing or policing-led intelligence?' British Journal of Criminology, 45(2): 188–203.

Ericson, R. V. and Haggerty, K. D. (1997) Policing the Risk Society, Oxford: Clarendon.

Feeley, M. and Simon, J. (1992) 'The new penology: Notes on the emerging strategy of corrections and its implications', Criminology, 30: 449–474.

Fleming, J. and Wingrove, J. (2017) '"We would" if we could …… but not sure if we can": implementing evidence-based practice: The evidence-based practice agenda in the UK', Policing: A Journal of Policy and Practice, doi: 10.1093/police/pax006.

Flyghed, J. (2002) 'Normalising the exceptional: The case for political violence', Policing and Society, 13(1): 23.

Gill, P. (2000) Rounding up the Usual Suspects? Developments in Contemporary Law Enforcement Intelligence, Aldershot: Ashgate.

Gill, P. and Phythian, M. (2012) Intelligence in an Insecure World, Cambridge: Polity Press.

Gundhus, H. O. (2005). '"Catching' and Targeting": Risk-based policing, local culture and gendered practices', Journal of Scandinavian Studies in Criminology and Crime Prevention, 6(2): 128–146.

Gundhus, H. O. (2013) 'Experience or knowledge? Perceptions of new knowledge regimes and control of police professionalism', Policing: A Journal of Policy and Practice, 7(2): 176–192.

Gundhus, H. O. and Franko, K. (2016) 'Global policing and mobility: Identity, territory, sovereignty', in B. Bradford, B. Jauregui, I. Loader and J. Steinberg(eds) Handbook of Global Policing, London: Sage.

Hoogenboom, B. (2006) 'Grey intelligence', Crime, Law and Social Change 45(4–5): 373–381.

Innes, M. (2006) 'Policing uncertainty: Countering terror through community intelligence and democratic policing', Annals of the American Academy of Political and Social Science, 605(1): 222–241.

Innes, M. and Sheptycki, J. W. E. (2004) 'From detection to disruption: Intelligence and the changing logic of police crime control in the United Kingdom', International Criminal Justice Review, 14: 1–24.

James, A. (2013) Examining Intelligence-Led Policing: Developments in Research, Policy and Practice, Basingtoke: Palgrave Macmillan.

John, T. and Maguire, M. (2003) 'Rolling out the National Intelligence Model: Key challenges', in K. Bullock and N. Tilley(eds) Crime Reduction and Problem-Oriented Policing, Cullompton: Willan.

Kent, S. (1966) Strategic Intelligence for American World Policy, Princeton, NJ: Princeton University Press.

Larsson, P. (2014) 'Normaliseringen av det unormale: Utvidelsen i bruk av utradisjonelle politimetoder', Nordisk Politiforskning, 1(1): 41–57.

Lomell, H. M. (2012) 'Punishing the uncommitted crime: Prevention, pre-emption, precaution and the transformation of criminal law', in B. Hudson and S. Uglevis(eds) Justice and Security in the 21st Century: Risks, Rights and the Rule of Law, Abingdon and New York: Routledge.

Lum, C., Telep, C. W., Koper, C. S. and Grieco, J. (2012) 'Receptivity to research in policing', Justice Research and Policy, 14(1): 61–94.

Maguire, M. (2000) 'Policing by risk and targets: Some dimensions and implications of intelligence-led crime control', Policing and Society 9(4): 315–336.

Maguire, M. and John, T. (2006) 'Intelligence-led policing, managerialism and community engagement: Competing priorities and the role of the National Intelligence Model in the UK', Policing and Society, 16(1): 67–85.

McCulloch, J. and Wilson, D. (2016) Pre-crime: Pre-emption, Precaution and the Future,

Abingdon and New York: Routledge.

McGarrity, N., Lynch, A. and Williams, G. (2010) Counter-terrorism and Beyond, Abingdon and New York: Routledge.

Millie, A. (2014) 'What are the police for? Re-thinking policing post-austerity', in J. M. Brown(ed.) The Future of Policing, Abingdon: Routledge.

Mythen, G. B. (2014) Understanding Risk Society, Basingstoke: Palgrave Macmillan.

O'Malley, P. (2015) 'Revisiting the classics: "Policing the Risk Society" in the twentyfirst century', Policing and Society, 25(4): 426 – 431.

O'Neill, M. and Loftus, B. (2013) 'Policing and the surveillance of the marginal', Theoretical Criminology, 17(4): 437 – 454.

Perry, W. L., McInnis, B., Price, C. C., Smith, S. and Hollywood, J. S. (2013) 'Predictive policing: The role of crime forecasting in law enforcement operations', Research Paper: The RAND Corporation.

Phythian, Mark(2012) 'Policing uncertainty: Intelligence, security and risk', Intelligence and National Security, 27(2): 187 – 205.

Ratcliffe, J. (2008) Intelligence-led Policing, Cullompton: Willan Publishing.

Ratcliffe, J. (2009) 'The structure of strategic thinking', in J. Ratcliffe(ed.) Strategic Thinking in Criminal Intelligence, Annandale: Federation Press, pp. 1 – 12.

Ratcliffe, J. (2016) Intelligence-led Policing, 2nd edn, Abingdon and New York: Routledge.

Ratcliffe, J. and Sheptycki, J. (2009) 'Setting the strategic agenda', in J. Ratcliffe. (ed.) Strategic Thinking in Criminal Intelligence, Annandale: Federation Press, pp. 248 – 268.

Richards, J. (2012) 'Intelligence Dilemma? Contemporary counter-terrorism in a liberal democracy', Intelligence and National Security, 27(5): 761 – 780

Rønn, K. V. (2012) 'Democratizing Strategic Intelligence? On the feasibility of an objective decision-making framework when assessing threats and harms of organized crime', Policing, 7(1): 53 – 62.

Slaughter, A. M. (2004) 'Disaggregated sovereignty: Towards the public accountability of global government networks', Government and Opposition, 39(2): 159 – 190

Shearing, C. (2001) 'Punishment and the changing face of the governance', Punishment and society, 3(2): 203 – 220.

Sheptycki, J. (2004) 'Organisational pathologies in police intelligence systems: Some contributions to the lexicon of intelligence-led policing', European Journal of Criminology, 1(3): 307 – 332.

Stahl, T. (2016) 'Indiscriminate mass surveillance and the public sphere', Ethics of Information Technology, 18(1): 33 – 39.

Tilley, N. (2003) 'Community policing, problem-oriented policing, and intelligence-led policing', in T. Newburn(ed.) Handbook of Policing, 2nd edn, Cullompton: Willan Publishing.

Tusikov, N. (2012) 'Measuring organised crime-related harms: Exploring five policing methods', Crime, Law, and Social Change, 57: 99–115.

Tusikov, N. and Fehlman, R. F. (2009) 'Threat and Risk Assessments', in J. Ratcliffe(ed.) Strategic Thinking in Criminal Intelligence, Annandale: Federation Press, 248–268.

Vander Beken, T. (2004) 'Risky business: A risk-based methodology to measure organized crime', Crime, Law and Social Change, 41(5): 471–516.

Vander Beken, T. and Verfaillie, K. (2008) 'Proactive policing and the assessment of organised crime', Policing: An International Journal of Policing Strategies and Management, 31(4): 534–552.

Weisburd, D., Groff, E. R. and Yang, S.-M. (2012) The Criminology of Place: Street Segments and our Understanding of the Crime Problem, Oxford: Oxford University Press.

Zedner, L. (2007) 'Pre-crime and post-criminology?' Theoretical Criminology, 11(2): 261–281.

Zoutendijk, A. J. (2010) 'Organised crime threat assessments: A critical review', Crime, Law, and Social Change, 54(1): 63–86.

第一部分
情报主导警务的增长

第一章　预防时代的警察实践：道德类型化

维达尔·哈尔沃森

引言

风险和不确定性是我们日常生活中固有的。然而，大多数时候，它们并没有破坏社会生活和社会互动赖以存在的可预测性和信任。我们与陌生人的许多互动都基于对共同规则的含蓄接受；其他的则是虽无意但却可预见的个人行动的结果。

例如，我可以合理地预测大多数司机会在红灯前停车，因为我理所当然地认为，在法律规定的特定情况下，他们有义务这样做，或者至少把这一义务考虑在内。但我也可以合理地预测，当我早上开车去市区上班时，我会遇上交通堵塞——这是一种无意的集体非理性行为，它是由成千上万类似的个人理性决定的聚合效应造成的。虽然第一个例子是基于规则行为的预测，第二个例子是基于纯粹的社会常规的预测，但它们都是社会背景知识的例子，这些社会背景知识产生了相对稳定的预期。

尽管如此，我们仍经常采取预防措施，以应对现代社会后期出现的风险和不确定因素。"午夜后别在中央公园慢跑"是一个简单直接的经验法则，告诉我们该做（或不做）什么以避免坏事（如抢劫）发生，尽管它可能不会发生；在没有归纳信息能使我们形成稳定预期的情况下，我们决定宁可谨慎些。

然而，专业的警方部门正建设起越来越多此类信息，因为基于计算机的系统数据分析使得识别热点（即那些比其他地方更容易发生骚乱和犯罪的特定地点）更容易。事实上，早在警察组织引入数字信息技术之前，对犯罪热点的认识就是巡逻警察的标志，确保警方能够合理地依据当地社区的需求，协调部署宝贵的人力资源。

然而，意外事件仍然是当代警务的一个根本问题。由于警察活动的特点是试图应对突发事件的挑战，本章的目的是阐述和捍卫这样一个总体框架，它能帮助我们确定这些活动固有的道德上模棱两可的问题。本章从一个我称之为先发制人正义的案例出发，然后对该案例核心概念和各类基于认识的警察实践进行详细解释和系统归纳，这些概念和认识多多少少弥漫着所谓的预防逻辑。

先发制人的正义

1996年3月，在挪威首都奥斯陆外的福尼布机场发现了一个包。根据既定程序，机场警察检查了包内的物品，以确定失主的身份。原来他是一个瑞典公民，可能在他从博得回程的路上丢了包，博得是距奥斯陆以北760英里的一个小镇。经过几天的延迟，包裹被送回了住在斯德哥尔摩的失主手中。

然而，这个瑞典人不仅是财物失而复得的幸运儿，他也不幸地成为瑞典警察应挪威警察当局要求进行秘密监控的对象，包括电话窃听。警方监控的理由是包里的东西，其中最重要的莫过于地图和一本笔记本，表明此人准备抢劫从博得一个邮政局运送现金的运钞车。在将包返还主人之前，博得当地警方拍摄并复印了相关资料，随后通知了负责现金转送的私人保安公司，告知他们可能发生的事情，提醒做好预防对策。然而，他们决定不直接干预此人的准备工作，以查明当地是否有同谋参与其中。一名来自斯德哥尔摩的同案犯罪嫌疑人曾陪同行李的主人到挪威北部进行侦察，他也一直受到监视。6月，发现他和主要犯罪嫌疑人一起在奥斯陆偷了两辆汽车的车牌。8月，观察并拍摄到两名犯罪嫌疑人在斯德哥尔摩的一个步枪靶场练习使用枪械。

9月初，犯罪嫌疑人的筹备活动似乎已合并成完整计划了。挪威当地警察从他们的瑞典同事那里得知，犯罪嫌疑人已于9月12日开车向北越过挪威边界。此时,当地警察得到了奥斯陆警察厅监控队的协助,从而详细彻底地掌握了犯罪嫌疑人的下落。监视行动的全面性反映在随后警察报告的丰富细节中,例如,根据这些报告,监控到犯罪嫌疑人偷了一辆福特蒙迪欧①和一辆大众高尔夫。这意味着他们现在有三辆车可供使用,其中两辆在随后几天留在不同的地点,显然是为了方便他们顺利逃离。犯罪嫌疑人睡在帐篷里。他们在地面上挖了一个洞,距博德东部高速公路很近,这也被警察解读为正在进行的犯罪准备临时藏身之处。

最后一天,1996年9月16日星期一发生的事件证实了这是一个合理的假设。清晨嫌疑人驾车绕着博德邮局转圈,确认安全公司的车停在外面准备离开。他们在高速公路上一路往北,最终作案地点安排在博德几英里外的一个山区里。当安保车终于出现时,嫌疑人用一个假的停车标志和闪光灯示意安保车停下来,追逐并最终赶上了安保车。

然而,安保车并没有停下来;相反,它突然撞向嫌疑人的车,将其推下公路斜坡。犯罪嫌疑人可能很快就意识到,司机虽然穿着安保公司的制服,但他不是一名普通员工;他实际上是奥斯陆警察局特警队的成员。② 此外他并不是孤身一人。车上没有现金,而是该队另外四名全副武装的警察,他们接到命令,一旦符合指控他们企图抢劫的法律条件,就立即逮捕嫌疑人。一名嫌疑人立即被逮捕,另一名嫌疑人在试图逃跑时腿部中弹。

在法庭上,被告对针对他们的指控申请"无罪"。③ 然而,他们并没有试图反驳支持地区检察官论点的压倒性的证据,即他们一直在执行一个精心策划的计划以抢劫一辆安保车,并且他们已经尽可能地执行了这个计划。相反,他们对本案无

---

① 车型的选择不是随机的:福特蒙迪欧是挪威警方在这一时期频繁使用的,这个事实被嫌疑人注意到并记录在自己的笔记本上,记录的还有观察到的当地警察的数字、设备、部署方式。
② 特种武器和战术队是现代工业化国家的警察部队出于反恐和控制暴乱的目的设立的准军事单位。过去,通过装备(机关枪、防护服、盾牌)、选人、训练和战术,他们很容易与普通警察区分开来。但是,正如彼得·斯奎尔斯和彼得·肯尼森在《射杀》(Peter Squires and Peter Kennison,2010)一书中对SWAT警务的紧急问题的精彩讨论中所展示的,情况发生了变化。相比之下,约翰·克莱尼格(Kleinig,1996:230)将社区警务的特点描述为"一门哲学、一种部门定位、一种部门组织形式,其中警方认为自己不仅仅是公开聘请的守望者,更要总体上对社区负责,促进和维护公共和平,应对和协调当地居民和其他机构,在社区的福祉中至关重要"。
③ 除抢劫未遂外,有关控罪还包括盗窃汽车及伪造文件。最后一项控罪指在行动最后阶段使用的两辆汽车,以欺骗方式装饰偷来的车牌。

可争辩的事实提供了另一种解释，援引了胁迫的法律理由。几天后，当丢失的包再次出现时，他们发现——据他们声称——它被搜查过。因此，从那时起，他们理所当然地认为当地的警察已经知晓了他们计划的细节。通常这种假设会导致取消行动，但在本案中这种选择是不可行的。被告声称当地同伙曾为他们提供了关于安全程序和警察技术的必要信息，将与他们分享收益。同伙曾警告他们，除非他们坚持诺言，否则将会对他们的家人进行打击报复。

由于没有补充证据能够支持被告的故事、削弱控方固若金汤的案件，①被告的说法对判决未能产生任何实质性的影响，最终两被告被判处刑罚，量刑与检察官的要求基本一致：一人两年监禁，另一人两年三个月监禁。被告没有对判决提出上诉。因此，即使在被告并不可信的说法中，本案阐释的也不仅是先发制人的正义，并且也是"诗意的正义"：两名罪犯挑起了一项行动，在此过程中，他们出乎意料地遭受了他们原打算施加于人的胁迫性威胁。

虽然这个事件发生在 20 多年前，但对"可操作的情报"需求的增加体现出其固有的道德模糊问题仍然对今天相对和平的挪威提供了早期提示（又见第二章、第四章）。例如，在 1996 年行动公开后，警方受到公开批评不在早期阶段进行干预。虽然警方没有主动引发抢劫意图，因此嫌犯不能辩称受到诱捕，然而警方在充分监控获得逮捕嫌疑人充分的法律依据后，如汽车盗窃和盗用车牌，仍然允许犯罪发生。特警队警员接到明确命令，在达到指控他们企图抢劫的法律条件之前，不得对嫌犯采取行动。作为对该策略的批评，负责行动的警察局长被一名嫌疑人的辩护律师以"在其履职过程中严重缺乏判断"之名向警察投诉局（Police Complaints Authority, PCA）报告。公诉部门总长最终以毫无根据为由驳回了这项指控，而且 PCA 还得出结论，故意射杀逃跑的重罪犯在法律上是站得住脚的。不过，PCA 在提交给地方检察官的报告最后，对警察局长决定在较早阶段不干预犯罪嫌疑人的准备工作提出了一些温和的批评：

> 本案例和另一个案例表明，在类似的情况下，警察的行动差别如此之大。在本案中，通过大规模动员武装警察和使用火器使一人严重受伤，阻止了抢

---

① 实际上，被告对事件的说法是用来解释为什么不能公开证实：如果将他们在当地的同伙和后来的胁迫者的名字透露给法庭，被告及其家属将遭受后果。

劫未遂。另一个案件……涉及逮捕一名瑞典公民……他显然也计划在挪威进行抢劫。警方在他企图实施前逮捕了他。据了解，[他]已经被释放并被驱逐出境，对他的指控已经被撤销。那么问题就来了——综合考虑，在这些极端情况下，哪一种是社会中执法的最佳方法？

(P.4-5，维达尔·哈尔沃森译自挪威语)

先发制人的、预防性的和欺骗性的警务

迈克尔·沃尔兹在他关于战争道德的经典著作《正义与非正义战争》(Walzer,1977)中，对先发制人和预防性战争进行了区分，关键的区别在于不同于后者，前者针对不是仅仅可能发生而是迫在眉睫的攻击做出反应。这一区别成为广泛接受的思考战争的标准，据此，布什政权在2003年军事入侵伊拉克是预防性战争的实例，尽管它基于(虚假)声称存在大规模杀伤性武器对国际社会构成迫在眉睫的威胁。

尽管经常使用"向犯罪开战"这样的口号，但在很多方面，将"发动战争"和"警务"二者相比较非常具有误导性。这是一个标准点；展开说，打击犯罪和维持秩序方面的准军事战略和战术是很容易观察到的，例如，在1981年布里克斯顿骚乱前英国警察所采取的暴力性的拦截和搜查程序、1992年5月罗德尼金骚乱之前洛杉矶警察局进行的大范围扫荡。同样，纽约警察局在20世纪90年代采用的著名的"破窗"策略，从长远来看，对少数族裔产生了明显适得其反的效果。[①] 美国黑人关

---

① 纽约市警察局大力反对种族歧视的指控称，尽管在一般人口统计学术语中，黑人和西班牙裔被拦下的比例高于占总体人口的比例，这是由于"像纽约市警察局这样一个认真打击犯罪的机构，犯罪在哪里，他就出现在哪里。这意味着，如果犯罪发生在有色人种社区，就会有更大比例的警察"。结果，"暴力犯罪(杀人、枪击、抢劫)急剧下降的最大受益者是有色社区的居民"(纽约市警察局对美国民权委员会报告草案的回应，2000年，第32页)。然而，这一论点并未充分解决歧视性做法的问题。歧视是一个道德化的关系概念，产生于人与人或群体之间的经验比较。因此，为了控制白人、非裔美国人和拉美裔美国人犯罪活动的差异，社会科学家比较了这些种族成员被拦截的频率和被逮捕的频率。白人、非裔美国人和拉美裔美国人的总体停车/逮捕比率(每次逮捕的停车次数)分别为1.24、1.54和1.72。换句话说，即使考虑到整体犯罪率(以逮捕率衡量)，非裔美国人被拦截的频率比白人高23%，西班牙裔高出39%。就具体类别的犯罪而言，这种差异有增加的趋势。例如，非裔美国人因涉嫌暴力犯罪而被拦截的概率是白人的2.17倍。这些发现是基于对1998年1月1日至1999年3月31日期间超过17.5万份"拦截搜身"报告的统计分析得出的。参见纽约市警察局的"拦截搜身"做法：司法部长办公室给纽约州人民的报告，1999年12月1日，纽约。

于准军事警务的经历在杰罗姆·米勒《搜查与摧毁》(Miller,1996)一书的标题中得到完整诠释,最近又由拉德利·巴尔科更为忠实地记录在他关于美国警务军事化的《武士警察的崛起》一书中(Balko,2014;见第十二章)。

然而,沃尔兹的区分明显影响了挪威警方在"先发制人的正义"一案中的战略和战术思考,这也例证了监控、欺骗和先发制人如何以有道德争议的方式结合在一起。

社会学家加里·马克斯在其关于美国警方监控的经典著作《卧底》(Marx,1988:11-12)一书中提出了警察行动的类型学,我们可以运用这一类型学来加强对挪威案例的分析。此类型学的出现源于考虑到警察工作的两个维度:是公开还是秘密以及是非欺骗性还是欺骗性(见第五章)。这些维度的交叉表生成下表,包含四种不同的警察活动的四格。

表 1.1　马克斯的警察行为类型学

	警察行动	
	公开?	秘密?
警察行动涉及　非欺骗?	(a) 着装巡逻	(b) 被动监控
欺骗?	(c) 身份公开人士的欺骗	(d) 卧底

根据米歇尔·福柯在其多部著作中,特别是在其探讨监狱诞生的著作《规训与惩罚》(Foucault,1977)中阐述的观点,国家的各种监控活动——包括身穿制服的警察开车或步行巡逻(马克斯表中的 a 格),也包括便衣警察在公共场所对公民隐蔽但却被动的(c 格)的消极观察——都具有内在的强制性,因为其本质上是与国家和非国家机构各种基于知识的权力和纪律实践联系在一起。正如安东尼·吉登斯(Giddens,1985:14)所观察到的:"监控"一词不仅指对个人信息的收集和存储,还指"由上面有权力的其他人对某些人的活动进行直接监督"。

然而,像福柯这样的一般立场可能很容易就会承认,在吉登斯所述的两种意义上的警察监控实践在多大程度上也可以促进,同时也限制,个人的自由。例如,尽管警察有权对违反众多交通规则的司机处以罚款,但其中许多规则本质上是协调的规则,旨在促进人和车辆更平稳、更安全地行驶。

因此,在以管理和减少风险为导向的现代社会中,警察对道路上的驾驶者进行监控,并对他们的交通工具进行随机检查,正如理查德·埃里克森和凯文·哈格蒂在《风险社会警务》中非常有说服力的论证(Ericson and Haggerty, 1997: 153),越来越多的基于合规性执法模式而不是根据刑法的强制威慑模式,意味着"改进的合作和更好的标准是成功的标尺,而传票的签发是失败的标志"(见第九章)。

虽然国家监控并不一定是强制性的,但我无意否认警察组织,特别是国内安全情报机构,所使用的某些信息收集技术具有道德争议。各种窃听的远程和数据通信系统方法是隐蔽且非欺骗性的(马克斯表中的 c 格),因为监控的主体和负责行动的执法人员之间没有互动。① 相比之下,包括欺骗和胁迫在内的技巧有意地作用于一个人的信仰体系,通过说谎或非语言的诡计(欺骗),或通过给他/她"一个无法拒绝的提议"(胁迫)来诱导他/她接受错误的信仰。

然而,这并不能说明,使用如设圈套、伪装和渗透等欺骗性的警务技术在道德上比非欺骗性的技术(如电信拦截)更难证明正当性。

与前者不同,后者破坏了做出知情选择的前提条件。1983年,在最终导致对挪威间谍阿恩·特雷霍尔特定罪的调查过程中,两名 FBI 卧底特工假扮成一对已婚夫妇,搬进了特雷霍尔特家隔壁的公寓,当时特雷霍尔特和他的家人住在纽约。然而,尽管警方显然有意建立和利用与特雷霍尔特的信任关系,但他们对特雷霍尔特环境的渗透并没有削弱嫌疑人的能力,例如决定他是否应该信任他的邻居到请他们充当保姆的程度。相比之下,当警察在人们的公寓里秘密部署窃听装置时,那些被监视的人是否以及在多大程度上向外界透露他们生活中隐私和敏感的方面,这些选择的前提条件就完全被破坏了。

我认为,欺骗和拦截之间道德上相关的差异在于欧洲人权法院在卢蒂案(1992)中所做的裁决基础,即使用警察渗透并不构成违反欧洲人权公约第 8 条关于隐私权的规定。在其他一系列案件中,如克鲁斯林和胡维格(1990)案中,法院认为窃听电话确实违反了第 8 条,因此必须(1)在国内法上有明确和可预测的基础,(2)为合法目的服务,(3)为"民主社会所必需",与法治保持一致(见第五章)。

---

① 在挪威的刑事诉讼程序中,电话拦截与搜查、扣押、逮捕、拘留以及对身体和体液的各种物理检查一起被列为"强制措施"。这种分类模式未能区分隐蔽监视和强制之间在概念上的相关区别。然而,有人可能会争辩说,窃听和电子窃听在假设上是强制性的,因为如果告知嫌疑人,他们会反对使用这些手段。与真正的强制措施不同,秘密监视的实际通知会不可避免地削弱其合理性。

欺骗和胁迫在概念上不同，但他们可能结合起来，正如嫌疑人被错误地诱导，认为共犯受到了严刑拷打，而他们自己除非供认，否则也将很快遭到同等对待，从而被警察胁迫供认犯罪（马克斯的表 b 格）。警察常常使用各种非欺骗性的监控技术，如监听嫌疑人的电话，或者便衣警察拍摄嫌疑人的下落。这些不是为了有意操纵他们对社会或物理环境的认识，或诱导他们说或做他们本不会说或做的事情。相反，这种监视技术是用来确定警察是否可以、何时可以、何地可以以及如何可以对很可能参与严重犯罪的公民使用胁迫、武力和暴力。

强制的道德限度

强制招供不应作为法庭证据的原则证明，权力机关在警务工作中使用威胁是有道德限度的。强迫招供的典型例子是由酷刑威胁产生的招供。以酷刑为基础的招供不是公平选择的结果，它将事实与信仰之间的有法可依的关系替换为由痛苦或对痛苦的恐惧所产生的因果或准因果关系。

然而，这并不意味着这种因果关系不能构成犯罪嫌疑人有罪的证据链。很明显，它们可以：例如，司机血液中酒精含量测试可以提供必要的证据来支持司机违反了禁止酒后驾驶的法律主张。此外，在法院命令规定的某些条件下，犯罪嫌疑人可能被合法地强迫，让检察官扣押文件和其他人工制品，并在对其进行调查的过程中采集呼吸、血液、尿液和身体组织的样本。然而，这些强制性的实践与不自证其罪的权利共存，正如欧洲人权法庭在桑德斯诉联合王国（1996）一案中明确表示的那样，保持缄默的权利"不包括在刑事诉讼中使用可通过强制权力从被告人处获得但独立于嫌疑人意志而存在的材料"。法院的论点解释了为什么胁迫必然使招供的证据地位无效，因为证据链是一种理性的建构，在信仰之间建立一种逻辑或有法可依的关系，而这是招供的本质。

从某种意义上说，将招供作为证据的刑事程序分类是有误导性的，因为犯罪嫌疑人说"我做了"，只是重申了警方合理羁押讯问的工作假设。因此，招供也需要独立的印证，而招供作为证据的广泛概念反映了犯罪嫌疑人通常是最合格的确证事实提供者。那么，招供就是确认某些相关事实与某一特定命题的真实性之间存在着一种有法可依和证据性的联系。然而，尽管犯罪嫌疑人可能除了坦白之外几乎没有"理性的选择",但这并不意味着警方强制性审讯在任何道德或法律层面有益。例如,审讯警察有时会用大量可靠的目击事实和物证与嫌疑人对质,这使得嫌疑人除了认罪外没有其他的"理性"选择。证据联系的逻辑性、非强制性解释了为什么尽管欺骗行为和强制行为一样作用于人的意志和信仰体系,但警察在证据问题上的欺骗(有时被用作审讯手段)并不总是构成强制。①

被动警务与预防警务

警察角色的巨大复杂性导致根本不可能穷举他们的合法目的,这些目的也许是,也许不是,为使用欺骗、强迫、武力或暴力侵权行为正名(见第六章)。通常对警察活动的三分描述:"维护秩序""执法"和"服务",为警察行为的类别强加了一些概念结构,但它却典型地忽略了部分构成警务合法性的基本价值观。

或许最具影响力的警务理论是埃贡·比特纳(Bittner,1967)提出的警察作为社会执法者的概念,该理论明显忽视了警务的目标和功能。比特纳观察到警察的功能是复杂的,而且可能也没有得到很好地理解,他径直跨过警察活动的多样性,并把重点放在了他所认为的警察可用手段的独特性质上——强制力量的潜在或实际使用。② 卡尔·克洛克斯在广受欢迎的《警务理念》(*The Idea of Police*,

---

① 杰罗姆·斯科尼克和理查德·利奥在他们有趣的文章"欺骗性审讯的伦理学"中分析的其中一个案例是佛罗里达诉凯沃德(1989)案,一个 19 岁的男性被怀疑犯了强奸杀人罪。"凯沃德在大约两个小时内坚称自己是无辜的。然后警察给他看了两份假报告,是他们在州检察官知情的情况下编造的。虚假的报告证实在受害者的内衣上发现了他的精液。很快,凯沃德招供了。"(Skolnick and Leo,1992:7)然而,尽管用法院的话说,警察的欺骗"并未导致非自愿的供认",但供词被宣布不可接受。令法院担忧的是伪造文件的内在不公平,以及人们可能在长期内对整个刑事司法系统的可信性失去信心。为什么警察的这种证据欺骗是不公平的,法院没有说。毫无疑问,如果一名无辜的嫌疑人被诱导相信,基于警方捏造的证据,他将在法庭上被定罪,那么就可以说他是被迫认罪的。这一观点源自托马斯·波格和亚瑟·阿普鲍姆。
② 约翰·克莱尼格(Kleinig,1996:96)反对比特纳的警察概念"强化了警察的形象,即他们是打击犯罪的斗士,在人类的丛林中工作,法律就是武力"。然而,正如克莱尼格提到的(P.26),在非刑事争端中,有时也需要以物理手段进行强制干预,人们经常报警,明确期望警察在这种情况下可以合法使用武力。克莱尼格当然正确地指出,"警察并不是社会中唯一有权使用强制手段的成员"(P.27),还有父母、学校教师和保镖,他们的权力与警察不同,严格限制在特定的职能、时间和地点。虽然比特纳模型的优势之一是它直接而尖锐地关注警察工作中最迫切需要道德正当性的方面,但克莱尼格有理有据地辩称,该模型是不充分的,因其忽视了警察工作中各种非强制行为的意义。

1985)一书中,他在以下被动秩序维护公式中结合了比特纳的理论:"对一些本不该发生的事情应该现在采取行动!"(P. 16,'Something-ought-not-to-be-happening-aboutwhich-something-ought-to-be-done-NOW!')

传统的警察调查事件"什么、何时、何地、如何以及何人"层面上的问题,这些事件无论是由公众报告给警察的,还是由警察在日常巡逻工作中发现的,都是被动警务的范例。此外,警察几乎一成不变地将"执法"解读为打击犯罪的警务这样一个普遍的观念,执行法律是调用刑法规则定义犯罪行为,运用刑事诉讼法的规定规范众所周知的程序:拦截、搜身、逮捕、控制和审讯。在这种解读上,执法逻辑就是刑事司法制度的强制逻辑。

警务作为打击犯罪的概念并非必须排除警察工作维持秩序或维持和平的概念;有人可能会说,维和和执法之间的实质性区别并不明确。① 犯罪是违反社会规范秩序的行为。虽然警方对犯罪水平的影响比大多数警员、公众和媒体往往认为的更小,但是正式的执法部门确实发挥了作用,这并非不合理的假设——"这种差异,造成了差异"。② 此外,一些行为,比如在街上喝酒和晚上大声播放音响,经常被警员解释为妨害公众安宁需要阻止。却没有考虑到在许多司法管辖权中,禁止妨害公众安宁的法律规定通常不属于刑法的范畴这一事实。

不过,就执法方法而言,有必要区分执法和维持秩序。从这个角度来看,维持秩序被视为"通过正式执法以外的手段解决冲突"(Reiner,2000:112)。但是必须记住,首先警察经常对违反刑法和公共秩序的行为使用非正式的执法手段,其次这种手段一般被理解为执法的手段:

> 从严格意义上说,将不逮捕的决定定义为不执行是一种用词不当,因为这根本不能反映巡警对其行为的看法。非正式的行为,例如警告,并不意味着对违规行为置之不理;相反,它恰恰是一种应对异常行为的可选方法。巡

---

① 约翰·克莱尼格在《警察伦理学》(Kleinig,1996:27-29)一书中指出,警察打击犯罪的模型在描述意义和规范意义上都不充分,应该替换为社会维和的警务概念,这是"基于认识到有许多事情可能和确实扰乱治安"。
② 戴维·贝利(Bayley,1994:3)将媒体形象称为"警察的神话"。实证研究通常无法在不同司法管辖区的警察人数和犯罪率之间建立统计上显著的联系。不过,要对相反的假设表示支持,我们也有话说,即如果警察资源减少/增加到低于/高于某一阈值,我们可能会注意到"有影响的差别"。

警把警告看作执法,而警察之间唯一的争议就是警告是否有效。

(Brown,1981:185)

换句话说,执法与维持秩序之间的区别并不等于基于规则的决策与法律规则领域之外的决策之间的区别。相反,法规"规定了事实认定中的条件满足时的后果"(Schauer,1991:23),而区别在于,警察究竟是按照法律规定的后果执行还是采取不那么强制性的选项。

被动警务,无论是通过秩序维护还是刑事调查的方法,通常是与预防警务相对,尽管执法人员通常将被动警务工作的预防效果作为理由为维持治安和基于惩罚威胁的警务辩护(见第二章和第三章)。然而,预防的概念不仅仅包括被动警务的威慑效应。在其最雄心勃勃的说法中,预防是指试图影响犯罪和混乱的社会经济先决条件(Hughes,1998:115)。

显然,后现代福利国家中,存在巨大的结构性限制,约束警务单位对警方强制实践得以存在的社会和政治条件产生的影响。然而正是由于这个原因,当福利国家无法实现其自身的道德主张时,警务风格的差异就变得更加重要。这几乎是所有为剖析过去50年中每一个美国和英国城市骚乱而组建的委员会获得的一致结论。例如,尽管斯卡曼大法官承认社会、经济和政治的不平等作为骚乱的一个主要先决条件并不是警察创造的,但是他在对布里克斯顿骚乱有洞见、有影响力的报告中指出,在1981年4月,伦敦警察厅特别巡逻小组的准军事风格激起了"年轻黑人的敌意,他们觉得警方无视他们的无辜对他们进行追捕"(Scarman,1981:87)。

警察组织必须认真对待警务行动方法和结构条件之间的密切联系,因为美国国家民事动乱顾问委员会指出,1967年夏天许多骚乱始于警方事件,其中有些是"常规的、适当的警方行动,如拦停司机或突袭非法经营"(1968:301)。从市中心社区弱势成员的角度来看,警察个人行动的总体模式往往被认为是非法的过度执法,即使他们自己也承认单个行动的合法性。

瓦丁顿在其《法律的有力臂膀》(Waddington,1991)一书中,对武装公共秩序警务展开了丰富的讨论,他反对"认为市中心骚乱是由总体受到剥夺和歧视,特别是警察骚扰,带来的真正不满所引起的"(P.221)。然而,他对他所称的

"批判性共识"的否定,最终是基于因果解释的法理学模型,其本质是嵌入以下问题:"那么为什么这个特定的事件触发了骚乱,而可能有数百个类似的事件没有?"(P. 230)。可以假定,要想把一切都算作一种解释,任何事件都必须归入普遍的社会法则。不幸的是,这样的规则并不存在;相反,社会经济因素,以及警察骚扰等情境因素,不是自然原因,而是社会先决条件,其影响关键性地取决于社会行为者的理解。

因此,我们不应过于轻易地将社会诠释学解释的相关性斥为马后炮。例如,警察交际力量在促进警察与敌对暴力帮派和非法摩托车手俱乐部之间的对话方面具有预防潜力,这在欧洲城市的各个项目中得到了显著的证明,这些项目是由拥护社区警务理念的警官发起的。至关重要的是,要让这些项目发挥作用,警官们不能仅仅依靠警方当局的二手理由,而必须在与各方面对面的互动中进行一手道德说理。

在一个更实用的预防版本中,情境犯罪预防定义了警察的技术专家角色,在各种指导实践中作为顾问和合作伙伴:从强化目标和防止罪犯转为邻里守望计划(Hughes,1998:66)。此外,这些预防性技术和实践背后的理性选择论点与警察文化的核心情感产生了积极的共鸣,特别是惩罚的威慑理论,该理论承认公民是一个有能力自主做出选择的人。

反恐和预防的逻辑

危险是警察行动工作中固有的职业风险,尽管警察和公众都有高估武力和暴力使用频率的倾向。[①] 在过去几十年里,随着打击恐怖主义的斗争成为西方政府的首要任务,这种趋势变得更加突出。

然而,重要的是要承认,人们不应轻易地以统计数据上的不频繁为由,将对恐怖主义的恐惧说成是非理性的。虽然据说每年死于雷击的人比死于恐怖主义的

[①] 实证研究证明,一般而言,武力和暴力对公众对警察看法的道德影响与警察工作中使用武力事件相对较少形成了根本的对比。例如,美国司法部一份报告(2015)发现,从2002—2011年,年均4 400万16岁或以上的人与警察有一次或多次面对面接触(P.1),其中1.6%(715 500)经历了实际的威胁或使用武力。

人多,①但这并不是说害怕被恐怖分子杀死比害怕被自然力量杀死更不合理。究其原因,正如朱蒂·贾维斯·汤姆森(Thomson,1990)所言,"我们担心的不仅是死亡,还有死亡如何降临"(P.184)。例如,她有名的电车案例:

> 一辆失控的电车沿着轨道疾驰而下。它正前方的轨道上有5个人,如果电车撞到他们,他们就会被撞死。布洛格斯是一个路人,他恰巧站在道轨旁的开关旁边;他可以开动开关,从而使电车转向右边的支线轨道。在右边的岔路口上有一个人;如果布洛格斯改变电车轨道,那个人就会死。
>
> (汤姆森,1990:176)

似乎可以接受布洛格斯通过打开开关的方式杀死在岔道上的那个无辜的人,从而挽救那5个人的生命。相比之下,通过把一个体重超重但同样无辜的人推到主道上拦住电车来拯救他们似乎又不可接受,尽管实验的两种版本中(开动开关和推人)结果是完全相同的:净增加4条生命。但道德上的差异是什么,才能解释为什么布洛格斯可以转动开关,但不能把人推到铁轨上?道德相关的区别是,被推的男人是用作拯救其他5人生命的手段,而右边岔路口的男人,他的死亡只是被预见为打开开关后不可避免的副产品。这一结果直接关系到我们对恐怖主义的道德评价,因为恐怖主义的本质恰恰是故意利用、杀害或重伤无辜的人,作为进一步达到某种目的的手段。

因此,担心某些统计上不太可能发生的风险或无法量化的不确定性,未必是非理性的。这也可以部分地解释,为什么在"911"恐怖袭击之后,预防的逻辑如此迅速地从环境保护的政治领域转移到了刑事司法和警务的政治领域。然而,预防思维的可靠性完全取决于其基本要素——预防原则(Precationary Principle,PP)如何解释和应用。环境法的法律学者和哲学家经常将预防原则的弱版本和强版本加以区分,这两种版本都已被纳入各种国内和国际政策文件和法律法规中。根据弱版本,新产品和技术实践对生物多样性和生态可持续性可能产生有害影响的不确定性不应该成为政治不作为的借口。在强版本中,只要科学上尚无定论的理

---

① 事实上,这可能不再是事实:根据全球恐怖主义指数(2016),2015年有29 376人死于恐怖袭击。相比之下,据估计,每年全世界约有2.4万人死于闪电(Holle,2008)。

论表明可能会发生这种有害影响,决策者就有义务禁止可能产生这些影响的活动,或至少从根本上修改这些影响,直到确定了它们的可接受性为止。

这两个版本都受到了严厉的批评。凯斯·桑斯坦在《恐惧法则》(Sunstei, 2005)中认为,第一个版本是完全没有价值的正确:知识的易错性是人类困境不可避免的特征,要求将认识的确定性作为政治行动的先决条件,那将完全无法运转,因此也是非理性的。此外,它是空洞的:它没有为我们提供任何指导,说明我们应该采取什么预防措施,以防止严重威胁的发生。相比之下,预防原则的强势版本不仅过于强势,也不连贯,而且自相矛盾:它最终推荐了根据该原则本身应该禁止的预防措施。预防措施也有风险和不确定的影响,正如俗话所说,有时药物比疾病更可怕。

对于后一点,可能没有比2002年9月布什政府的国家安全战略所造成的灾难性后果能更清楚地说明了,该战略援引预防性原则来为对流氓国家的军事入侵辩护:

> 我们必须做好准备,在流氓国家和他们的恐怖主义客户对美国和我们的盟友发出威胁或使用大规模杀伤性武器之前阻止他们……传统的威慑概念对恐怖主义敌人不起作用,他们公开的策略是肆意破坏和以无辜为目标……威胁越大,不采取行动的风险就越大——即使敌人进攻的时间和地点还不确定,采取预期行动自卫的理由也就越有说服力。为了先发制人或防止我们的对手采取这种敌对行动,美国将在必要时采取先发制人的行动。

(白宫,2002:14-15)

随后,2001年10月对阿富汗和2003年3月对伊拉克的入侵是全面反恐一揽子计划的一部分,该计划不仅包括军事力量的使用,而且还包括广泛的法律和组织改革,这对美国国内警务工作产生了深远的影响。这些改革举措已被西半球的其他国家广泛效仿和采纳。然而,这并不能说明,向西方大部分反恐计划提供预警思想的逻辑必然是不可靠的或无关紧要的。幸运的是,最近对预警原则的重新解释,大体上成功地反驳了桑斯坦和其他批评者的反对意见。

在《哲学和预防原则》(Steel,2015)中,哲学家丹尼尔·斯蒂尔表示预防原则的弱版本指出,认知不确定性不应作为不采取预防性行动反对危害的借口,我们最好将其理解为,它不是作为决策的原则,但却是一种元原则约束我们应该使用什么类型的决策原则。作为一项元原则,它并非微不足道,因为它将预防性决策扩展到传统成本效益分析不能触及的角落——即损害的可能性无法量化的情况。显然,隐藏在布什预防性战争教条之下的终极噩梦——核恐怖主义——是认知不确定性,而不是认知风险,原因很简单:因为没有统计基础可以做出量化的估计。

然而在斯蒂尔的重新解释中,预防性原则的主要部分是如果不结合道德原则、相称原则,就不能合理地援引强版本这一原则。除了元原则(预防原则的弱版本)和相称原则,预警原则的强版本还包括其他三个要素:

> 我们认为预防原则有三个基本组成部分:伤害条件、知识条件(需要的知识可能不确定)和建议的预防措施。在这些类别中的每一个条目有衡量的程度:伤害是否严重;表明危害的存在及其与特定活动的关系的知识是否坚定,以及预防措施是否是严格的。相称性不是这个模式中额外的元素框;相反,它与伤害、知识和预防措施的程度如何与案件的具体情况相互作用有关。
>
> (Steel, 2013:7)

伊拉克案例的具体情况清楚地说明了一种精心挑选的预防措施——全面军事战争——未能满足预防原则所包含的条件,不足以挑起侵略战争。而"灾难性的道德恐怖"的可能性——恐怖分子的核攻击——显然满足伤害条件,表明存在潜在危害的知识是未经证实的道听途说,并且预防措施未能满足的方式和目标,尤其是在较少限制性选项的可用性上,比如由联合国监测专家委员会长期控制和进一步检查。

结论

相称性是警务和刑事司法最基本的原则之一。它对警察使用武力、欺骗和监控,以及刑事司法系统内对罪犯的惩罚都有深远影响。

相称性原则也是预防原则的合理概念的一个基本组成部分。预防原则起源于环境政治等领域,以及在缺乏对后果足够认识的情况下应用新技术。尽管该原则试图保护公众不受不确定性和风险的影响,但它在情报主导和预测性警务领域的扩展引发了对其道德地位、有效性和范围的新关注。然而，如果上述分析是正确的，当被动正义日益被预防和先发制人的逻辑所取代时，可能发生的对基本权利和福利利益的侵害，并不必然隐含在预防原则中。相反，预防性原则的合理解释和应用可以为现代警察的道德评估提供额外的标准。

参考文献

Balko, Radley(2014) Rise of the Warrior Cop, New York: Public Affairs.
Bayley, David(1994) Police for the Future, Oxford: Oxford University Press.
Bittner, Egon(1967) The Functions of the Police in Modern Society, Washington, DC: US Government Printing Office.
Brown, Michael(1981) Working the Street, New York: Russell Sage Foundation.
Ericson, Richard and Haggerty, Kevin(1997) Policing the Risk Society, Oxford: Oxford University Press.
Foucault, Michel(1977) Discipline and Punish, New York: Pantheon.
Giddens, Anthony(1985) The Nation-State and Violence, Oxford: Polity Press.
Holle, Ronald L. (2008) 'Annual Rates of Lightning Fatalities by Country', Arizona: 20th International Lightning Detection Conference.
Hughes, Gordon(1998) Understanding crime prevention, Buckingham: Open University Press.
Kleinig, John(1996b) The Ethics of Policing, Cambridge: Cambridge University Press.
Klockars, Carl B. (1985) The Idea of Police, Newbury Park, CA: Sage Publications.
Marx, Gary(1988) Undercover, Berkeley: University of California Press.
Miller, Jerome(1996) Search and Destroy, Cambridge: Cambridge University Press.
National Advisory Commission on Civil Disorders(1968) Report, New York: Bantam Books.
NYPD(2000) Response to the draft report of the United States Commission on Civil Rights, New York: New York City Police Department.
PCA(1996) Report from the Police Complaints Authority to the District Attorney(October 24, available on file with author).
Reiner, Robert(2000) The Politics of the Police, Oxford: Oxford University Press.
Scarman, Lord(1981) The Scarman Report: The Brixton Disorders 10 – 12 April 1981, Harmondsworth: Penguin.
Schauer, Frederick(1991) Playing by the Rules, Oxford: Clarendon Press.
Skolnick, Jerome and Leo, Richard(1992) 'The Ethics of Deceptive Interrogation', Criminal Justice Ethics Winter/Spring.
Squires, Peter and Kennison, Peter(2010) Shooting to Kill? Chichester: Wiley-Blackwell.
Steel, Daniel(2013) 'The precautionary principle and the dilemma objection', Ethics, Policy &

Environment, 16(3): 321-340.
Steel, Daniel(2015) Philosophy and the Precautionary Principle, Cambridge: Cambridge University Press.
Sunstein, Cass R. (2005) Laws of Fear, Cambridge: Cambridge University Press.
The Office of The Attorney General(1999) The New York City Police Department's 'Stop & Frisk' Practices, New York: Civil Rights Bureau.
The White House(2002) The National Security Strategy of the United States of America, Washington, DC: the White House website.
Thomson, Judith Jarvis (1990) The RealmofRights, Cambridge, MA: Harvard University Press.
U. S. Department of Justice(2015), Police Use of Nonfatal Force, 2002-11, Washington, DC: Bureau of Justice Statistics.
Waddington, P. A. J. (1991) The Strong Arm of the Law, Oxford: Oxford University Press.
Walzer, Michael(1977) Just and Unjust Wars, New York: Basic Books.

第二章 侦查还是煽动？执行儿童诱骗立法
海蒂·莫克·洛梅尔

旧式的刑事侦查

刑事侦查通常被描述为被动的、规则驱动的。它的基础是刑法，该法具有后顾性：它惩罚人们过去的行为。此外，规范刑事调查的刑事诉讼法有许多规则限制了警察在侦查和破案中可以做什么。规则驱动和被动的活动与当前的管理和警务理念不太吻合。它们与低效和无用联系在一起，这恰恰是应避免的情况："警察应避免将注意力集中在被动式案件调查上。"（Ratcliffe, 2008: 4）

从一开始，以情报为主导的警务就被定位为与被动、规则驱动的策略相反，能够取而代之。许多情报主导警务的支持者明确建议以情报主导的警务代替刑事侦查。例如，肯特警察局（英国）率先实行情报主导的警务，将资源从被动犯罪侦查部门转移到主动式单位，以建立情报主导的警务（Ratcliffe, 2008: 6）。

在过去几十年中，一般公共政策，特别是犯罪政策，呈现出更大的范式转变，这其中一部分在于采取主动的、以情报为主导的警察策略，以替换被动的、反应式的警务。公共部门不是由规则驱动和被动应对，而是要成为任务驱动、主动式和结果导向的组织（Osborne and Gaebler, 1993；也见第三章）。犯罪政策的主要范式已从解决和惩罚已实施的犯罪——一种被动的起诉范式——转变为识别"危险"人群并在犯罪之前剥夺他们的自由，这是一种主动的预防范式（Janus, 2004: 1）。

刑事司法部门这种定位转变的一个重要结果是产生了新的，或者说是扩展了的预防范式。预防通常被认为是非惩罚性的，是惩罚的一种替代选择（Van Dijk and de Waard, 1991），但近年来，诸如先发制人、预防、预测和中止等概念和实践已和强制惩罚一道进入预防领域。英国前内政大臣戴维·布朗凯特在2004年提出新的反恐法律时，描述了这种新的预防范式："我们必须在新的类别下进行预防，也就是说在犯罪实施之前进行干预，而不是在犯罪已经发生，一切为时已晚时才采取一系列行动。"①

进入预防领域的这种犯罪前摄和先发制人的逻辑是追求安全而非追求正义的一部分。我们正在从被动的刑事司法状态转变为一种新的预防性安全状态："刑事司法的犯罪后摄取向在安全逻辑的犯罪前摄取向前黯然失色"（Zedner, 2007: 262）。

这种新的预防范式也改变了刑事调查和刑事诉讼程序的性质。预防/主动警务和侦查/被动警务通常被理解为警方内部完全不同且独立的活动，他们甚至基于不同的立法规范：在挪威，《警察法》②规范了警察的预防活动，而《刑事诉讼法》③规范了他们的被动活动，例如刑事调查。然而，随着被动领域变得更加主动，越来越难区分主动和被动警务（Flyghed, 2000; Brodeur, 2011）。以情报为主导的主动警务不仅代替了被动警务，而且还改变了传统上被动的警务活动，例如刑事侦查。

本章将研究在这种新的预防范式中发生了什么。通过以在线儿童诱骗立法的定罪和执法为出发点，我们可以窥见刑事侦查中的新做法。本章还旨在发现在情报主导和公民主导警务交叉中出现的新的混合现象。但是，让我们首先仔细研究刑法的变化如何影响这种新的预防范式，并同时受其反向的影响。

刑法的预防性转向

刑事犯罪的范式就是对某种类型或程度的伤害，基于其故意或鲁莽的基础，

---

① BBC News, 2 February 2004.
② The Police Act (Act of 4 August 1995 No. 53) [Lov om politiet (politiloven)].
③ The Criminal Procedure Act (Act of 22 May 1981 No. 25) [Lov om rettergangsmåten i straffesaker (Straffeprosessloven)].

进行特定程度的有罪认定(Ashworth and Zedner,2011:283)。尽管我们通常将刑事犯罪视为已完成的行为,但在刑法中,诸如未遂和共谋之类的不完整犯罪也被定罪,从而围绕主要犯罪形成了一个"预防圈"(Ashworth and Zedner,2011:285)。不完整犯罪本身被视为实质性犯罪,与主要犯罪相区别(McSherry,2009:153)。举例来说,这意味着你可以被判犯有企图强奸罪,即使实质性罪行——强奸——未完成。刑事归责从完成犯罪转移到尝试犯罪:如果你不应该做某事,那么你也不应该尝试这件事(Yaffe,2010:21)。但是,在最终导致犯罪完成的一系列事件中,应该在哪一节点施加责任和惩罚呢? 如果尝试做某件事是错误的,那么计划或准备做某件事不应该也是错误的吗?

在许多西方刑法中,企图的责任仅属于"超出准备阶段的行动"(Ohana,2007:113)。"准备"和"尝试"之间的区别在于,被告在企图阶段已经达到了"无法回头的地步"——显然超出了仅仅是为犯罪做准备的阶段(Packer,1969:75)。总体而言,直到最近才将准备行为视为刑事犯罪。造成这种情况的主要原因是,准备行为被视为发生在尚早的阶段,此时所谓的犯罪者尚未确切决定他/她打算做什么,并且他/他仍然有很大可能会改变自己的想法。行为者的责任或行为所构成的威胁都没有足够严重到作为刑事处罚的依据。此外,与构成实质犯罪的行为不同,准备行为通常不如被归类为企图的行为那么明显。准备行为通常是"常规"或例行活动,它们本身并不表示犯罪意图(Ohana,2006:28)。

但是,刑法中准备和试图之间的障碍正被打破。为了防止恐怖主义和儿童性虐待等严重犯罪,将准备行为定罪是刑法预防转向的重要组成部分,据此,刑法和刑事诉讼法的传统界限正在扩大(Kool,2011;也见第四章)。准备行为的定罪超出了企图犯罪的范畴,及时扩大了刑法的范围(McSherry,2009:164)。

将准备行为定罪是有争议的(Ashworth and Zedner,2014;Asp,2013;Lomell,2012)。惩罚人们的准备行为意味着,那些在犯罪结束之前自愿中止的人被剥夺了改变主意和放弃计划的机会。当某人在准备阶段被捕时,他/她就被剥夺了自主决定是否停止的自由:我们以武力和强制手段停止了他/她未来的行为,也因而侵犯了他/他的自主权(Ramsay,2010)。

惩罚某人做准备行为是基于这样一种假设,即可以在造成应禁止的伤害之前识别和制止犯罪者（Ashworth and Zedner，2014）。因此，它为刑事侦查增加了预期的范围。它预设了警务人员的存在不仅能侦查并保存证据，还能在犯罪之前进行干预。

在主要犯罪发生之前将其定罪、打断和惩罚是犯罪后摄刑事司法程序的对立面，该过程从主要犯罪开始，然后经历多个离散阶段：侦查和取证、指控、审判以及在有罪判决的情况下处以惩罚（McCulloch and Pickering，2009：632）。当这一过程逆转时，不仅挑战刑法的时间逻辑，而且挑战刑事侦查的时间逻辑。

这种发展将对一般警务实践尤其是刑事侦查实践产生什么影响？布兰廷汉和浮士德（Brantingham and Faust，1976）区别了一级预防、二级预防和三级预防：一级预防针对公众全体；二级预防针对有犯罪风险的人群或类别；而三级预防则针对已经犯罪的人。传统上，刑事司法系统的预防犯罪作用处于预防的第三阶段。在"旧的"预防范式中，惩罚性的预防在"事后"的第三级预防中起着后期的作用（Gilling，1997）。通过将准备行为定罪，刑法正在扩展到二级预防犯罪领域，从而在比以前更早的阶段进行了更有针对性、强制性和惩罚性的干预。不可避免地，这种扩张意味着，如果法律得以实施，则将针对更多的人和活动采取强制措施和惩罚。这也意味着刑事侦查将扩展到二级预防领域。

尽管有这些原则上的反对，但在许多国家，预备行为已受到刑法管制，尤其恐怖主义和性虐待儿童的准备行为（另见第一章）。在下一节中，我们将研究一个示例：网络性诱骗儿童。

网络性诱骗儿童

在过去的几十年中，"诱骗（grooming）"一词越来越多地用于描述针对儿童性虐待的预备行为。如果我们把儿童性虐待看成一系列事件，从与儿童接触开始，到建立关系、建立信任等，这就是诱骗过程（McAlinden，2006）。与孩子接触并建立关系的行为看似无辜，背后的动机却对区分无害行为和诱骗行为至关重要。

使用的术语——诱骗（grooming）——将儿童性虐待的准备行为与其他已定罪的准备行为（例如，准备恐怖行动）区分开来。通过称其为 grooming，其准备行为成为独特的事物。此外，该术语可能会唤起与动物相关的 grooming（译者注：

grooming 有动物梳毛、刷洗的意思)(Armstrong,2009)。诱骗被认为不仅是为了性虐待而进行的准备行为,也是掠夺行为(Ost,2009)。在挪威,直接采用了英文 grooming 一词而没有翻译,这使得该行为更加独特。

世界上许多国家/地区把网络儿童诱骗定为犯罪,包括澳大利亚(2004)、新西兰(2005)和新加坡(2007)(Staksrud,2013:155)。加拿大(2002)、哥斯达黎加(2013)和美国(2000)也将儿童诱骗行为定为刑事犯罪。在欧洲,第一个儿童诱骗立法是 2003 年的英国,其次是 2007 年的挪威,随后是 2009 年的瑞典和 2010 年的荷兰。

让我们仔细看看英国和挪威的儿童诱骗法规。英国 2003 年的《性犯罪法案》(*Sexual Offences Act*)将网络儿童性诱骗行为定为刑事犯罪,挪威于 2007 年在《通用民法典》(*The General Civil Penal Code*)中引入了第 306 条,将其定为犯罪。

英国《性犯罪法案》第 15 条第一款规定,如果满足以下条件,则 18 岁及以上的个人(A)将构成"为了性诱骗认识孩子"的罪行:

    a A 与另一人(B)在至少两个场合下见面或交流,并随后
      i A 有意遇见 B,
      ii A 出行的目的是在世界任一地方与 B 会面或安排在世界任一地方与 B 会面,或
      iii B 出行的目的是在世界任一地方与 A 会面,
    b A 打算在(a)(i)至(iii)所述的会面期间或之后,在世界任一地方对 B 或就 B 做任一事情,如果该事完成则 A 犯下相关罪行,
    c B 小于 16 岁,并且
    d A 不合理地认为 B 为 16 岁或以上。

挪威《通用民法典》第 306 条规定,某人安排与 16 岁以下的儿童会面并意图实施性虐待,此人已到达会面地点或可以观察到会面地点之处,应处以罚款或不超过一年的监禁。在英国,处罚要么是简易程序定罪,即不超过 6 个月的监禁,或不超过法定最高刑罚的罚款,或两者并罚;要么是经公诉程序定罪,处以不超过 14 年的监禁。

诱骗法规的这两个例子在施加责任的节点上有所不同。在英国,犯罪者"出

行意图与孩子会面"就要承担责任;在挪威,责任发生在稍后的阶段,即犯罪者"来到会面地点或可以看到会面地点的地方"。因此,与挪威立法相比,英国立法对实质性犯罪的防范范围更广,因此,比挪威在更早的阶段认定责任。在这两种情况下,出行和/或与孩子会面行为背后的意图对于责任问题至关重要。为了将无言行为与诱骗行为区分开来,出行与孩子会面看似无辜行为的背后,动机和意图至关重要(Ost,2009)。在此阶段,施加责任的目的是在造成任何伤害之前让警察有机会进行干预(Asp,2013)。

互联网陌生人的危险

将儿童性虐待准备行为定罪的新法案与互联网的传播有着直接和内在的联系:立法背后的逻辑是以技术为中心的,而不是以行为为中心的(Staksrud,2013)。今天,互联网已成为儿童和年轻人日常生活不可或缺的一部分。毫无疑问,这对性自由产生了影响(Jewkes,2010:10)。一种新的自由成为可能,因为互联网突破了传统的家庭住所和更广阔的世界之间的界限,使儿童容易受到网上性犯罪者的攻击。

在挪威将在线诱骗定为犯罪之前,特别令人关注的问题是使用在线聊天室与孩子进行初次接触。互联网让诱骗者得以匿名;使他们掩饰身份,甚至可能冒充成孩子。政治家和决策者都对这种现代技术的潜在使用感到担忧。但是,研究表明,在线下环境中进行诱骗的可能性更大,即孩子及其父母所认识的人(Ost,2009:38)。

互联网上"捕食者"诱骗孩子的刻板印象在很大程度上是不准确的(Kohm and Greenhill,2011:198)。对儿童性虐待者(和诱骗者)的普遍看法是,他们是陌生人。现有的研究结果并未反映出这一点,相反,研究绝大多数表明,儿童普遍认识性虐待者(Ost,2009)。线下家庭环境中进行诱骗比在线陌生人诱骗更为常见。内政部的一项研究表明,在 94 例身体和性虐待案件中,除一名受害者外,所有受害者都认识被指控的虐待者:"至关重要的是,让儿童和对他们负责的所有人都意识到,危险往往不在于陌生人,而在于最亲近的人。"(McAlinden,2006:355)此外,挪威的数据表明,互联网并没有使儿童变得更加易受侵害,尽管它可能使易受侵害的儿童更加容易接近(Staksrud,2013:163)。因此,预防工作应包括特别关注处于危险中的弱势儿童,无论是在线上还是线下行为中,都应更符合社会预防方法。

但是,尽管有研究记录表明,大多数对儿童的诱骗和性虐待都是在线下、由受害者认识的人实施的,但诱骗法规是出于担心通过互联网进行诱骗的潜在可能(Ost,2009)。立法针对的是儿童性虐待问题非常有限或狭窄的部分,即陌生人通过互联网对儿童进行诱骗(Craven et al.,2007)。法律回应只适用于一种诱骗,并且是最不常见的一种(McAlinden,2006)。正如在许多刑事定罪程序中一样,将诱骗定为刑事犯罪是对引人注目但不典型的案件的过于敏感(Staksrud,2013)。

预防和干预,而非惩罚

在对挪威诱骗法规的分析中,我发现预防和保护比惩罚更常被用作支持拟议法规的论据。将网上诱骗定为刑事犯罪的一个主要理由是保护易受侵害的受害者/无辜儿童并防止发生性虐待,而不是惩罚犯罪者。拟议的刑法规定被描述为"一项防止对儿童进行性虐待的新刑法规定"。

立法过程或多或少地忽略了拟议立法的被动和惩罚属性及后果,而几乎全部集中在预期的预防和先发制人作用上。常设司法委员会在建议文件[①]中一致指出,新法的目的是使警察有机会制止有计划的性虐待并逮捕成人。完全没提到随后惩罚的概念。同样,在议会辩论中,主要框架是新法律将使警察能够制止虐待的发生,并逮捕而不是惩罚虐待者。挪威法院管理局在其咨询文件中写道:"诱骗立法将成为虐待发生之前进行干预的工具,从而防止虐待,而不仅仅是在犯罪后对其进行惩罚。"挪威儿童事务监察员写道:"我们必须在犯罪发生之前能够进行干预。"他们为定罪正名,并赞成将诱骗定为刑事犯罪,因此,"警方有机会在犯罪发生之前进行干预"。

正如这些引言所表明的那样,立法过程被强调预防、逮捕和干预的论调主导,而不是被惩罚主导。这不是预防犯罪的旧范式,而是一种有望中止而不是减少犯罪的新方法。

[①] Innst. O. nr. 42 2006 – 2007.

新的诱骗法规允许警察在较早的阶段对潜在的犯罪者进行调查和强制干预,以制止主要罪行——儿童性虐待——实际实施。立法者对将罪犯绳之以法的可能性保持沉默。诱骗立法的创新性不在于试图防止儿童遭受性虐待,而是在于将刑法和程序作为实现这一目标的手段(Robinson,2001)。这代表了犯罪侦查的新角色。在下一节中,我们将仔细研究诱骗法规的后续执行。

执行诱骗法规

那么,将诱骗定为刑事犯罪的实质和实际效果是什么?立法如何执行?我们在上一节中看到,将在线诱骗行为定为犯罪的主要论调是为警察提供防止儿童性虐待的必要工具。警方如何处理网上诱骗现象?以及在日常性虐待儿童行为的警务工作中,如何处理预防、情报和调查之间日益模糊的界限?库尔(Kool,2011:47)认为,诱骗法规的执行会避开刑事诉讼程序的界限。

刑事侦查的目的是收集证据,以起诉和惩治不法行为。警方侦查人员努力收集可用于犯罪嫌疑人定罪的信息(Brodeur,2011:212)。大多数侦查活动可谓是被动的:它处理实际上已经实施并随后由公众上报的犯罪。这是事后回溯性的。研究表明,刑事侦查员主要是"法庭证据管理员",他们的大部分时间都花在了争取定罪上。他们在许多方面都是通向刑事司法系统的门户,将"社会现实"转化为可以由检察官和法院处理的"法律现实"(Maguire,2003:368)。

同时,警察犯罪侦查与我们在电影和电视节目中看到的犯罪侦查员或"侦探"解决谜团完全不同(Maguire,2003)。与通过仔细检查犯罪现场以及与受害者和证人进行访谈来识别犯罪嫌疑人的刻板印象相反,研究表明,在大多数情况下,犯罪侦查人员忙于让"现成的犯罪嫌疑人"接受所谓的抓捕后流程。大量犯罪在没有犯罪侦查员介入的情况下就得以明晰,要么是有目击者,要么是巡警赶到犯罪现场并抓获现行罪犯(Brodeur,2011)。

但是,在涉及诸如在线诱骗的犯罪时,被动式调查是不够的。想象一下将传统的被动犯罪侦查逻辑用于在线诱骗侦查,那将意味着在现行的、实际犯罪尚未发生的案件中,主要采取回顾性活动,集中于事实调查和证据搜集。因此,为了执行诱骗法规,警方必须主动利用调查资源来识别犯罪嫌疑人,利用情报报告以及监视、线人的方法和挑逗行为（Roberts, 2007）。这种新型的刑事调查的特点是什么？

前瞻性、预期性和/或破坏性？

胡萨伯宣称:"对犯罪是否会发生的评估与犯罪是否已经发生的传统证明有根本的不同"（Husabø, 2013:16）。证明已经发生的犯罪及犯罪嫌疑人时，产生的证据可以主要基于事实的收集。要证明诸如在线诱骗犯罪之类的准备行动时，事实证据的作用更为有限。回顾性刑事侦查的主要重点是事实——检查犯罪地点、犯罪嫌疑人的动向等，但预期的刑事侦查必须更多地关注个人动机——对犯罪嫌疑人的未来行动及其意图的评估。

比如，尽管可能有事实证明犯罪嫌疑人已经安排了一次会面，但这还不够:合理的怀疑还必须建立在犯罪嫌疑人意图在会面之后实施性犯罪之上。这就要评估他的个人动机，以及他是否有可能逾越"坏主意"和"邪恶行为"之间的界线（同上）。准备行为本身可能是无害的;只有在将来与犯罪者打算对儿童进行性虐待的意图有关时，它们才会变得有害。此外，对犯罪嫌疑人的未来行为及其个人动机的这种前瞻性评估是区分警察使用秘密方法是否合法、是否妥当的判定标准（同上:16）。前瞻的刑事侦查在此"前瞻范围"内进行，并增加了预期维度。

赫希·巴林分析了刑事调查领域的预期范围（Ballin, 2012）。"主动调查"一词描述的是犯罪之前而不是犯罪之后的调查，而赫希·巴林则使用"预期调查"一词来强调调查与活动目的有关的显著特征:预防而不是起诉。巴林的"预防"是指以先发制人的逻辑为特征的新的预防范式。前瞻性调查采用更多的情报主导方法来预测威胁，而不是集中精力收集起诉证据。因此，对诸如在线诱骗之类准备行为执行刑事定罪，将传统的调查资源转移到了预期的环境中（同上:x）。

赫希·巴林将预期的刑事调查定义为一种情报引导的、主动的调查形式，将传统的刑事调查功能和情报融合在一起。调查能力用于获取信息，以预测未来的危险并防止未来的伤害（同上:3）。预期调查是传统刑事侦查功能（证据收集）和情报侦查功能（为预防目的而收集有关威胁的信息）的合并:"预期调查包括出于预防严重犯罪和威胁的目的，代表政府采取的任何形式的主动调查，且通常以情

报为主导。"(同上:4)

可以描述在线诱骗策略的另一个概念是干预性调查。其目的不是侦查和起诉,而是预见并干预犯罪,以此达到预防犯罪发生的目的(Innes and Sheptycki, 2004)。

干预是一种策略,警察可以采取行动使犯罪者难以继续其非法活动。约翰斯顿将干预的原理定义为"绕开正式司法制度,以便更容易地实现对特定问题的迅速解决"(Johnston,2000:61)。干预性调查的目的不是为了起诉和定罪而收集可用的证据。由于获取足够证据的内在困难,警察可能会选择他们认为是更好、更经济的策略:通过例如逮捕等方式瓦解犯罪(Carson,2007)。

在以情报为主导的警务中,干预也变得越来越普遍(Ratcliffe,2008)。英尼斯和谢普蒂基声称,以情报为主导的警务工作的增长导致了"警察犯罪控制策略不再围绕识别犯罪嫌疑人和随后进行起诉案件开展"(Innes and Sheptycki,2004:3)。

欧洲警察行动"Police2Peer"(警察对点)是这种策略的一个例子,在点对点网络中,出现了看似虐待儿童材料的文件。一旦有人开始下载文件,他们会发现文件不是对儿童的性虐待材料,而是以警官为主角的"警告文件",告知下载者他们正在承担的风险及其行为的违法性。目前,警告后不进行起诉。警方认为,该行动的目的是威慑,告诉用户共享虐待材料既不安全,也并非不可见或不可追踪。可以将这种操作描述为干预性警务的一个示例。

"Police2Peer"是从"起诉导向"向"干预导向"警务模式转变的一个例子。主要目标是预防/打断这些犯罪,而不是寻求证据,提起诉讼。只要能够防止将来的犯罪,定罪可能不是该活动追求的结果。干预的主要问题是它忽视了法律制度。干预将警察行为的目的置于手段之上,从而绕开了证据要求和正当程序原则。

案件和定罪

考虑到这些概念,我们对诱骗法规的执行情况了解多少? 查看挪威、英格兰和威尔士在案的诱骗案例,我们发现报案的诱骗案例很少,定罪案例更少。但是,警方记录的英格兰和威尔士诱骗案件数量一直在增加:从2012/2013年的370起

51

增加到 2014/2015 年的 678 起和 2015/2016 年的 1 021 起。相比之下,只有少数几起案件最终告上法庭。2012 年,英格兰和威尔士总共有 72 名被告因诱骗罪名而被判刑。①

挪威的最新统计数据显示,2014 年报告的诱骗活动总数达到了 16 起,而 2013 年为 12 起。2015 年第一季度的统计数据表明,这一情况进一步增加。挪威的诱骗活动被定罪的数量非常少:迄今仅有 7 项定罪记录。②

因此,我们看到的报案的诱骗案件很少,定罪案件更少。挪威警方自己对案件数量少的解释是,诱骗立法允许在诱骗过程中进行"尽早干预",从而非常有用。这表明,这种预防性立法导致的警察做法,与传统的侦查起诉模式相比,更符合情报影响的警务策略(例如干预)。因此,诱骗立法可能比少数上报的案件和定罪所显示的影响更大。

被送上法庭的诱骗案件的特征是什么?对英国诱骗定罪的早期研究发现,这些案件主要是在儿童与犯罪者之间的会面之后以及发生性侵犯之后报案和调查的。这表明该立法主要是反应性的,而不是预防性的(Craven et al.,2007)。

迄今为止,挪威的定罪案件很少,只有 7 起。但是,法院案件告诉我们有关执行诱骗法规的一些有趣事实,这些在警察官方报告中并没有提到。

谁在诱骗谁?

想要定罪某人进行在线诱骗,法律规定该活动必须达到伤害和过失的门槛。我们在本章前面已经看到,门槛有所不同,但是例如在挪威,罪犯不仅必须安排会面,而且还必须到达会面地点或可以看到会面地点的地方,才能被定罪进行在线诱骗。仅仅识别与未成年人聊天并安排与他们会面的人还不够。同时,为了防止发生性虐待,警察必须在达到门槛后尽快进行干预。但是如何干预?

在线诱骗是一种网络犯罪。这使警察以及其他任何人都有机会利用与罪犯

---

① Cyber crime:A review of the evidence(Research Report 75,October 2013),Home Office.
② 网站 www.lovdata.no 提供了一系列在线法律资源,包括法庭案件。所有最高法院和上诉法院的案件都可以查询。然而,只有一些低级/地区法院的判决在网站上公布。因此,挪威对诱骗儿童的定罪可能不是只有网站上可以查询到。

相同的匿名性来进行在线操作,并与实际或潜在犯罪嫌疑人交往。匿名是把双刃剑:"在互联网上,没有人知道你是警察。"(Urbas,2010:412)卧底人员或警察线人利用欺骗手段欺骗人们参加某种形式的犯罪活动,然后将其逮捕。罪犯被"煽动特工"诱捕,被推向刑事责任的界线。挑逗是警察使用的秘密的、侵入的和欺骗的手段的一部分,其中包括使用卧底人员、线人和突击圈套(另请参见第八章)。

多年来,这种方法已与高水平的专家小组联系在一起,在各个级别的警务中它们已变得越来越普遍(Maguire,2003)。通过更多地使用秘密、侵入性和欺骗性方法,警察正在逐步突破法院和公众认为可以接受的方法的界限。然而,尽管这种调查技术可能走向逮捕和破坏,但有关诱捕、不当操纵和/或非法获取证据的论点可能会使随后的起诉和定罪复杂化(Urbas,2010)。警察必须在监管框架内行事,这可能会限制他们在网上假装成儿童的程度,尤其是如果在随后的刑事诉讼中导致证据不可接受时,尤其如此。在某些司法管辖权中,除非与真实的孩子进行交流,否则不属于实施诱骗犯罪,因此获得与卧底警察的交流证据几乎没有证据价值(Urbas,2010:412)。如果与之沟通的"孩子"确实不存在,而仅仅是警务人员虚拟的身份,那么是否真的犯有诱骗孩子的罪行?

另一方面,如果刑事诉讼法失去意义,而预防或破坏未来的犯罪成为主要任务,那么这个问题可能不再那么重要。那样警方可能会决定在该人被诱捕和暴露后不采取任何行动,这是干预性的警务/调查。

诱捕的规范性挑战是本不会发生的犯罪发生的概率。问题在于我们不知道在没有诱捕的情况下犯罪是否会发生(Kleinig,1996)。警察诱使人们犯罪,然后试图起诉他们,这在道德上是不可接受的(Clark,2007)。

数字警惕主义

互联网不仅使警务人员更容易冒充孩子,而且使父母或其他人能够假冒孩子的身份。迄今为止,挪威少数定罪案件的显著特征是,它们涉及欺骗或类似陷阱的行为,要么是父母,要么是那些可能被称为"数字警卫队"的人在网上假扮孩子(Trottier,2015)。警惕的父母或监护人代替警务人员,冒充孩子,同意或建议进行现实会面。在一个挪威案例中,在女儿向母亲展示了她与一名儿童诱骗嫌疑人的对话后,母亲接手了聊天。① 后来是母亲安排了与犯罪嫌疑人的会面。然后她通知了警方,警察在会面地点逮捕了犯罪嫌疑人。由于会面是母亲假冒女儿安排的,因此嫌疑人因企图(但未完成)诱骗而被判刑。

挑逗和钓鱼的一种模式就是坎贝尔所谓的"数字警惕主义"(Campbell, 2016)。另一个术语是"恋童癖狩猎",它也可以被认为是一种公民主导的或平民主义的警务,是情报主导的警务的替代或补充。尽管没有正式的合作,但数字警戒与公共警察和法院之间存在联系或分工。

数字警惕不仅包括欺骗和/或诱捕,还包括对涉嫌犯罪者的公开羞辱和社交媒体曝光。使用的技术和方法超出了可接受的警务实践。但是,在挪威最近的一宗案件中②,法院接受了警卫团体提供的证据,尽管判决中批评了他们使用社交媒体的行为,并称其为公共嘲弄。

挪威的警卫团体自称"儿童安全"。③ 一段时间以来,他们在线上聊天冒充未成年人(通常是 13 岁的女孩),引诱诱骗者见面。他们目前在 Facebook 页面(2017 年 4 月 25 日)上有超过 9.8 万个"赞",他们还建立了一个网站。他们的任务是"根除并对抗网上寻求与未成年人性接触的成年人"。他们写道:"尽管我们的方法看似极端,但我们希望我们的关注者能够明白我们愿意竭尽全力实现我们的目标。"他们建立了人们可以捐款的基金会。

他们的活动在 2016/2017 年在挪威受到了广泛关注,褒贬不一④。一些警官将他们的方法描述为诱捕和挑逗⑤,而另一些则更为正面。警察多次批评他们的活动,特别是他们发布逮捕视频的做法:这曾经导致警察在犯罪嫌疑人被捕之前没收了他们的手机⑥。

该组织为曝光被捕者的姓名和录像进行辩护,说:"我们希望父母认清这些作

---

① Norges Høyesterett, dom av 14. november 2011. HR - 2011 - 02105 - A(sak nr. 2011/964).
② Frostating lagmannsrett, dom av 25. november 2016. LF - 2016 - 106879.
③ Barnas trygghet.
④ 'Politiet om pedojegeres virksomhet: Kan føre til overgrep mot andre barn', Dagbladet, 23 January 2017.
⑤ 'Politiet kritisk til sexfeller på nettet', nrk. no [Lesedato 19.03.17].
⑥ 'Tipser om barneovergrep: Reagerer på politiets oppførsel', nrk. no [Lesedato 19.03.17].

恶者,让他们有机会保护自己的孩子。"①在一个案件中,他们在犯罪嫌疑人被捕后联系了他的伴侣,告诉她聊天的内容。② 在另一起案件中,犯罪嫌疑人转头开车离开了会面地点,但警卫队联系了这名犯罪嫌疑人的一位同事,告诉这名同事有关聊天的情况并向他发送照片。这导致犯罪嫌疑人被解雇。在其他案件中,曝光导致犯罪嫌疑人被家人、同事和邻居认出。

在遭到警察和法院的批评之后,该组织改变了策略。他们将犯罪嫌疑人的名字和面孔匿名化,并且在聊天中变得更加被动,以免被指控陷害和挑逗。他们等待男人提议见面,不以相同的语言回应性爱语言,也不建议会面,而是等待犯罪嫌疑人提议。他们删除了旧视频,其中一个被浏览了超过 300 万次——该名男子既没有被起诉,也没有被定罪为诱骗。这种策略的改变——特别是名字和面孔的匿名化——现在遭到其关注者的批评。该组织辩称他们想得到警察的重视③。根据特罗蒂埃(Trottier,2016)的说法,这是数字警戒人员的典型特点——他们与警察保持合作关系,例如将被拘留的犯罪嫌疑人移交给他们,或者像在挪威一样,在会面前通知他们。

大众正义

特罗蒂埃将数字警惕主义描述为"刑事司法的平行形式"(Trottier,2016:1)。那么,数字警惕主义的道德层面和规范挑战是什么?诸如"儿童安全"之类的数字警惕主义可能并不标志着传统警务的突破,而是国家与平民主义警务之间界限的重新协商。可以将数字警惕理解为公民以他们认为警察应该采取的方式行事,从而模糊了国家与平民主义警务之间的界限。

数字警戒人员通过曝光和公开羞辱来煽动、调查、判刑和惩罚。警察应该如何处理这种现象?警戒人员希望被警察接纳,但同时又很难接受程序规则。数字警惕主义表明国家权力和公民反权力之间的关系复杂(Trottier,2015:220)。来自英国的一名警戒人员说:"人们普遍误认为警方不作为。但这并不是因为他们

---

① 'Filmes og henges ut', Dagbladet, 20 December 2016.
② 'Mann trodde han skulle møte 13-åring for sex', nrk. no [Lesedato 19.03.17].
③ 'Lokker nettovergripere i fella', Dagbladet, 13 March 2017.

什么也不做,而是因为他们受到繁文缛节的束缚。"(Campbell,2016:350)数字警戒人员绕过规则来执行自己的警务工作——在此过程中会违反法律——通常会以松散解释的法律和秩序政治形式为指导。

公开性是当代警惕性运动的主要特征;数字警惕主义的一个重要方面是公众羞辱,一种在线的、具体的骚扰。在罪犯被起诉和定罪之前,他的名字和照片就在社交媒体上发布。公开羞辱是中心。通过公开曝光和羞辱诱骗者,警戒者对其惩罚可能比刑事司法制度所施加的惩罚要严重得多。这为干预性战略增加了表达性而非工具性维度。数字警戒员共享罪犯的个人信息旨在告知、娱乐和惩罚:它共享有关犯罪和潜在危险人群的详细信息,还强行对罪犯进行曝光(Trottier,2016:14)。通过数字警惕主义产生的公开性是令人厌恶的、强烈的、持久的,并且可能会造成严重后果,无论该人是正确还是错误地被识别为犯罪者。这是骚扰的一个方面,必须重视。警察或许明确或暗中支持公民团体宣传和谴责其他公民涉嫌犯罪的行为。但是,公开犯罪证据和羞辱目标对象是有问题的。

警务方面的最新趋势表明,警方、私营企业和一般公众之间存在节点治理,而后者的行为在休伊等人研究中被称为"与执法机构的自愿性临时合作关系"(Huey et al.,2013:83)。他们也可以被视为新自由主义政治的一部分,让公民对自己的安全负责。数字警戒主义也可以看作是从代表制向自治制的转变,这表明公民自愿或自行任命,参与了诱骗立法的执行。在没有得到官方授权的情况下开展行动的时候,这些团体并不认为自己的行为凌驾于或违反了法律和秩序,而是将自己塑造成自我任命的监护人,从掠夺者手中——也是从低效和无效的刑事司法系统中——救下儿童。

总结思考

刑事司法系统越来越多地用作预防和阻断未来犯罪的手段,而不是惩罚过去的行为(Vervaele,2014)。执行预防性刑法与嫌疑人、怀疑和起诉无关,而与信息收集和干预有关。本章以将网上诱骗立法定为刑事犯罪和随后的执法作为出发点,探讨了由此可能发展出的新的刑事侦查实践。

正如我们在本章前面所看到的那样,有关刑事调查的研究表明,侦查员忙于所谓的"现成犯罪嫌疑人"的逮捕后处理。在很多情况下,受害者或目击者将所谓的犯罪者的身份"照原样"交给警察(Maguire,2003:372)。随着刑法的预防性转向,人们期望刑事调查将变成一种更具前瞻性、预期性和/或干预性的做法。在少数法院案件中,我们可以看到干预性警务的痕迹。

另一方面,数字警惕主义的增长随时将现成的诱骗嫌疑人移交给警察,可以看作是传统犯罪调查的延续。但是,警惕者不是被动的受害者或目击者,而是通过挑逗、诱捕和/或欺骗积极地参与了案件和犯罪者的生产。

在线的警惕者有可能打破约定俗成的习惯和做法,不仅模糊了自由民主社会可接受的合法的警务界限,而且还困扰着我们对正义的定义、认识和处理(Campbell,2016:360)。它们在诱骗立法方面的作用类似于所谓的敌对刑法(Díez,2008)。关于这一点,莱西以下方式描述了刑法:

> 性质上是预防的;回应上是不相称的;与通常的程序保护无关,"敌人刑法"本质上是一种警方权力,将其对象视为要管理的危险,这不同于市民刑法,回应的主体是被赋予了权利的公民。
>
> (Lacey,2011:168)

警戒者代表着平民主义的排他性冲动,旨在揭露罪犯,驱除危险并驱逐社区中的恋童癖者。同时,他们向警方提供现成的犯罪嫌疑人。他们的存在以及他们与警察的合作表明,"纯洁社区"的道德化、排他性冲动与刑事司法系统可以并存并结合(Ashenden,2002)。这在以情报为主导的警务中产生了新的道德问题。

参考文献

Aas, V. M. (2017) Tipser om barneovergrep: Reagerer på politiets oppførsel, Nrk. no.
Armstrong, S. (2009) 'Managing meaning: Metaphor in criminal justice policy', Working Paper, Scottish Centre for Crime and Justice Research, Glasgow.
Ashenden, S. (2002) 'Policing perversion: The contemporary governance of paedophilia', Cultural Values, 6: 197-222.
Ashworth, A. and Zedner, L. (2011) 'Just prevention: Preventive rationales and the limits of the criminal law', in R. A. Duff and S. P. Green(eds) Philosophical Foundations of Criminal Law, Oxford: Oxford University Press, pp. 279-303.

Ashworth, A. and Zedner, L. (2014) Preventive Justice, Oxford: Oxford University Press.

Asp, P. (2013) 'Preventionism and criminalization of nonconsummate offences', in A. Ashworth, L. Zedner, and P. Tomlin(eds) Prevention and the Limits of the Criminal Law, Oxford: Oxford University Press, pp. 23 – 46.

BBC News(2004) Blunkett plans tougher terror law. Bbc. co. uk.

Brantingham, P. and Faust, F. (1976) 'A conceptual model of crime prevention', Crime & Delinquency, 22: 284 – 296.

Brodeur, J.-P. (2011) The Policing Web, New York: Oxford University Press. Available in Oxford Scholarship Online.

Campbell, E. (2016) 'Policing paedophilia: Assembling bodies, spaces and things', Crime Media Culture, 12: 345 – 365.

Carson, D. (2007) 'Models of investigation', in T. Newburn, T. Williamson and A. Wright (eds) Handbook of Criminal Investigation, Cullompton: Willan Publishing, pp. 407 – 425.

Clark, D. (2007) 'Covert surveillance and informer handling', in T. Newburn, T. Williamson and A. Wright(eds) Handbook of Criminal Investigation, Cullompton: Willan Publishing, pp. 426 – 449.

Craven, S., Brown, S. and Gilchrist, E. (2007) 'Current responses to sexual grooming: Implication for prevention', The Howard Journal, 46: 60 – 71.

Dagbladet(2016) 'Filmes og henges ut', Dagbladet, 20 December.

Dagbladet(2017) 'Politiet om pedojegeres virksomhet: Kan føre til overgrep mot andre barn', Dagbladet, 23 January.

Dagbladet(2017) 'Lokker nettovergripere i fella', Dagbladet, 13 March.

Díez, C. G.-J. (2008) 'Enemy combatants versus enemy criminal law: An introduction to the European debate regarding enemy criminal law and its relevance to the Anglo-American discussion on the legal status of unlawful enemy combatants', New Criminal Law Review, 11: 529 – 562.

Flyghed, J. (2000) Brottsbekämpning: Mellan effektivitet och integritet. Kriminologiska perspektiv på polismetoder och personlig integritet, Lund: Studentlitteratur.

Gilling, D. (1997) Crime Prevention: Theory, Policy and Politics, London: UCL Press.

Hirsch, Ballin M. F. H. (2012) Anticipative Criminal Investigation: Theory and Counterterrorism Practice in the Netherlands and the United States, The Hague: Asser Press.

Huey, L., Nhan, J. and Broll, R. (2013) '"Uppity civilians" and "cyber-vigilantes": The role of the general public in policing cyber-crime', Criminology & Criminal Justice, 13: 81 – 97.

Husabø, EJ. (2013) 'Counterterrorism and the expansion of proactive police powers in the Nordic states', Journal of Scandinavian Studies in Criminology and Crime Prevention, 14: 1 – 21.

Innes, M. and Sheptycki, J. W. E. (2004) 'From detection to disruption: Intelligence and the changing logic of police crime control in the United Kingdom', International Criminal Justice Review, 14: 1 – 24.

Janus, Eric S. (2004). 'The preventive state, terrorists and sexual predators: Countering the threat of a new outsider jurisprudence', Criminal Law Bulletin, 40(6): 576 – 598.

Jewkes, Y. (2010) 'Much ado about nothing? Representations and realities of online soliciting of children', Journal of Sexual Aggression, 16: 5 – 18.

Johnston, L. (2000) Policing Britain: Risk, Security and Governance, Harlow: Longman/Pearson Education.

Kleinig, J. (1996) The Ethics of Policing, Cambridge: Cambridge University Press.

Kohm, S. A. and Greenhill, P. (2011) 'Pedophile crime films as popular criminology: A problem of justice?' Theoretical Criminology, 15: 195 – 215.

Kool, R. (2011) 'Prevention by all means? A legal comparison of the criminalization of online grooming and its enforcement', Utrecht Law Review, 7: 46 – 69.

Lacey, N. (2011) 'The resurgence of character: Responsibility in the context of criminalization', in A. Duff and S. Green (eds) Philosophical Foundations of Criminal Law: 151 – 178.

Liereng, M. (2017) 'Mann trodde han skulle møte 13-åring for sex', Nrk. no.

Lomell, H. M. (2012) 'Punishing the uncommitted crime: Prevention, pre-emption, precaution and the tranformation of criminal law', in B. Hudson and S. Ugelvik(eds) Justice and Security in the 21st Century: Risks, Rights and the Rule of Law, London: Routledge, pp. 83 – 100.

Maguire, M. (2003) 'Criminal investigation and crime control', in T. Newburn(ed.) Handbook of Policing, Cullompton: Willan Publishing, pp. 363 – 393.

McAlinden, A. M. (2006) '"Setting em up": Personal, familial and institutional grooming in the sexual abuse of children', Social & Legal Studies, 15: 339 – 362.

McCulloch, J. and Pickering, S. (2009) 'Pre-crime and counter-terrorism', British Journal of Criminology, 49: 628 – 645.

McSherry, B. (2009) 'Expanding the boundaries of inchoate crimes: The growing reliance on preparatory offences', in B. McSherry, A. Norrie and S. Bronitt(eds) Regulating Deviance: The Redirection of Criminalisation and the Futures of Criminal Law, Oxford and Portland, OR: Hart Publishing, pp. 141 – 164.

NRK(2016) 'Politiet kritisk til sexfeller på nettet', Nrk. no.

Ohana, D. (2006) 'Responding to acts preparatory to the commission of a crime: Criminalization or prevention?' Criminal Justice Ethics, 23: 23 – 39.

Ohana, D. (2007) 'Desert and punishment for acts preparatory to the commission of a crime', Canadian Journal of Law and Jurisprudence, 20: 113 – 142.

Osborne, D. and Gaebler, T. (1993) Reinventing Government: How the Entrepreneurial Spirit is Transforming the Public Sector, New York: Plume.

Ost, S. (2009) Child Pornography and Sexual Grooming: Legal and Societal Responses, Cambridge: Cambridge University Press.

Packer, H. L. (1969) The Limits of the Criminal Sanction, Stanford, CA: Stanford University Press.

Ramsay, P. (2010) 'Overcriminalization as vulnerable citizenship', New Criminal Law Review, 13: 262 – 285.

Ratcliffe, J. H. (2008) Intelligence-Led Policing, Cullompton: Willan Publishing.

Roberts, P. (2007) 'Law and criminal investigation', in Newburn, T., Williamson, T. and Wright, A. (eds) Handbook of Criminal Investigation, Cullompton: Willan Publishing, pp. 92 – 145.

Robinson, P. H. (2001) 'Punishing dangerousness: Cloaking preventive detention as criminal justice', Harvard Law Review, 114: 1429 – 1456.

Staksrud, E. (2013) 'Online grooming legislation: Knee-jerk regulation?' European Journal of Communication, 28: 152 – 167.

Trottier, D. (2015) 'Vigilantism and power users: Police and user-led investigations on social media', in D. Trottier, and C. Fuchs(eds) Social Media, Politics and the State: Protests, Revolutions, Riots, Crime and Policing in the Age of Facebook, Twitter and YouTube, New York: Routledge, pp. 209 – 226.

Trottier, D. (2016) 'Digital vigilantism as weaponisation of visibility', Philosophy & Technology, 30: 1 – 18.

Urbas, G. (2010) 'Protecting children from online predators: The use of covert investigation techniques by law enforcement', Journal of Contemporary Criminal Justice, 26: 410 – 425.

Van Dijk, J. and de Waard, J. (1991) 'A two-dimensional typology of crime prevention projects: With a bibliography', Criminal Justice Abstracts, 23: 483 – 503.

Vervaele, J. A. E. (2014) 'Surveillance and criminal investigation: Blurring of thresholds and boundaries in the criminal justice system?', in S. Gutwirth, R. Leenes and P. De Hert (eds) Reloading Data Protection Multidisciplinary Insights and Contemporary Challenges, Dordrecht: Springer.

Yaffe, G. (2010) Attempts: In the Philosophy of Action and the Criminal Law, Oxford: Oxford University Press.

Zedner, L. (2007) 'Pre-crime and post-criminology?' Theoretical Criminology, 11: 261 – 281.

第三章 预测犯罪？论知识组织转向对警方的挑战[①]

娜佳·K·赫斯特哈夫

> 警察效率的最好证明是没有犯罪和失序,而不是警察采取行动应对犯罪和失序。
>
> ——罗伯特·皮尔爵士(1829)

引言

在过去的几十年中,许多西方国家的警务模式发生了转变。社会内部的各种变化和新的犯罪挑战导致了路径和方法的变化。根据托马森和比约戈(Thomassen and Bjørgo,2006)的说法,现代警务是"知识密集型"的,并要求警察以高度熟练和高效的方式处理犯罪问题和社会威胁。加上西方世界各地金融动荡造成的巨大财政变化,这一切意味着警察需要定位资源,并在应对犯罪和骚乱的方法上更具创新性、战略性和重点。来自学者、警务人员和政治环境的结论是,传统的警务方法不足以应对现代社会的挑战,包括犯罪环境的变化和公众对服务的需求(参见 Weisburd and Braga,2006;Manning,2008)。因此,警察多年来一直致力于引入"更智能"的警务方法,并实施各种创新的警务策略、模型和方法,包括面向问题的警务(POP)、情报引导警务(ILP)、社区警务、热点警务等等。这些创新方法

[①] 本章基于先前出版物丹麦文集《Efterretningsstudier》(2016)。

都支持创建更加积极主动的基于证据的知识型组织理念。然而问题是,警务是由于这种新范式而发生了变化吗?

警察内部的高层管理人员已在很大程度上接受了知识型警务工作的基本原理,其目标已在几乎所有西方警察部队的总体战略和行动计划中得到反映。这些年来,已经部署了大量的项目和计划。尽管如此,评估表明,它更多地停留在理想和理论层面,并未在战略和实践层面(至少在北欧国家)真正实施基于知识的实践(参见如 Gundhus,2009;Tinholt,2013;Winsnes,2011;Gottschalk and Hansen,2011)。标准的警务模型仍然是基本操作模型,将警方转变为基于知识的警务服务部门仍处于初期阶段。一种解释是在(1)对这些策略和概念的外部和内部期待与(2)在警察组织内部实施这些策略的方式之间似乎存在根本矛盾。在下一节中,我将研究新警务范式背后的原理,确定并讨论警察组织的一些结构和文化特征,这些特征会挑战知识型警务的实施。查明这些挑战似乎是必要的,以便继续发展警务,使其成为合格的警务实践,并使警察组织做好准备以满足社会和公众的未来需求。因此,本章的最后部分讨论了这种可能性。

新的警务范式

新的警务范式基于这样的思想,即警方的战略、应对措施和日常工作应以知识为基础,从而建立在分析犯罪和失序的事态发展以及警方对其影响的基础之上。新的警务范式背后的总体思想是使警察能够更好地预防和应对各种类型的犯罪、失序和社会威胁。新的警务范式凸显了在定义犯罪问题和规划作战策略时应用分析过程的重要性,以及为了建立组织内不断学习的过程而应用系统评估和评价的重要性(另请参见第十三章)。因此,这意味着不断发展和实际使用警察知识库,其中包含有关犯罪的知识和关于警务的知识,以便制定最适当和最有效的战略和对策。传统的警务方法是一维的、务实的,侧重于执法以及对已经发生的犯罪进行被动调查。更为复杂的社会秩序,警察也是其中一部分,正在不断地对作为公共服务的警方以及警员个体实施警务工作的方式提出新的要求,对现有的体制框架和做法提出了挑战。英国警察研究员和犯罪学家杰里·拉特克利夫(Ratcliffe,2008)在解释 ILP 的范式转变时,指出了"变革的七个驱动力":

1. 警察工作的复杂性,因为警察不断面对公众日益增长的期望,希望他们与公共和私人机构合作解决犯罪问题。

2. 绩效文化,因为新的公共管理意味着全面关注所有公共机构内的效率和内部控制,导致警察将行动结果列为优先事项。

3. 风险社会的后现代发展导致人们越来越重视日常生活中的危险和威胁,而警方也经历了来自提供公共安全和安保的私营公司的竞争(见 Beck,1997)。

4. "需求差距"与犯罪记录的增加有关,在 20 世纪 70 年代至 21 世纪头十年间,(英国)警力资源没有得到相应的分配。

5. 在过去的 15—20 年中,有组织和跨国犯罪发生了巨大变化,犯罪分子的流动性增加、有组织犯罪网络和帮派的普遍存在,导致了警察情报工作的扩大。

6. 技术变革导致了新型犯罪,例如网络犯罪和日益增长的经济犯罪,对警察提出了更多要求。

7. 标准警务模型的局限性:各种研究表明,常规的预防犯罪和减少犯罪的方法,如随机预防性巡逻、快速的警察响应和后续调查,效率不是很高(参见 Clarke and Eck,2003;Weisburd and Braga,2006)。

最后一个"驱动因素"与以下事实有关:自 20 世纪 70 年代以来的犯罪学研究提供了一致的实证结果,这对警方计划和开展工作的方式至关重要,即证据表明犯罪在以下方面有很大的不同:(1)哪些人成为受害者、哪些人可能犯法,以及(2)犯罪在时间和地点的分布(瑞典—英国犯罪学家 P. O. 威克斯特伦是这些观察结果的来源)。美国警察研究员戴维·贝利将这种现象称为"警察的神话",并在其警察学经典著作《未来的警察》(*Police for the Future*)(Bayley,1994:3)的开篇中指出:

> 警察不预防犯罪。这是现代生活中最隐秘的秘密之一。专家知道,警察知道,但是公众不知道。然而,警察却假装自己是社会上打击犯罪的最佳防御者,并不断争辩说,如果给他们更多的资源,尤其是人力资源,他们将能够保护社区免受犯罪侵害。这只是个神话。

事实就是如此,传统警务方法以及有效打击犯罪方面的失败与各种外部条件一起,推动了新的警务议程,从而改变了对警方工作的需求。自 20 世纪 80 年代和

90年代以来,特别是在美国和英国,制定了许多新的警务方法、策略、模型和方法,使传统警察部队成为现代化的服务部门,以满足未来对警察的需求。

即使这些"模型"在一定程度上有所不同,即使它们已在西方国家和警察部队中以不同的目的、以各种形式和不同的结果实施,但它们都具有一个共同点,即它们强调在确定犯罪问题和规划作战策略时使用分析过程的重要性。此外,他们进行系统的评估和评价,目的是在警察组织内建立持续的学习过程。换句话说,它们都需要不断发展和实际使用包含有关犯罪知识和警务知识的知识库,这是基于知识警务的基本原理。根据比约戈(Bjørgo,2006)的说法,这种范式的变化是由于警察内部专业化的结果,而这种专业化是由于警官教育水平的提高和学术研究的应用而带来的。

克拉克和埃克(Clarke and Eck,2003)提到了警察工作的连续性。这个连续体的一端存在着传统的方法(也称为标准警务模型),它逐案进行并且是被动的:警察对现行的混乱或已经发生的犯罪行为做出反应。重点是在公共场所进行可见的巡逻,迅速响应服务请求并调查所犯罪行(Tilley,2008)。另一端是所谓的创新方法。其特点是由问题主导:巡逻部署在有问题的地区,警察按照优先次序对事件做出响应。主要目的是监视潜在的犯罪威胁并调查潜在的犯罪行为和高等级犯罪者(另请参见第一章)。因此,创新方法侧重于预防潜在犯罪以减少社会威胁;这意味着从侦查到干预的观念转变(Innes and Sheptycki,2004),这对于计划和实施警察工作具有重大意义。

对预防犯罪和犯罪前摄社会的新认识

随着新警务范式的引入,人们对预防犯罪及其实现方式的认识也在不断发展,这与基于知识的警务密切相关。传统上,预防和执法之间存在区分,因为这些任务在执行方式上被视为是独立的(Gundhus and Larsson,2014;也见第二章)。马奎尔(Maguire,2000)认为,在与犯罪相关的警务语言和实践中,都可以看到明确的转变:这体现在广泛倡导和采用战略性、主动性和以情报为主导的犯罪控制方法上。在引入了更加积极主动的警务范式之后,修正了预防犯罪概念的解读,将预防和侦查活动统一起来。洛梅尔(Lomell,2012:89)的观点与马奎尔一致:

新的预防范式积极使用刑法和与之相关的强制性制裁，以在威胁出现之前应对、中断和打击威胁……与常规的预防犯罪相反，刑法的执行是这种新范式的核心。

预防可以看作是一个分散的概念(Lomell，2012)，在历史上，人们对预防的解读是不同的，无论是人们理解它的方式，还是不同当局对它的实践方式(Gundhus，2014，对此都有详尽的讨论)。对于警察而言，经常将预防与积极巡逻的威慑联系在一起；而社会服务机构则采取了更广泛的方法，将整个社会视为整体的、特定的群体和弱势个体(Gundhus，2014)。预防，特别是在警察方面，呈现出新的阐释趋势，强烈关注预防或破坏特定个人所采取的特定行动。洛梅尔(Lomell，2012)从犯罪前摄社会①的概念描述了这种新趋势，犯罪前摄社会是面向未来的，并且侧重于预防即将来临的风险。② 在文献中，犯罪前摄社会的概念越来越多地使用，并且进一步描述了立法中倾向集中于尚未实施的犯罪行为的趋势。传统上，刑事司法系统集中于有明确证据的已经实施的犯罪。在10—20年间，有将潜在行为定为犯罪并可能受到制裁或处罚的趋势。这方面的例子包括行政监禁（预防性逮捕/安全拘留），已在大型足球比赛和示威活动中引入德国(2004)、法国(2008)和丹麦(2009)。逮捕并在有限的时间内拘留大批人，以防止暴力冲突。在诱骗方面，不仅将在性侵犯方面的肢体行为定为刑事犯罪，而且还将在网上与孩子接触并进行诱骗的准备行为定为犯罪（例如，英格兰和威尔士2003年的《性犯罪法》）。然而，这一趋势最明显的例子是反恐怖主义法，由于过去10—15年的政治环境中对公民自由的态度发生了变化，反恐怖主义法已朝着犯罪前瞻的方向发展（见Flyghed，2000，2005；McCulloch and Wilson，2016；McCulloch and Pickering，2009，以获得完整介绍）。

情报研究文献将预防称为先发制人的预期行动，通过这种行动，情报服务应在潜在威胁发展之前进行干预，这种干预被视为社会自卫(Lomell，2012)。特别

---

① 在小说世界中，这一概念可以追溯到1956年菲利普·K·迪克的科幻小说《少数派报告》，其中"犯罪前摄"是警察机关的名称，其职责是识别和改变将来要犯罪的人。
② 历史上，生物学、心理和社会学犯罪学都对检查犯罪者的生理和社会经济特征感兴趣，目的是预测谁将成为犯罪分子。例如，切沙雷·隆布罗索(Cesare Lombroso)在19世纪后期提出了"天生的罪犯"理论，可以在犯罪之前通过身体特征加以识别(Sørensen，2013)。

是来自恐怖主义的新威胁重新定义了预防的概念,这些原理在很大程度上已从情报部门转移到警察部门。不再只是防止个人的犯罪或累犯,还防止正在计划的潜在行为。这意味着存在一个隐含的假设,即基于犯罪和情报分析的警察工作还包括预测犯罪、风险和威胁,并主动而不是被动地应对。

尽管新的警务范式被表述为创新、现代、智能等,但是它包含了上述的概念挑战,目标是将警务从被动活动转变为主动活动。这似乎是合乎逻辑的,因为它促进了对犯罪问题的分析和严格审查;但是,对于预测或预测犯罪问题的有效性以及警方在犯罪问题发生之前对其进行破坏的能力的证据根本不存在(Maguire,2000)。此外,如上所述,它给警察在社会中的角色带来道德困境。因此,新的警务范式可能会产生一种幻觉,即警察行动对犯罪的影响要大于实际情况。此外,提倡犯罪前摄社会的概念,警察承担得越来越多,这引发了有关警察合法性的难题(请参阅第一章)。

因此,如上所述,新的警务范式存在一些问题。但是,从警务专业化并以负责任的方式使用警察资源以平衡民主社会中许多不同的利益、需求和要求的角度来看,分析犯罪的发展和评估警察行为的想法似乎是合适的、必要的。在本章末尾,我将回到这一点,讨论基于知识的警务的可能性。

新警务范式面临的挑战

国际评估表明,尽管实施新策略和方法的过程要比制定新策略和方法复杂得多,但这些过程经常被低估或降级(Gottschalk and Hansen,2011)。例如,尽管POP(面向问题的警务)和ILP是可靠而全面的理论和策略,但如果缺乏对它们的操作性的重视,就会妨碍其应用(Bullock et al.,2006;Ratcliffe,2008)。戈尔茨坦(Goldstein,1990)和拉特克利夫(Ratcliffe,2008)指出了阻碍警务组织实施POP和ILP的许多因素。这些包括:

1. 警察管理层缺乏长期投入。
2. 警方内部缺乏能力(进行分析和评估)。
3. 缺乏与基于知识的工作间明确学术联系。

这些发现得到了各种国际研究的支持,这些研究得出结论,在总体政策层面上的愿景和意图与在行动层面上使警察成为一个知识型组织的实际情况之间存在差距(Bullock et al.,2006;Gundhus,2009;Tinholt,2013;Lum,2009;Willis,2013)。

缺乏基于知识的工作经验

美国犯罪学家约翰·埃克(Eck,2006:117)在他对POP的介绍中评论说:"面向问题的警务是如此合乎逻辑,因此还需要辩护令人惊讶。"POP基于这样一个简单的前提:在解决问题之前,需要先了解和详细描述问题。对于局外人来说,警察现在才决定要以知识为基础开展工作似乎令人惊讶。他们以前基于什么工作?但是,传统上,系统收集和分析有关犯罪和犯罪问题的信息并不是警察工作的一部分(Knutsson,2005;Wikström,2007)。此外,在一定程度上,警察没有像其他职业(例如医生和卫生专业人员)那样处理他们所关注的工作(犯罪、混乱、安全)。相反,戈尔茨坦(Goldstein,1990)指出了一种"手段高于结果综合征",其中警察更多地关注其(日常)任务、可用的工具(例如法律和法规),而不是他们追求的总体目标("执法是一种工具,而不是目标")。这与警察的传统角色有关,即被动反应式紧急服务,而不是问题解决者。

瑞典—英国犯罪学家P. O. 威克斯特伦(Wikström,2007)分析了预防犯罪(以及这些活动的计划和执行)中的常见陷阱,认为警察和其他从业人员无力制定和实施基于知识的预防犯罪策略,在一定程度上是由于他们渴望在建立健全的知识库之前就采取行动。威克斯特伦(Wikström,2007)认为,在警察内部,存在一种"不懂先行"的趋势。因此,重点放在行动而不是目的上,这往往反映在所制定战略的质量上。他说(同上),主要的担忧似乎是如何制定一个计划,而不是关注该计划是否有效。结果这些策略往往过于被动,仅限于应对"当天问题":它们不是针对犯罪问题的根本原因,而是针对其症状。威克斯特伦对警察行动取向和缺乏知识库的分析反映了警察组织的一般特征,这与把警察当作紧急服务的传统理解有关。此外,瑞典警察研究员罗尔夫·格兰内(Granér,2004,2014)指出警察内部存在反智主义,将理论教育和思维视为行动的障碍。格兰内认为,相对于学术圆桌讨论使事情变得不必要的复杂,警察文化以机械直觉的思维为主导,因此快速解决方案、基于经验的知识和基于"内心感觉"的决策受到高度重视。① 长期以来降低犯罪问题和警务工作复杂性的需求,与基于知识的方法相冲突,从而导致犯罪问题、社会威胁和组织挑战的重要的精细差别被轻描淡写或被忽视。

专业化问题

将警察从传统的以反应为导向的组织转变为以知识为基础的组织,也引发了有关警务基础的问题:我们在社会中需要什么样的警察?应征者应具备什么资格?警方的总体目标是什么?好的警务工作是什么样的?狄德里奇森(Diderichsen,2013)讨论了警务是否可以被视为医学、法律、教学等"经典"专业。他的结论是,当前形式的警务不能被视为一种专业。他说,专业是通过长期的科学/学术教育获得的专业知识领域,在具有职业道德和高度自治权的某些领域中,该领域赋予了垄断权,这些领域由专业人士共享。相比之下,狄德里奇森(Diderichsen,2013)将警察称为"技术人员",因为技术人员的知识主要是怎么做,而不一定包括为什么。这可能与警务人员看待自己和工作的方式大致相符。关于警察文化的大量文献经常发现,警官(至少是普通警员)将警务明确地描述为一种"技能",其中经验、常识和特殊才能是至关重要的技能(参见如 Granér,2004;Loftus,2010;Reiner,2010;Cockcroft,2013;Lum,2009;Willis,2013)。警察内部的主要假设是,警务不是可以通过教育(例如在警察学院)来学习的东西,它必须在"在职"或通过与其他同事分享经验来学习。诸如侦查和调查之类的警察工作被认为需要特定的才能、直觉或"嗅觉"。这种特殊的推理和注意具体细节(在犯罪现场或犯罪嫌疑人中)的能力是其他人所没有的,从某种意义上说,警察在道德上是优越的,因为他/她知道其他人所不知道的事情。

不将警务作为专业的一个结果是,警察组织内部仍然存在着等级划分和认知上的分工:知识、理论和权力位于最上层,而底层的人们则应按照高层的指示行

---

① 格兰内(Granér,2014)描述了一个在警务人员中从实用情报到机械直观的方法进行警务工作的理想类型连续体。

事,最好不要主动做太多事情。因此,警察的自由裁量权成为这场讨论的核心,既然不可能对警务的所有方面进行规范,那么很难判断职业能力到底在哪里。

缺乏知识共享和知识垄断

收集和分析信息以产生知识的过程透明是情报主导和以知识为基础的警务工作的前提(Ratcliffe,2008)。因此,信息和知识共享成为影响组织决策者以及如何执行任务的关键因素。但是,警方内部缺乏知识共享的结构和程序。传统的组织层级可以被视为横向信息共享的障碍,业务部门和调查部门之间的文化差异阻碍了合作和知识共享(Christensen,2012;Hestehave,2013)。同时,知识被有意识地保留在特定的部门、环境和特定的人员中(请参阅第八章)。哈特曼(Hartmann,2014)在研究丹麦警察内部的创新工作时,分析了等级制度如何约束创新过程:

> 另一个强大的等级"艺术"是隐含的假设:管理者最懂。如所示,这种懂和最懂的力量是一支高效的纪律部队,可支持自上而下的决策。
>
> (P. 70)

其他示例表明,警方内部一直在不断就知识以及权力进行谈判。"需要知道"和"最好知道"之间的区别是知识共享的主要原则,并且传统上一直不愿广泛共享多种信息(Gundhus,2009)。当然,这与以下事实有关:大量敏感信息是警察知识的核心要素,组织中信息广博的人也是有权势的人。戈特沙尔克和汉森(Gottschalk and Hansen,2011)指出了组织中命令结构和学习结构之间的对比。在命令结构内,管理者永远是正确的;在学习结构内,知识永远是正确的。因此,以知识为基础的警务范式挑战了传统的警察思维,并使当前制度受到质疑(Hestehave,2013)。因此,组织中分析师和专家的存在被视为对现有管理层和员工的威胁,因为这个群体对现有知识垄断、规范和价值观提出了质疑(Chan,2001;Wathne,2012)。

对2001年"911"恐怖袭击的主要批评是各机构之间缺乏情报共享(Clark,2013)。在对挪威2011年7月22日恐怖袭击的评估中也指出了这一点:奥斯陆炸弹袭击后，在对于特岛进行大屠杀之前，没有将有关犯罪者的重要信息传达给警察的其他部门(NOU，2012)。同样，涉及2015年2月14日至15日在哥本哈根以及2015年11月13日至14日在巴黎的恐怖袭击，人们追问，当局各机构之间是否有足够的知识共享和合作(特别是情报部门和警察之间)(Rigspolitiet，2015)。

分析质量差，无法应用

国际研究指出以下事实：在警察内部执行分析受到分析产品质量差以及随后无法将其应用于决策的挑战(Sætre，2006；Ratcliffe，2008；Winsnes，2011；Chainey，2012；Tinholt，2013)。谢内强调，犯罪分析仅限于对犯罪问题的一般描述：它们没有解释为什么存在或出现特定问题。分析的有用性有限，警察难以计划有效的犯罪问题应对措施(Chainey，2012)。

萨特(Sætre，2006)解释犯罪分析中的这种描述性重点是由于分析人员对数据的访问有限，而陈(Chan，2001)指出，这可能是由于警方在行动环境中存在非正式的信息共享而导致的。分析人员被排除在外(另见第十一章)。这意味着数据分析人员使用的数据不全面，可靠性低，这会影响分析的质量，从而支持"自证预言"，因为在警官中有一种印象，即分析是不相关的且仅提供已知或过时的知识，这使他们怀疑并不愿进行知识共享(Cope，2004；Innes et al.，2005；Sætre，2006)。对分析(尤其是战略评估)的另一种批评是，由于它们过于"抽象"且难以实施(Sætre，2006)，因此被认为与一般警察组织无关。

此外，研究表明，(策略)分析在决策过程中缺乏应用是由于警察管理层对分析的了解有限，导致他们偏爱基于经验的短期信息，这对于他们而言更为熟悉(Maguire and John，1995；Winsnes，2011；Tinholt，2013)。拉特克利夫(Ratcliffe，2008)指出，警察管理中普遍缺乏战略能力可以解释这种趋势。

外部政治控制和内部等级制度

影响警方成为知识型组织的因素之一是警察的发展在很大程度上取决于不断变化的外部政治要求。这些要求通常是矛盾的，并且在近几十年，在整个西方世界,政治干预主要通过新公共管理(NPM)和商业审计实践(例如关键绩效指标)在警务中无处不在(Hoque,2004)。警察研究员罗伯特·赖纳(Reiner,2013)声称,从历史上看,警方的控制重在民主原则和警察问责制,而新公共管理则侧重于内部控制和行政程序以及审计。作为一种治理模式,尽管也遭受了严厉批评,NPM已在所有公共机构中全面实施。与警务和基于知识的范式实施有关的问题与以下事实有关:绩效度量的设计由实际考虑驱动,例如可以(定量)衡量结果,而不是这些结果的重要性。所谓的混合组织,例如警方,职责范围广泛而分散,对工作目标小心翼翼,他们的目标以控制和效率为中心,但衡量其质量却很难或者要消耗大量资源(Granér and Kronkvist,2014;Bjørkelo and Gundhus,2015)。

因此,通常是政治上的便利,而不是基于知识的论据,决定了警察工作的内容和资源的分配。新公共管理的后果超出了政治和战略决策的范围,因为它们架构了行动中的警察工作,有时以基于知识的举措和应对为代价。这给了警官一种印象,即管理层的议程是针对警察工作的表现方面和媒体中警察的表现,而不是警察工作和服务的质量。廷霍尔特(Tinholt,2013)描述了警察中层管理人员如何承受来自政治期望、政府、媒体、公众、高层管理人员和他们自己雇员的持续压力,他们必须平衡所有这些。瓦兰德(Valland,2015)通过分析中层管理人员的忠诚度如何在警察的最高层和最低层之间进行分配来分析了这种压力。来自上层的决策,即使会造成操作上的困难,也必须忠实地向下传达。但是,由于警察的等级制度,一线警员很少向高层管理人员提及这些体验,这阻碍了动态的基于知识的组织。

真正的警务和实地改革

如上所述,许多警察研究人员指出了各国和多个警察机构中体现的警察文化的某些一般特征,其中之一就是警察以行动为导向(Reiner,2010)。这种行动导向支持了警务是一种男性职业的观点,在这种警务中,经验、直觉和自主性是捕捉"坏蛋"并保护社会中"无辜群体"的关键(Holmberg,1998;Granér,2004;Loftus,2010;Cockcroft,2013)。采取行动的能力以及执行所谓常识性决策的能力受到高度重视;在警察文化的地位等级中,这种"真正的"警务的定义占据绝对高地(Finstad,2000)。因此,真正的警务的文化概念与基于知识的警务直接冲突,而在后者中，对犯罪问题的分析审查和对职业实践的评估是基本组成部分。冈杜斯（Gundhus，2005）在对奥斯陆警察实施 POP 的研究中观察到，在街道上工作的警察称分析人员为"在死亡山谷工作的被动警察"——这表明他们不认为这类工作有意义或相关。因此，实施基于知识的警务的一个基本问题就是这样简单的事实，即它不被视为真正的警务，因此推行改革的努力遭到了文化抵制。

马奎尔（Maguire，2000）认为，这就是为什么很难实地改革警方的原因。他质疑，在日常实践中，到底在多大程度上能够真正进行实地改革？因为"自上而下"的改革努力经常受到"深厚的传统、地方自治和每位警官高度的自由裁量权"的挑战（P.331）。在对英格兰和威尔士情报主导的警务实施过程的分析中，他认为，只有在高级管理人员表现出对新的工作方式毫无保留地认可，"推动"激进的职位和角色重组，全面培训以及大量可用资源的重新分配，以创建真正的"情报主导"组织，这种新型的警务方式才会成为"实地"可见的现实（P.332）。

关于真正的警务概念，可以注意到，高级管理人员的全力投入也可能是一个问题，因为他们至少在某种程度上与一线警员拥有同一职业文化的某些部分。因此，管理人员可能像其下属一样不愿执行新的计划，他们可能会感到压力，要求自己忠于最高管理层和下属警员。哈特曼（Hartmann，2014）研究了这种情况，由于具有双重忠诚度和对犯错误的恐惧，在创新实施过程中的中层管理人员遵循了"宁可事先谨慎有余，不要事后追悔莫及"的格言。

在讨论警察改革时，自上而下的变革思想与自下而上的变革思想之间存在重要区别。警察内部对所有改革举措都没有普遍的抵制：被抵制的是那些源自"官僚主义"或"学术界"的举措，例如基于知识的警务。关于学术对警方的影响，可以说，某些警官群体由于学者的出现和警察工作的"学术化"而感到被孤立（Larsson，2010）。

在较早的讨论警察专业的过程中，很明显，警官对警察工作、犯罪和他们自己的身份的看法是理解警务和警察的关键组成部分。通过警察专业化的教育改革，将警察的基础训练转变为警务学士学位，旨在进行结构性改革。费克尔等人（Fekjær et. al.，2014）研究了教育在使挪威警察招募转变为法制或非法制实践中的作用。结果表明，在学术培训期间，新警始终支持法学观点，但是在职培训期间，新警对非法律实践变得更加积极，这表明群体凝聚力和组织条件比教育更重要。这些发现支持这样一种论点,即警官的教育方式不足以创建基于知识的警务。

因此,存在许多影响新的警务范式的实施或缺乏实施的结构性和文化障碍。这些挑战可以分为三大类:即与警察管理、警察文化和警察组织有关的问题。警察管理的问题是普遍缺乏基于知识的工作经验和能力,并且缺乏在决策过程中应用基于分析的知识的专业能力。对于主要涉及基层警员的警察文化而言,挑战在于是否愿意实地实施新的警务范式,因为警务工作缺乏专业化以及对"真正的"警务的普遍看法。此外,在管理和业务层面上垄断知识是一个障碍,使警员无法参与必要的信息流和知识共享周期从而支持分析过程。警察组织既受到外部政治控制的阻碍(它阻止其实施和运用长期战略和优先次序),又受到组织等级的阻碍(内部权力游戏削弱了基于知识的议程)。必须采取不同的措施来克服上述挑战。在下面的部分中,我将详细介绍其中之一:将警方转变为学习型组织。

基于知识警务的可能性

如前所述,犯罪和社会威胁的变化导致人们呼吁警方在预防恐怖主义、有组织犯罪和大规模犯罪方面越来越主动(见第二章和第五章)。当前的趋势是,警察会受到军事和情报部门使用的概念和方法的启发,例如"信条""威胁评估""风险评估""人类地域分析"等。在警察内部加强犯罪和情报分析工作的过程中,现在已经出现了收集和链接数据的可能性。

警务方法也发生了变化。情报部门的监视活动可以追溯到 17 和 18 世纪,但是在 20 世纪 70 年代对毒品使用的关注日益增加,这意味着所谓的"非传统方法"(例如窃听和使用机密线人)已经扩大了(Gundhus and Larsson,2014)。传统上将这些方法用于特定的安全和犯罪威胁(例如间谍活动和危害国家安全的威胁),因此仅供情报部门使用。在 20 世纪 90 年代,有组织犯罪被视为主要的社会威胁,而在 21 世纪,主要威胁已成为恐怖主义,这产生了新的法律,为警察提供了应对已知威胁的新方法和设备(请参阅第四章和第五章)。在过去的十年中,传统上保留给情报部门和一小部分警察使用的方法,如今已用于一般执法和犯罪领域,例如经济犯罪、有组织犯罪、网络犯罪、抢劫等。这种发展可以与对风险的一般态度的引入、犯罪前瞻社会(Ericsson and Haggerty,1997)和预防犯罪的新观点有关,这表明情报概念是共有资产。

尽管从情报部门的工作方式中可以学到很多东西,但将其作战实践直接转移到警察部门中仍存在一些风险。警察将在预防和执法方面执行各种各样的任务,其中包括不同社会背景下的复杂社会问题。这种形式的警察工作是在当地与公民密切联系下进行的,并且最容易被公众看到。情报部门的工作在更普遍和更抽象的层次上处理社会威胁,并且是秘密进行的。因此,条件和环境是截然不同的,恐怖主义和有组织犯罪等社会威胁与日常混乱和大宗犯罪之间存在很大的差异。将非传统方法从情报服务转移到日常警务的一个重大威胁是,它可能会改变警察与公众的关系,使他们与那些希望受到警察保护的人疏远。警察的合法性是这个问题的核心,因为警方依赖于控制和保护公众之间存在良好的平衡。过度的控制表明警察正在使用过多的权限或权力,越来越多地使用非传统和秘密方法引发了公众对法律保护和隐私权的基本质疑(Flyghed,2000,2005;Finstad,2014)。犯罪的严重性与方法的严重性之间的相称性成为本讨论的中心问题,并且检验了建立在公开、透明和内部控制等现代警务理念基础上的方法(Larsson,2014;请参见第一、五、六章)。

学习组织还是预测分析?

通常要求进行战略评估和犯罪分析以预测未来的犯罪问题和犯罪趋势。但是,犯罪分析的预期执行与实际分析之间似乎存在差异(另请参见第十三章)。在警察部门,情报和犯罪分析通常与承诺"预测"犯罪的大型IT解决方案(系统和工具)的实施相关。当前的趋势是预测性警务(一种可以根据时间和地点预测犯罪发生的模型),从而使警察能够预防犯罪。它基于这样的假设,即分析人员可以为或多或少的高级IT系统提供犯罪数据、地理数据和其他种类的数据(例如,Predpol公司),然后概率计算将确定地理空间中的潜在犯罪。预测性警务可能适用于大宗犯罪和习得性犯罪,例如,犯罪不是随机的或随机分布的,而是随着时间推移以一致的方式和趋势发生的。挪威技术委员会的一份报告(Teknologirådet,2015)建议,保护公众的合法权利,时间和地点,而不是个人,应是警察的重点。然而,问题在于,尽管支持此类分析的 IT 系统有所不同,但它们仍具有许多基本要求,例如足够、可靠和有效的高质量数据——研究表明,这是进行犯罪分析的主要挑战(Sætre,2006;Chan and Moses,2016;另请参见第七章)。

因此,期望预测性警务可以在总体和操作层面上用于预测未来的犯罪问题或特定犯罪行为似乎是乌托邦式的。警察部门专注于获取和实施先进的技术设备会滋生错误的期望,从而降低分析能力的形成和可靠数据的产生。前面提到的对挪威和丹麦恐怖袭击评估的例子,表明政客们有一个潜在的假设,即当局可以预测并防止此类行为(NOU,2012)。但问题是这种期望是否现实。

如前所述,基于知识的警务策略、模型和方法的实施受到结构和文化障碍的挑战。如果基于知识的警务的实施没有触及警察组织的所有级别,而是主要发生在进行分析工作的部门和单位中,则其中某些可能实现。如果整个警察组织都没有成为该实施过程的一部分,而仅仅是信息(数据)、分析产品的"客户"或"消费者",则警方各部门还是会像以前一样继续操作,改变将仅发生在已经使用分析领域的单位。因此,分析在决策过程中的影响有限,在警务运作部分也受到限制。有可能对基于知识的警务及其要求的理论基础存在肤浅的了解。这可能导致人们相信正在执行基于知识的实践,因为建立分析单位本身被看作是运用。

未来基于知识的警务工作可以与旨在将警方转变为学习型组织的目标有利地结合。遵循"从过去的错误中学习"的原则,这一目标与其他公共和私人组织是一致的(Finstad,2014)。基于知识的警务需要这样的结构和过程,通过这些结构和过程可以对警务整体进行检查和评估,以确定最佳实践,以便发展和改善警务工作。因此,整个警察组织,从战略到实践,都必须系统地采用基于知识的学习流程,包括集体流程(Wathne,2012)。为了成功地建立学习型组织,必须囊括正式和非正式程序来制定警务工作的专业标准(Bjørkelo and Gundhus,2015)。

向学习型组织的转变将导致建立一个更加协调一致的组织,其中将分析和评估过程整合到日常实践中,而有关犯罪现象和警务方法的知识则是一种标准的管理工具。此外,持续关注学习过程将影响"零错误"的文化教条,根据哈特曼(Hartmann,2014)的说法,这是警察内部发展与创新的最重大障碍之一,因为对犯错误的恐惧会导致警察警务人员坚持熟悉的做法(Sørensen,2010;另见第八章）。尽管存在结构和文化方面的障碍，但如果在组织中继续开展基于知识的警务工作，那么在将来仍然存在基于知识的警务的可能性，在该组织中，学习是指导原则和实践的中心因素。

参考文献

Bayley, D. (1994) Police for the Future, Oxford: Oxford University Press.

Bayley, D. (2015) 'Police research: Trends and prospects', in O. Kronkvist and R. Granér (eds) The Past, the Present, and the Future of Police Research: Proceedings from the Fifth Nordic Police Research Seminar, Växjö: Linnéuniversitetet.

Beck, U. (1997) Risikosamfundet: På vej mod en ny modernitet, København: Gyldendal.

Bjørgo, T. (2006) 'Visjoner for kunnskapsutvikling i politiet', in Thomassen, G. and Bjørgo, T. (eds) Kunnskapsutvikling i politiet, Oslo: Politihøgskolen.

Bjørkelo, B. and Gundhus, H. O. I. (2015) 'Å forbedre en etat. Om læring gjennom eksisterende systemer i politiorganisasjonen', Magma, 2: 34 - 46.

Bullock, K., Erol, R. and Tilley, N. (2006) Problem-oriented Policing and Partnerships: Implementing an Evidence-based Approach to Crime Reduction, Cullompton: Willan Publishing.

Chainey, S. (2012) 'Improving the explanatory content of analysis products using hypothesis testing', Policing: A Journal of Policy and Practice, 6(2): 108 - 212.

Chan, J. (2001) 'The technology game: How information technology is transforming police practice', Criminal Justice, 1(2): 139 - 159.

Chan, J. and Moses, L. B. (2016) 'Making sense of big data for security', British Journal of Criminology, 57(2): 299 - 319.

Christensen, P. H. (2012) Vidensdeling: Perspektiver, problemer og praksis, Copenhagen: Handelshøjskolens Forlag.

Clark, R. (2013) Intelligence Analysis: A Target-Centric Approach, Thousand Oaks, CA: Sage Publications.

Clarke, R. V. and Eck, J. (2003) Become a Problem-solving Crime Analysts in 55 Small Steps, London: Jill Dando Institute of Crime Science.

Cockcroft, T. (2013) Police Culture: Themes and Concepts, Abingdon: Routledge.

Cope, N. (2004) 'Intelligence-led policing or policing-led intelligence?' British Journal of Criminology, 45(2): 188 - 203.

Dick, P. K. (2002) The Minority Report and Other Classic Stories, New York: Kensington Publishing.

Diderichsen, A. (2013) 'Vidensideal: Erkendelsesteori, politik og professionalisering', in C.

Hald and K. V. Rønn (eds) Om at opdage: Metodiske refleksioner over politiets undersøgelsespraksis, Frederiksberg: Samfundslitteratur.

Eck, J. E. (2006) 'Science, values and problem-oriented policing: Why problem-oriented policing?', in D. Weisburd and A. Braga (eds) Police Innovation: Contrasting Perspectives, Cambridge: Cambridge University Press.

Sexual Offences Act 2003 (England and Wales) (2003) Parliament of the United Kingdom.

Ericsson, R. V. and Haggerty, K. (1997) Policing the Risk Society, Toronto: University of Toronto Press.

Fekjær, S. B., Petersson, O. and Tomassen, G. (2014) 'From legalist to Dirty Harry: Police recruits' attitudes towards non-legalistic police practice', European Journal of Criminology, 11(6): 745 – 759.

Finstad, L. (2000) Politiblikket, Oslo: Pax Forlag.

Finstad, L. (2014) 'Det konfliktfyldte politiarbejde', in P. Larsson, H. O. I. Gundhus and R. Granér (eds) Innføring i politivitenskap, Oslo: Cappelen Damm Akademisk.

Flyghed, J. (ed.) (2000) Brottsbekämpning: Mellan effektivitet och integritet. Kriminologiska perspektiv på polismetoder och personlig integritet, Lund: Studentlitteratur.

Flyghed, J. (2005) 'Kriminalitetskontroll eller mänskliga rättigheter?' Nordisk Tidsskri for Menneskeretigheter, 23(4): 391 – 405.

Goldstein, H. (1979) 'Improving policing: A problem-oriented approach', Crime & Delinquency, 25(2): 236 – 258.

Goldstein, H. (1990) Problem-oriented Policing, New York: McGraw Hill.

Goldstein, H. (2003) 'On further developing problem-oriented policing: The most critical need, the major impediments, and a proposal', Crime Prevention Studies, 15: 13 – 47.

Gottschalk, P. and Hansen, M. L. (2011) Etterretningsprocessen: Fra strategi til implementering, Oslo: Unipub.

Granér, R. (2004) 'Patrullerande polisers yrkeskultur', Lund Dissertation in Social Work 18, School of Social Work, Lund University.

Granér, R. (2014) 'Selvstendige sheriffer eller lojale byråkrater', in P. Larsson, H. O. I. Gundhus and R. Granér (eds) Innføring i politivitenskap, Oslo: Cappelen Damm Akademisk.

Granér, R. and Kronkvist, O. (2014) 'Kontroll av og i politiorganisasjonen', in P. Larsson, H. O. I. Gundhus and R. Granér (eds) Innføring i politivitenskap, Oslo: Cappelen Damm Akademisk.

Gundhus, H. O. I. (2005) '"Catching" and "targeting": Risk-based policing, local culture and gendered practices', Journal of Scandinavian Studies in Criminology and Crime Prevention, 6(2): 128 – 147.

Gundhus, H. O. I. (2009) For sikkerhets skyld: IKT, Yrkeskulturer og kunnskapsarbeid i politiet, Oslo: Unipub Forlag.

Gundhus, H. O. I. (2014) 'Forebyggende politiarbeid: I spennet mellom kriminalitetskontroll og trygghet', in P. Larsson, H. O. I. Gundhus and R. Granér(eds) Innføring i politivitenskap, Oslo: Cappelen Damm Akademisk.

Gundhus, H. O. I. and Larsson, P. (2014) 'Fremtidens politi?', in P. Larsson, H. O. I. Gundhus and R. Granér(eds) Innføring i politivitenskap, Oslo: Cappelen Damm Akademisk.

Hartmann, M. R. K. (2014) 'In the Grey Zone: With police in making space for creativity', PhD thesis, Copenhagen Business School, Cophenhagen.

Hestehave, N. K. (2013) Proaktiv kriminalitetsbekæmpelse for politifolk, Frederiksberg: Samfundslitteratur.

Hestehave, N. K. (2016) 'Det forudsigende politi? Udfordringer og muligheder', in Rønn, K. V. (ed.) Efterretningsstudie, Frederiksberg: Samfundslitteratur.

Holmberg, L. (1998) 'Politiets skøn i retssociologisk betydning', PhD thesis, Faculty of Law, Copenhagen University.

Hoque, Z., Arends, S. and Alexander, R. (2004) 'Policing and the police service: A case study of the rise of "new public management" within an Australian police service', Accounting, Auditing & Accountability Journal, 17(1): 59-84.

Innes, M., Fielding, N. and Cope, N. (2005) 'The appliance of science? The theory and practice of crime intelligence analysis', British Journal of Criminology, 45(1): 39-57.

Innes, M. and Sheptycki, J. (2004) 'From detection to disruption: Intelligence and the changing logic of police crime control in the United Kingdom', International Crime Justice Review, 14(1): 1-24.

Jacobsen, M. H. and Sørensen, A. S. (eds)(2013) Kriminologi: En introduktion, Copenhagen: Hans Reitzels Forlag.

Knutsson, J. and Søvik, K. (2005) Problemorientert politiarbeid i teori og praksis, Oslo: Politihøgskolen.

Larsson, P. (2010) 'Fra armesterke bondesønner til akademikerbarn: Om rekrutteringen til politiyrket', Nordisk Tidsskrift for Kriminalvidenskab, 97(2): 150-159.

Larsson, P. (2014) 'Å danse med djevelen: Utradisjonelle politimetoder innen narkotikafeltet', in Storgaard, A. (ed.) Forskerseminar: Skarrildshus, Danmark 2014, vol. 56, Aarhus: Scandinavian Research Council for Criminology.

Larsson, P., Gundhus, H. O. I. and Granér, R. (eds)(2014) Innføring i politivitenskap, Oslo: Cappelen Damm Akademisk.

Loftus, B. (2010) Police Culture in a Changing World, Oxford: Oxford University Press.

Lomell, H. M. (2012) 'Punishing the uncommitted crime: Prevention, pre-emption, precaution and the transformation of criminal law', in Hudson, B. and Uglevik, S. (eds) Justice and Security in the 21st Century: Risks, Rights and the Rule of Law, Abingdon: Routledge.

Lum, C. (2009) 'Translating police research into practice', Ideas in American Policing, 11, 1 – 16.

Maguire, M. (2000) 'Policing by risks and targets: Some dimensions and implications of intelligence-led crime control', Policing and Society, 9(4): 315 – 336.

Maguire, M. and John, T. (1995) 'Intelligence, surveillance and informants: Integrated approaches', Police Research Group: Crime Detection and Prevention Series, Paper no. 64, Home Office Police Research Group, London.

Manning, P. (2008) The Technology of Policing: Crime Mapping, Information Technology and the Rationality of Control, New York: New York University Press.

McCulloch, J. and Pickering, S. (2009) 'Pre-crime and counter-terrorism: Imagining future crime in the 'War on Terror', British Journal of Criminology, 49(5): 628 – 645.

McCulloch, J. and Wilson, D. (2016) Pre-crime: Pre-emption, Precaution and the Future, Abingdon: Routledge.

Newburn, T. (ed.)(2008) Handbook of Policing, Cullompton: Willan Publishing.

NOU(Norwegian Official Reports)(2012) 'Rapport fra 22. juli-kommisjonen', Departementenes servicesenter, Informasjonsforvaltning, Oslo

Peel, R. (1829) Sir Robert Peel's Principles of Law Enforcement.

Ratcliffe, J. (2008) Intelligence-led Policing, Cullompton: Willan Publishing.

Reiner, R. (2010) The Politics of the Police, Oxford: Oxford University Press.

Reiner, R. (2013) 'Who governs? Democracy, plutocracy, science and prophecy in policing', Criminology & Criminal Justice, 13(2): 161 – 180.

Rigspolitiet (2015) 'Evaluering af myndighedsindsatsen forud for og i forbindelse med terrorhændelser den 14. og 15. februar 2015 i København', Nationalt Beredskabscenter, Copenhagen.

Sætre, M. (2006) 'Implementering av strategiske analyser i politiet', in G. Thomasssen and T. Bjørgo(eds) Kunnskapsutvikling i politiet, Oslo: Politihøgskolen.

Sørensen, A. S. (2010) 'Akademikerne og politiet: kampen mellem teori og praksis', Nordisk Tidsskrift for Kriminalvidenskab, 97(3): 268 – 274.

Sørensen, A. S. (2013) 'Forbryderbilleder', in M. H. Jacobsen, and A. S. Sørensen(eds) Kriminologi: En introduktion, Copenhagen: Hans Reitzels Forlag.

Teknologirådet(2015) 'Forutseende politi: Kan dataanalyser hjelpe politiet til å være på rett sted til rett tid?', Rapport 04, Teknologirådet, Oslo.

Thomassen, G. andBjørgo, T. (eds)(2006) Kunnskapsutvikling i politiet, Oslo: Politihøgskolen.

Tilley, N. (2008) 'Modern approaches to policing: Community, problem-oriented and intelligence-led', in T. Newburn(ed.) Handbook of Policing, 2nd edn, Cullompton: Willan Publishing.

Tinholt, L. H. (2013) 'Kunnskapsstyrt politiarbeid: I hvilke grad benyttes kunnskapsgrunnlaget i strategisk analyse som styringsverktøy ', Master's dissertation, Politihøgskolen, Oslo.

Valland, T. D. (2015) 'Lojalitet og profesjonell standard: En studie av mellomledere i politiet', PhD thesis, Høgskolen i Oslo og Akershus, Oslo.

Wathne, C. T. (2012) 'The Norwegian Police Force: A learning organization?' Policing: An International Journal of Police Strategies & Management, 35(4): 704-722.

Weisburd, D. and Braga, A. (2006) 'Introduction: Understanding police innovation', in D. Weisburd and A. Braga (eds) Police Innovation: Contrasting Perspectives, Cambridge: Cambridge University Press.

Wikström, P. O. (2007) Doing Without Knowing: Common Pitfalls in Crime Prevention, Crime Prevention Studies 21, Monsey: Criminal Justice Press.

Willis, J. (2013) 'Improving policing: What's craft got to do with it?' Ideas in American Policing, 16: 1-13.

Winsnes, T. (2011) 'Kunnskapsstyrt politiarbeid: Kulturelle og strukturelle barrierer i bekjempelsen av organisert kriminalitet', Master's dissertation, Politihøgskolen, Oslo.

第二部分

新逻辑——新措施？

第四章 保护国家安全中监控措施的预防性使用:荷兰、挪威和瑞典立法的比较分析

英格维德·布鲁斯

引言①

长期以来,国家既有权利也有责任保护其国家安全和人民免受伤害(Ashworth and Zedner,2014:7)。然而,在过去的几十年中,一些国家的立法者采取了新的措施来增强行政当局的预防能力。

其中一个措施是引入和/或扩展了规则,允许警察将监视措施用于完全的预防目的(Ballin,2012;Husabø,2013)。预防性使用是根据对将来可能发生事件的预测,在犯罪发生之前采取监视措施。通过预防性使用,例如窃听或音频监视,警方旨在查明某人是否参与策划或准备恐怖袭击,且尚未构成犯罪未遂或任何其他未完成的犯罪。

可以看到在刑法范式的内部和外部,通过立法允许预防性地使用监视措施是普遍趋势的一部分,这使公共当局有更多机会使用侵入性措施,旨在通过降低风险和预防犯罪来提高安全性②(也见第二章)。这种趋势将预防性使用监视措施的

---

① 本章写在作者博士项目"预防性地使用监控手段保护国家安全:挪威、瑞典、荷兰和英国立法的比较研究"的初期。
② 这种趋势被赋予了不同的名称,例如"控制文化"和"风险社会"。参见马特拉弗斯(2013:235),进一步参考乌尔里希·贝克(Ulrich Beck)、安东尼·吉登斯(Antony Giddens)和大卫·加兰(David Garland)的作品。阿什沃思和泽德纳甚至辩称,我们正在朝着预防措施的官方框架迈进,即"预防性司法制度"(参见Ashworth and Zedner,2014:6)。

立法与本书的主题——情报主导的警务——相联系。两种方法都是面向未来的，旨在防止犯罪的发生（Innes and Sheptycki,2004）。而且，监视手段的使用可能成为情报的来源，从而引导警察采取预防措施（Maguire,2000）。针对非紧急犯罪的国家干预措施的出现、传播和强化，一些人甚至将其称为"情报主导的警务之子"（McCulloch and Wilson,2016；也见第一章）。

这种总体预防趋势的另一个发展方向是更多地将严重有害犯罪的准备行为定为犯罪（Husabø,2003；Asp,2013）。传统的被动使用监视措施通常是在合理怀疑犯罪已经发生的前提下进行的，因此，将准备行为定为刑事犯罪使警方更容易采取此类措施。当这与采取准备行动的可能性有关时，也可能影响他们预防性地使用监视措施。

本章对荷兰、挪威和瑞典警察在预防性使用监视措施以保护国家安全方面的控制进行了比较分析。① 主要重点将放在所有三项立法中提出的对发生犯罪可能性的一定要求上。这些要求将预防性使用监视措施与传统的被动刑事调查中使用监视措施区分开来。该分析还可以说明预防性使用监视措施给传统上由严格的刑法和刑事诉讼法原则架构的领域带来的挑战。

本章将首先解释最主要的术语和概念及其在分析中的应用，然后介绍挪威、瑞典和荷兰法律中的传统方法和通过预防性监视措施的立法的过程以及概述立法内容。随后，将详细研究允许使用预防性监视措施的基本条件——"可能性的要求"。最后，将对调查结果进行概括，并做一些总结。

概念框架及其应用

本部分将基本介绍监控措施、预防和国家安全的概念及其在此比较分析中的应用方式。

"监控"一词是指信息收集的一种形式，因此监控措施是信息收集的方法。②

---

① 之所以选择这些国家，是因为作者对他们的语言和法律制度有了解，并且在初步研究表明相关法律之间存在异同之后，使比较研究变得可行和有趣。
② 该术语优于其他替代方案，例如"特殊调查技术"和"秘密强制措施"。尽管前者已成为"以不警告目标对象的方式系统地收集信息"（参见 De Koster,2005:13）的常用术语，但它的后续往往是刑事调查， （转下页）

想要定性为监控,这些措施本身或其应用在范围和/或持续时间上必须具有一定的系统性(Bruce and Haugland,2014)。例如,对所涉人员仅一次通话内容的数据收集很难被视为监控,但是在一段时间内监控进一步的通话则可以被视为监控。

本章中分析的以预防为目的的立法所允许的一切监视措施都是有针对性的,它们针对或着眼于特定的个体。① 此外,这些措施是隐蔽的,因为在当事人不知情的情况下使用了这些措施,且在使用后也无须知会此人。② 最后,分析立法允许的用于预防的监视措施意味着被动信息收集,而不是诸如卧底、特工、线人行动一类的主动欺骗性方法(Marx,1988:12;也见第一章和第五章)。③

本章中涉及的监视措施都是收集信息的方法,这些方法在某种程度上会侵犯个人的隐私权。这些措施要么通过窃听或音频监控等方法直接从个人的私人领域收集信息,要么处理已由公共机构或电信公司注册的个人数据。隐蔽性加剧了措施的侵入性,因为它剥夺了个人同意的机会,也剥夺了许多必要的程序保证,例如决定使用这些措施的依据的知情权,以及在法庭上纠正或者推翻这些决定的权利。

本章介绍监控措施的预防性使用。"预防性"一词来自动词"预防",是"停止"的同义词。但是,即使措施无法完全阻止危险的进程或完全消除特定的危害,仅仅减少危害的可能性也可以合理地视为预防措施(Ashworth and Zedner,2014:5;也见第二章)。预防性逮捕可能对导致有害行为的事件进行物理干预。然而,与预防性逮捕不同,监控方法本身不能直接预防。作为信息收集的方法,监控措施可能是更广泛的预防工作的一部分,或间接保障直接干预的各种形式。因此,预防性是指其总体目的,而不是其对一系列事件的直接影响。

总而言之,监控措施的预防性使用可以定义为"收集系统信息,旨在减少有害

(接上页)因此贬低了可以在进行刑事调查之前使用这种技术的事实。后一种术语在斯堪的纳维亚国家中特别常见,是指涉及强制的措施,即无论本人同意还是不同意,都必须做某件事或忍受某件事(参见Bruce and Haugland,2014:13-16)。但是,可以说,当涉及主体不知道的措施时,强制的要素并不是很明显。

① 与战略监控措施相反,战略监控措施会影响其范围内的每个人,无论其个人特征如何。这种监视(通常称为大规模监视)不在此处讨论。
② 与公开监视相反,即知会公众的监视,例如使用CCTV。
③ 这些方法不受挪威和瑞典法律的管制,但确实出现在荷兰对渗透、卧底特工和伪造购买的预防措施的法律管制中(见《荷兰刑事诉讼法》第VB部分,第1章)。

行为发生的可能性"。在本章中,该术语表示直接、秘密和侵入性的监控措施。

本章仅涉及用于防止"危害国家安全"的监视措施。这个概念的外延在不同司法系统间的解释不尽相同,但其核心指的是可能损害国家安全和独立的活动(Vis,2010),例如严重的恐怖行为、暴乱、非法情报活动和对担任公职人员的攻击。在大多数国家,与外国情报部门合作、保护国家安全的主要责任在于国家情报部门。但是,与本书的标题一致,本章的重点是警方对预防性监控措施的使用。如下文所示,在这里研究的所有国家中,警方都在保护国家安全方面发挥着作用,因为安全和情报部门是警方的一部分(挪威和瑞典),或者是因为执行平民安全和情报服务的同时也被分配了预防任务(荷兰)。但是,本章无法全面覆盖这三个国家当局为保护国家安全而采取监控措施的全部途径。对于荷兰而言尤其如此,荷兰的通用情报和安全局(Algemeine Inlichtingen-en Veiligheidsdienst,AIVD)也可以全面采用预防性监控措施。①

传统方法以及通过预防性立法的过程

2005 年以来,挪威、瑞典和荷兰引入和/或扩大了警察使用监视措施以保护国家安全的范围。在这三个国家中,传统刑事侦查中使用监控措施是该程序的起点,问题是,是否应将此类措施的使用扩大以用于预防目的。本部分将介绍这三个国家采用传统方法使警察使用监视措施,以及通过新立法的过程。

荷兰警察使用监视措施(称为特殊调查技术 special investigation techniques 或 SIT)最初仅限于刑事调查以及有合理怀疑已犯罪的情况。② 20 世纪 90 年代中期,议会调查委员会(范特拉委员会)发现,尽管如此,在实践中仍主动采用监控方法来获取有关犯罪组织结构、成员和活动的信息。③ 因此,在"合理怀疑犯罪是在有组织背景下策划或实施的"的情况下使用监控手段拥有了法律依据。④

---

① 另一方面,挪威和瑞典在警察安全和情报部门之外没有平民情报部门。
② 参见 1921 年 1 月 15 日的《荷兰刑事诉讼法》("Wetboek van Strafvordering")的 IVA 部分。
③ 见 Kamerstukken Ⅱ 1995/96,24 072,nos. 10 – 11(Rapport van de Parlementaire Enquêtecommissie Opsporingsmethoden 1996:413 – 415,451)。
④ 见《荷兰刑事诉讼法》第五部分。

2006年,《扩大调查和起诉恐怖主义犯罪可能性法案》在荷兰《刑事诉讼法》中引入了新的VB部分,赋予警察调查恐怖主义犯罪的特殊权力,从而扩大了监控手段的预防性使用。这些规定允许尤其在存在"恐怖主义罪行迹象"的情况下使用所谓的特殊侦查手段。① 因此,刑事侦查也可能包括专门旨在发现未来犯罪的活动(Ballin,2012:81-82)。② 为证明该建议的合理性,并涉及荷兰电影制片人西奥·凡·高被谋杀案,政府认为必须采取一切可能采取的措施,在所谓的"新恐怖主义"中进行战斗,而司法当局需要更多权力才能尽早采取适当行动。③

虽然AIVD仍然负责总体上的国家安全保护,但允许警察使用监视措施来预防恐怖主义犯罪,意味着AIVD和警察可以对同一恐怖主义行为进行平行调查(Ballin,2012:193-197)。因此,可以说荷兰在预防恐怖主义方面采取了双重方针。新法现在2014年接受评估,显示新法规仅用于106项与恐怖主义有关的刑事调查中的15项,且未成功侦破和起诉犯罪行为(Gestel and Poot,2014:66-67)。

在挪威和瑞典,通过和扩大有关秘密监视措施立法的门槛一直很高。在这些国家中,获取信息也仅限于对已经实施的严重犯罪进行调查(Husabø,2003;Naarttijärvi,2013)④,只有在极少的、非常特殊的情况下,才可以稍稍使用隐蔽的强制措施进行预防。⑤ 但是,两国都允许在调查某些正在进行或准备进行的犯罪时使用监控措施。在这些案件中,监控的使用必须对犯罪的完成或正在准备的犯罪起到预防作用,除非可以合理怀疑犯罪已经发生。

2005年,挪威在《警察法》第17条d—f款中通过了关于在刑事调查之外出于

---

① 参见《荷兰刑事诉讼法》第126za—126zs条。
② 见《荷兰刑事诉讼法》第132a条。
③ Kamerstukken II 2004/05, 30 164, nr. 3, p. 2 via Woude(2010)。
④ 关于隐性强制措施的被动使用规则,来自1942年7月18日的瑞典司法程序法典(Rättegångsbalken)第27章和2008年11月6日《调查某些危害社会危险罪行的措施法》('lagåtgärderföratt utreda vissa samhällsfarligabrott')第854条,以及1981年5月22日的《挪威刑事诉讼法》('Straffeprosessloven')第25条,200a,202a,202b—c,208a,210a,210c,212,216a—c,216m和222d款。
⑤ 瑞典的立法自1973年以来就包含了一个非常具体的规则,允许对瑞典驱逐但无法实施驱逐的可疑恐怖分子进行监控,目前可以在1991年5月30日《外国人特别控制法》('lag omsärskild utlänningskontroll')第572条中找到。到1999年,挪威法律允许为保护国家安全而在必要时采取某些秘密强制措施,但仅针对可能涉嫌有某些重大罪行的人(见1915年6月24日《邮政和电报调度和电话管制法》('lov om kontroll med post-og telegrafforsendelser og med telefonsamtaler')第5条)。

预防目的使用监控措施的规定①。挪威司法部支持引入监控手段的总体态度是，监控的目的是预防，严重犯罪对社会构成的威胁要比以往更大，应采取监控措施以预防可能造成严重后果的犯罪。在"有理由质疑某人是否正在准备某行为的情况下"适用这些规定，且只有当警察试图在其职责范围内防止最严重的犯罪时才适用。该法规于 2016 年进行了细微调整。②

2007 年通过了《瑞典法》，该法规定了预防某些特别严重的犯罪的措施。③ 在没有提出具体立法建议的情况下，曾多次考虑引入预防性监控措施法规④。这一次瑞典政府的观点获得了支持，即社会必须允许在实际犯罪发生之前采取措施来保护自己免受严重犯罪的侵害。⑤ 起初，立法程序被搁置，目的是确定该提议是否符合瑞典必须履行的《欧洲人权公约》(ECHR) 的义务以及加强正当程序保证。⑥ 这导致该法最终通过的版本有一些修正。该法案允许在刑事调查之外使用监控措施，以防止在恐怖主义、间谍活动和所谓的"系统威胁犯罪"领域内的某些特定犯罪。使用权限不仅限于警察安全局，如果普通警察从事相关类型的犯罪活动的预防，也可以使用。该法案于 2012 年进行了评估，随后进行了一些修订。⑦

预防性立法的内容

本部分将概述挪威、瑞典和荷兰法律允许预防性使用的监控措施的类型、合理适用的犯罪以及适用的一般物质和程序条件。

---

① 该立法基于挪威官方报告(NOU，2004:6)发表的委员会文件，政府在挪威法案(Ot. prp.)(2004—2005)第 60 条中的建议，和因斯特议会司法委员会的评论(2004—2005)第 113 条。
② 参见挪威法案(提案)68 L(2015-2016)。
③ 见 2007 年 11 月 22 日的《瑞典关于防止某些特别严重罪行的措施法》(Lager omåtgärderförathindravissasärskiltallvarliga brott)，第 979 条。该条款于 2008 年 1 月 1 日生效，其中包含一个日落条款，将其有效期限制为 2010 年 1 月 1 日，后延期三次。2014 年永久化。该立法基于政府任命的专家的建议，该建议在 Ds 2005:21 中发布，并且政府的建议在瑞典法案(Prop)2005/06:177 中发布。
④ 见 SOU(Swedish Official Reports) 1990:51, page 170, SOU 1998:46, page 332 and SOU 2003:32, page 270。
⑤ 参见瑞典法案(提案)2005/06:177，第 37—40 页。
⑥ 瑞典议会中的少数派援引了一项宪法程序，将该法案的通过时间推迟了一年(参见《瑞典议会议定书》2005/06:132§15)。
⑦ 见 SOU 2012:44 和瑞典法案(Prop)2013/14:237。

这三个司法管辖区可用于预防目的的监视措施分为以下几类：截取电子通信、音频监控、摄像监控、地理监控、邮件监控、数据读取和秘密搜查。① 以下这些术语将指示实质上相似的监控措施，尽管在不同的司法管辖区中使用的特定方法和条件有所不同。

截取电子通信主要包括监视或记录电子通信（窃听），以及通过企业或服务商收集和登记与该通信有关的数据（另请参见第五章）。② 这三国立法均允许采取此类措施。③ 挪威和瑞典法律仅允许监视已识别的、与所需怀疑或风险相关的个人使用的通信手段，而荷兰原则上适用于任何人。然而，在实践中，法官似乎不愿允许拦截本身不是高风险人物的通信（Koops, 2005: 8）。瑞典警察还可以根据另一项法律，在刑事调查之外收集与电子通信有关的历史数据的信息，不需要一定是可疑人员的。④

音频监控是通过技术手段监视和记录声音或通信；也称为"窃听"。这种方法在瑞典备受争议，无法预防性使用。⑤ 然而，在挪威和荷兰，该方法已包括在可用的预防性监控措施中，⑥尽管在挪威不允许在私人住宅中使用该方法。⑦ 荷兰的法规还允许获取音频监控记录传输中的数据，例如键盘、计算机和显示器之间的通信（Koops, 2005: 10）。

瑞典和挪威法律都允许某种程度的视频监视。⑧ 但是，在挪威，摄像头不可放置在私人住宅中。在瑞典，警察只能在房主的同意和合作下将摄像机放置在私人

---

① 这里不涉及一些侵入性较低的措施，例如披露命令和从政府登记处收集信息等。
② 根据挪威规则，对通信的监测还可包括中断电子通信和通过技术设备识别通信设备。荷兰规则也允许后者，该规则还包括解除对话、电信或数据传输加密或请求相关人员协助进行解密的权力。
③ 参见《挪威警察法》第 17d 条，该条涉及《挪威刑事诉讼法》216a 和 b，《瑞典司法程序法》第 ch27 部分第 18 和 19 条以及荷兰《刑事诉讼法》第 126zg—126zja 条。
④ 见 2012 年 5 月 16 日的《瑞典执法部门情报收集中电信数据收集法》（'lag om inhämtning av uppgifter om elektronisk kommunikation i de brottsbekämpande myndigheternas underrättelseverksamhet'）第 278 条。
⑤ 参见瑞典法案（Prop）2005/06: 178，第 50 页。有关更近期的考虑，请参见 SOU 2012:44，第 585—586 页。
⑥ 见《挪威刑事诉讼法》第 216l 和 216m 条以及《荷兰刑事诉讼法》第 126zf 条。
⑦ 见《挪威警察法》第 17d 条第 2 款。
⑧ 见《挪威刑事诉讼法》第 202a 条。第 202 条第 8 款允许警察使用武力进入私人处所，以放置或移走必要的设备。另见《瑞典司法程序法典》第 27 章第 20a, 20b 和 20c 节。可以在公共场所和私人场所使用视频监视功能，但是警察不得使用武力进入私人财产来放置或移动技术设备。因此，对私人处所进行视频监视需要获得所有者的同意（请参阅瑞典法案（提案）1995/96: 85，第 31 页）。此外，访问视频监视不允许进行音频录制（请参阅瑞典法案（Prop）1995/96: 85，第 39 页）。

物业中,因此,将摄像机放置在监视对象的房产中不可行。视频监视在《荷兰刑事诉讼法》中没有特别规定。

挪威和荷兰的立法都以不同的形式允许通过使用技术定向进行地理监控。①瑞典立法中对地理监控没有特别规定。

秘密搜查仅在荷兰和挪威法律下被允许进行预防性使用。② 但是,荷兰警方出于预防目的行事时也不得搜查私人住宅,挪威安全警察仅可以出于防止恐怖主义行为的目的而搜查私人住宅。瑞典政府发现,此类搜查涉及对隐私的全面侵犯,并且此类措施的必要性无法充分证实。③

挪威和荷兰还允许预防性地使用所谓的数据读取。④ 挪威将数据读取定义为通过使用计算机软件或其他方式访问电子计算机系统中的信息。⑤ 荷兰警察目前尚无访问此类完整数据的权限,但可以根据音频监控规则(参见上文)记录传输中的数据(例如,键盘和计算机之间的通信)。但是,在荷兰⑥和瑞典⑦都提出了允许警察(更全面地)访问数据的建议。

关于这些措施可能用来预防的犯罪,挪威和瑞典都允许其安全部门使用监控措施来预防恐怖主义、⑧间谍活动和非法情报⑨以及针对公共当局代表的特定暴

---

① 见《挪威刑事诉讼法》第 202c 条和《荷兰刑事诉讼法》第 126zd 条第 4 款。
② 见《荷兰刑事诉讼法》第 126zd 第 1 款,以及《挪威警察法》第 17d 条第 2 款。如果放置必要的设备需要闯入私人住宅,则挪威警察安全局只能在寻求防止恐怖主义行为时使用它。荷兰规则还允许在搜索过程中使用技术设备。
③ 参见 Ds 2005:21(第 203 页)和瑞典法案(Prop)2005/06:177(第 50 页)。
④ 对于挪威,请参阅《警察法》第 17 d 条,其中提到了《挪威刑事诉讼法》第 216o 条。对于荷兰,请参见《荷兰刑事诉讼法》第 126zf 节,根据 Koops(2005)的解释,该节被解释为包括有限的数据读取版本。
⑤ 见《挪威警察法》第 17d 条第 2 款。
⑥ 参见 Kamerstukken II 2015/16, 34 372, no. 3, pages 6 – 56。
⑦ 参见 SOU 2005:38, pages 50 – 60 and SOU 2012:44, pages 765 – 8。
⑧ 对于挪威,请参阅《警察法》第 17d 条,其中提到了《挪威刑法》第 131、133 和 134 条所定义的恐怖主义罪行。对于瑞典,请参见瑞典《关于预防某些特别严重犯罪的措施法》(2007:979)第 1 节第 6 条提到了《瑞典恐怖主义罪行刑事责任法》(2003:148 条)第 2 节,在某些情况下严重违反了《资助特别严重犯罪刑事责任法》(2002:444),严重违反了《关于恐怖主义罪行及其他特别严重罪行的公共挑衅、招募和培训的刑事责任法》第 6 节(2010:299)。
⑨ 参见《挪威刑法典》第 121、123 和 126 条,将披露或获取出于国家安全的目的应当保密的信息定为刑事犯罪,以及为保护外国国家利益而秘密或非法收集政治或个人信息定为犯罪。对于瑞典,请参见第 1 节第 4 和第 5 节,其中外国势力或个人针对瑞典从事严重的未经授权处理秘密信息或重大非法情报活动,涉及叛国罪、煽动战争、间谍活动。代表外国势力或由外国势力或代表外国势力的某人进行或支持工业间谍活动,根据《瑞典商业秘密保护法》第 19 条,第 1、2、5、6、8 或 10 条第二小节 10a,第二小节或 10b, (转下页)

力行为和威胁。①挪威还允许采取监控措施防止非法处理某些危险物品,这些危险物品是指放射性物质、生化武器或大规模杀伤性武器。在荷兰,由于一般情报部门 AIVD 的任务是全面保护国家安全,因此警察出于预防目的的监控措施仅限于"恐怖主义犯罪"。

在这三个国家中,预防某些准备犯罪或早期犯罪的必要性也可能触发预防性使用监控措施。例如,挪威对恐怖主义的提法也包括威胁、阴谋和实施此类行为的准备。但是,不包括诸如资助、煽动和招募的恐怖主义行为以及为恐怖主义提供培训等行为。就瑞典而言,恐怖主义犯罪以及对恐怖主义犯罪的粗暴煽动和招募(或为恐怖主义犯罪提供培训和资助)可能需要预防性地采取监控措施。关于荷兰警察采取预防性监视措施的规定仅指"恐怖主义犯罪",而未提及具体的刑法规定。但是,该术语在《荷兰刑法》第 83 条和 83 条 a 款中将与恐怖主义有关的一系列犯罪定义为恐怖主义犯罪。② 这是预防性立法的自然参照点。

这三项立法都包含相称性的一般要求,以便监控措施的应用③。根据瑞典和挪威的立法,只有在可以假设监控对于预防此类行为具有重大意义的情况下才可以给予许可。④ 同样,《荷兰刑事诉讼法》要求采用监控措施要么"出于调查的目的"⑤,要么"出于调查的紧急需要",才能采取最侵入性的措施。⑥ 此外,根据挪威法律,只有在以其他方式使预防更加困难的情况下,才可以准许使用监视措施;对于最具侵入性的措施,则只有在有"特殊理由"的情况下才可以使用。

(接上页)第二小节(lag(1990:409) om skydd för företagshemligheter)。
① 挪威《警察法》第 17d 条允许使用监视措施,以防止对王室成员、挪威议会、政府或最高法院、其他州的相应机构及其代表的威胁或人身攻击。瑞典法律更全面地考虑到谋杀、过失杀人、严重殴打、绑架、非法剥夺自由,但只有在犯罪意图影响公共当局或专业从事新闻服务或其他新闻工作的人采取或放弃某行为或报复某行为,而且仅当犯罪针对的是安全警察对其负责的人,或该行为针对的是特别重要的社会利益时,方才适用。
② 参见例如《荷兰刑法》第 83b 和 140a 条。另请参阅胡萨博和布鲁斯(Husabø and Bruce,2009)关于将荷兰的恐怖主义犯罪定为刑事犯罪。
③ 见《挪威警察法》第 17d 条第二小节,以及《瑞典关于预防某些特别严重犯罪的措施法》第 5 条第 2 款。在荷兰,相称性和辅助性原则被认为是不成文的正式行政管理原则,是使用监控措施的法定条件(请参阅 Ballin,2012:58–9)的补充。
④ 见《挪威警察法》第 17d 节第二小节,以及《瑞典关于预防某些特别严重罪行的措施法》第 5 节。
⑤ 参见例如荷兰《刑事诉讼法》第 126zd、126zh 和 126zi 节。
⑥ 参见例如《荷兰刑事诉讼法》第 126zf 和 126zg 条。

在挪威和瑞典,所有预防性监控措施的使用都需要得到法院的许可。① 在某些情况下,如果极有可能因拖延而损害预防有关犯罪的可能性,则可以例外。这些情况中检察官可以做出决定。② 但是,必须将该决定提交法院以供其随后批准。

至于荷兰警方,最侵入性的监视措施(通信监控和音频监控)③需要得到法院(治安法官)的许可,而检察官可以签发使用较低侵入性措施的许可。④ 在截获电子通信时,如果有紧急需要,治安法官可以口头给予授权。这种情况下,授权必须在三天内以书面形式出具。⑤ 音频监控的规定无此例外。

显然,在没有通知当事人或受到该决定影响的任何他人的情况下,做出了为预防目的而采取监视措施的决定,因此他们没有机会表达自己的观点。根据挪威和瑞典的法律,该被监控人无权获得随后的通知。⑥ 根据荷兰的规定,必须在调查许可的情况下(如果有可能的话)尽快给予通知。⑦ 考虑到监控过程缺乏被监控人的参与,瑞典和挪威的立法都要求任命一名特别律师来保护被监控人员的合法利益。⑧ 荷兰没有这项安排。

根据所有三项国家立法,预防性地使用监视措施限定在特定时期内。瑞典法律将最长期限设定为做出决定之日起的一个月。⑨ 挪威的规定将初始期限定为四个星期,但如果特殊情况表明应在四或八周后进行复审,则允许八个星期甚至六个月的延长。⑩ 荷兰警察使用监控措施的时间长短取决于措施的侵入性。鉴于音

---

① 参见《挪威警察法》第17d节和《瑞典关于预防某些特别严重犯罪的措施法》第6节。挪威法规中对将技术定向设备放置在对象车辆中以及进行记录的规定有所例外。只需一方同意,通常由警察安全局局长或副局长决定,即可进行录音(请参见第17d节,最后一个小节)。
② 参见《挪威警察法》第17d节第3小节,该节允许对除音频监视之外的所有监视措施进行此项规定,以及《瑞典关于预防某些特别严重犯罪的措施法》第6a条。
③ 见《荷兰刑事诉讼法》第126zf和126zg节。
④ 参见例如荷兰刑事诉讼法典第126zh、126zj和126zja节。对某些数据的请求可能仅由调查人员发起(例如,参见126zi节第1小节,126zk节)。
⑤ 参见第126zg节第5小节,指向第126m节第5节,指向第126l节第7小节。
⑥ 参见《挪威警察法》第17e节第2小节和《瑞典关于预防某些特别严重犯罪的措施法》第16条。根据后者,只有在根据该法第1条采取措施的情况下,才需要进行后续通知。第一部分第7条,通常由普通警察处理(请参阅瑞典法案(Prop)2006/07:133,第53页)。
⑦ 见《荷兰刑事诉讼法》第126bb条。
⑧ 参见《挪威警察法》第17e节第2小节,其中提到了《挪威刑事诉讼法》第100a条和《瑞典关于防止特别严重罪行的措施法》第6条第2小节,其中涉及ch.27,瑞典《程序法》,第26—30条。
⑨ 见《瑞典法案》第7节关于预防某些特别严重罪行的措施。
⑩ 参见《挪威警察法》第17e条第1小节,该节提及《挪威刑事诉讼法》第216f条。

频监控和通信截获的许可最多只能授予四个星期(并且每次申请延长也仅有四周)①,有关通信服务用户的数据请求以及与该通信有关的流量数据,最多可使用三个月。② 在所有法规中,如果认为不再满足使用条件或使用已不再合适,则必须在期限届满前停止使用措施。③

可能性的要求

所分析的三项立法都要求犯罪在将来有可能会发生。尽管上述立法的各个方面(不同的监控措施和可能触发它们的犯罪类型)也是被动刑事调查规章中熟悉的概念,但这些要求是预防性使用监控措施的立法所特有的。但是,通过设定使用监视措施事实依据的标准,与合理怀疑(或类似)的传统条件具有相似的目的。

在挪威,当存在"质疑某人是否正在准备某项行为的理由"('grunn til å undersøke om noen forbereder en handling')构成前一部分提到的犯罪之一时,可以采取预防措施。立法者认为,必须有客观证据表明某人可能正在准备犯罪。④ 该要求比政府最初提出的"质疑"这一措辞更为严格,原本只要求出于预防目的即可。⑤ 但最终,是否满足条件将取决于对犯罪发生可能性的总体评估,以及实施监控措施的可行性和相称性。因此,条件取决于据称可以预防的犯罪的严重性。议会强调,预防性监控措施的理由必须是行动而不是态度,并且该立法不允许监控团体或社区,因为必须满足针对特定个人的条件。⑥ 以下这个例子满足预防性使用监控措施的情境条件:

> 警察安全局收到情报,在挪威境内可能发生恐怖袭击。同时,易受攻击

---

① 参见《荷兰刑事诉讼法》第 126zg 节第 5 小节,其中涉及第 126m 节第 5 节,其中涉及第 126l 节第 5 节。
② 参见第 126 条第 2 款,其中提及《荷兰刑事诉讼法》第 126 条第 3 款。
③ 参见《挪威警察法》第 17e 条第 1 小节,《瑞典关于预防某些特别严重犯罪的措施法》第 10 条和第 126zg 条第 5 条,其中涉及第 126m 条第 5 条,其中涉及第 126 条。请参阅《荷兰刑事诉讼法》第 1 条第 6 款和第 126zh 条第 2 款,其中提到了《荷兰刑事诉讼法》第 126n 条第 5 款。
④ 见 Innst. O. nr. 113(2004 – 2005), pages 34 – 5.
⑤ 见 the Norwegian bill(Ot. prp.) no. 50(2004 – 2005), page 151.
⑥ 见 Innst. O. nr. 113(2004 – 2005), pages 34 – 5.

基础设施附近的可疑活动有所增加。此外，被锁定的人活动水平有所提高。①

然而，该条款的措辞允许预防性使用监视，虽然信息不那么具体、犯罪不那么迫切，只要它表明正在准备其中一项规定的犯罪即可。没有公开的法理学可以更全面地处理这种情况。

最初，瑞典立法中的相应条件是有"特别理由相信"('särskildanled ant anta')某人将进行可确认为违法行为之一的非法活动。2015 年，要求变成了要有"明显风险"，即有明显风险的某人将实施可确认为违法行为之一的非法活动。该修正是 2010—2012 年进行评估的结果，该评估表明"特别理由相信"受到了限制性的解释，这意味着预防性监视措施只能在刑事调查条件均已满足的阶段使用②。"明显风险"条件的用意是表明，无须达到怀疑的程度，只要评估某人有会犯罪的风险这个条件满足即可。"明显"一词表示必须具备"一定可能性"，该风险会成真。③在此风险分析中，应考虑主观因素，例如人的意图和能力，以及外部因素，例如此人身处的群体或环境。④ 但是，政府强调，该决定必须基于诸如"陈述、威胁或其他行动"之类的事实，这些事实确定了一定的可能性，风险可能成真。⑤"非法活动"是指只要涉及规定的犯罪类型中的一种，就无须具体化实现风险的确切方式。⑥

瑞典的评估还引入了使用预防性监控措施的替代要求，该要求将"明显风险"的标准与犯罪活动将针对团体或组织而不是个人进行了关联。如果存在明显的风险，《瑞典法案》第 1 条第 2 段允许使用监控措施，即某个组织或组织中的某人会进行特定的非法活动，并且"可以担心"属于该组织或在该组织工作的人将在明知的情况下促进非法活动。对立法的评估表明，很难对封闭且内向的团体和组织的成员进行足够的风险评估，因此政府发现，在明显的严重犯罪风险下，放宽与具体个体有关的风险要求，而把重点放在群体或组织层面是合理的。⑦ 因此，该条款要求进行两次风险评估：一个风险是该组织或集团内将进行非法活动，这一点必须

---

① 见 Innst. O. nr. 113(2004-2005), page 35.
② 见 SOU 2012:44.
③ 见 the Swedish bill(Prop.) 2013/14:237, page 195.
④ 见 SOU 2012:44, page 614 and the Swedish bill(Prop.) 2013/14:237, pages 195-196.
⑤ 见 the Swedish bill(Prop.) 2013/14:237, page 195.
⑥ 见 the Swedish bill(Prop.) 2013/14:237, pages 195-196.
⑦ 见 the Swedish bill(Prop.) 2013/14:237, pages 107-108.

"明显";另一个风险是属于或为该群体工作的个人将促进这些活动,这一点只需要"恐怕"即可。政府认为,应根据《瑞典刑法》中有关协助和教唆的规定来解释此类人促进活动的风险。仅仅是一个组织的成员还不够,必须有客观的情况表明该人将采取促进犯罪的行动。这种情况可能是该人在组织中的职位,或是先前的犯罪定罪。不需要有关如何促进的信息。① 意图要求意味着该人必须以促进非法活动为目的行事,或者明确知道这将是其行径的结果。

如果有"恐怖主义罪行的迹象"('aanwijzingen van een terroristisch misdrijf'),荷兰警察可能会采取预防性监视措施。政府认为,"如果现有信息包含确实表明恐怖主义罪行正在或将要犯下的事实和情况",②就表示存在这样的迹象。这种事实和情况可能基于未经验证的情报、匿名信、难以验证的谣言,其他具体程度不足以引起合理怀疑的信息,或来自 AIVD 情报报告的信息。③ 举例来说,如果多个可靠线人分别报告说,有些人对特定的政府大楼的建筑细节表现出极大的兴趣,而该大楼是恐怖袭击的潜在目标。④ 政府强调指出,表明一群人之间交换基本宗教观念的事实和情况,这些事实和情况本身不能构成"恐怖主义犯罪的迹象"。但是,如果将这一事实与该群体的成员购买了非常大量的化学药品的信息相结合,这些化学药品对个人没有用,但适合制造炸弹,则情况就大不相同。⑤ 这意味着,如果有合理的怀疑,对可能的恐怖主义犯罪的要求比传统使用监控措施的具体要求要低。⑥ 部长总结说,在恐怖主义犯罪方面,该法案旨在将重点转移到如何运用这些权力满足侦查需要,并且如果采取这些措施可能有助于调查,则采取的措施应该是相称的、不过度的。⑦

截至 2016 年,尚无判例法来澄清"迹象"的概念(Cnossen and Woude,2016:254)。但是,基于荷兰立法其他部分中相同条件的应用,有人认为,除了基于事实或情况之外,迹象还必须是具体的,但不必指向具体的犯罪行为(Cnossen and

---

① 见 the Swedish bill(Prop.) 2013/14:237,page 109.
② 见 Kamerstukken Ⅱ 2004/05, 30 164, no. 3, page 9.
③ 见 Kamerstukken Ⅱ 2004/05, 30 164, no. 3, pages 9 – 10.
④ 见 Kamerstukken Ⅱ 2004/05, 30 164, no. 3, page 10.
⑤ 见 Kamerstukken Ⅱ 2004/05, 30 164, no. 7, pages 17 – 18.
⑥ 见 Kamerstukken Ⅱ 2004/05, 30 164, no. 3, page 10.
⑦ 见 Kamerstukken Ⅱ 2004/05, 30 164, no. 3, page 11.

Woude,2016:254)。

这种分析表明,各国的要求具有三个共同的含义:他们需要某种事实依据,暗示存在风险,来询问犯罪是否将要发生的迹象或依据;他们需要事实依据来证实一定水平的风险,以查明是否存在非法行为的迹象或依据;他们需要对据称正在准备的犯罪进行某种程度的具体化。

关于暗示存在风险、迹象或提出调查依据的事实根据,三个国家的政府都强调,要获准采取预防性监控措施,至少必须有客观的信息表明犯罪正在进行。因此,猜测或普通的担心是不够的。不同的表述表明在哪些类型的信息相关这个问题上存在细微差异。瑞典的标准"一个人可能会从事非法活动的明显风险"涉及对该人的风险进行前瞻性和主观的评估。挪威的标准"怀疑某人是否正在准备某项行为的理由"更加侧重于当前情况,要求提供表明某人实际上正在准备相关犯罪的信息,主要是指不太寻常因此而引起怀疑的活动。荷兰的措辞"恐怖主义罪行的迹象"更为开放,但所举的例子似乎集中在可疑活动上,这些活动可能是准备恐怖主义罪行的一部分。

这三国政府都强调,与某人的信仰、观点或在某些群体或社区内从属关系相关的信息不能单独证明使用监视措施是合理的。然而,似乎很清楚的是,所说的语言以及与社区的联系可以证实风险的存在或程度,与其他信息相结合,可以为采取监控措施提供依据。

结合来说,要求有客观信息,仅基于猜测、观点或从属关系的依据禁止使用监视措施,意味着需要有关特定活动或行为的信息。而且,这种活动或行为必须有可能成为或表明正在准备相关犯罪。最明确的例子是物理行为,例如研究或购买可能构成特定犯罪准备工作的物品或物质,或者超出表达信仰或观点的陈述,表达企图犯罪的渴望、计划或者野心。由于预防措施是在任何犯罪行为发生之前进行的,因此必须在普通的法律活动或行为与可能导致严重犯罪的法律活动或行为之间进行区分。

要求具备一定水平的风险指示或质询依据意味着,证明存在风险的信息必须达到一定的质量或数量,才能符合标准。挪威的要求明确规定与风险的严重性和采取监控措施的恰当性有关。瑞典的要求也可以解释为与风险的严重性有关,因为"风险"通常起着概率和后果的作用(Horn,2015:254)。考虑到荷兰政府对调查需求的重视,荷兰的标准也可以考虑风险的严重性。另一方面,相称性原则似乎与荷兰和瑞典的要求无关,但在两国立法中,它都是使用监控措施的独立条件。尽管如此,不同政府的例子表明,在未来事件的顺序和可用信息的质量方面,将容忍大量不确定性。荷兰政府在强调调查需求的重要性方面走得特别远,因此表明,如果认为监视有用,那么即使是非常低的风险也足够了。

此外,上述分析表明,对于据称可以预防的具体犯罪,几乎不需要具体化。确定存在风险和风险程度的事实或情况与犯罪类别中的一项有关,就足以证明预防性使用监控措施的合理性。

总而言之,这种可能性的要求似乎是合理的,可以保证对仍在法律以内行事的人进行前瞻性评估,以辨明其是否在准备进行给定类别之一的犯罪。该评估带来了许多挑战,其中一些挑战将在本章的最后部分中阐述,同时也总结了本次比较分析的结果。

总结性评论

上面的分析毫无疑问地表明,荷兰、挪威和瑞典有关警察使用监控措施的立法中,预防已变得更加重要。对于这三个国家的警察而言,引入规则允许在没有任何犯罪行为发生之前纯粹出于预防目的而使用监视措施,这是很新颖的。考虑到以前没有国家主管部门可以使用预防性监控措施,这种变化在挪威和瑞典成为新的典范。在荷兰,尽管民用情报和安全部门AIVD有此权限已经有段时间了,但是编入法律也不过是2002年的事。2006年获得的纯粹用于预防目的的监控措施对荷兰警察来说还是全新的。

分析表明,这三个国家为预防目的允许使用多种不同的侵入性监控措施。挪威和荷兰允许采取的措施比瑞典更多,尤其是在秘密搜查、音频监控(窃听)和数据读取方面。

分析还显示,这三个国家未允许使用监控措施预防严重犯罪,因为这些手段可能对整个社会或某些社会职能产生潜在的有害影响(Naarttijärvi,2013:316)。只有当非常重要的价值受到威胁时,才有理由采取这种措施。

本章的主要关注点是所谓的可能性要求，它是预防性立法的本质特征。在此评估中固有的不确定性很大。

首先，因为要满足标准，几乎不需要任何关于犯罪的客观信息。如前一节所指出，它们要求通过区分普通的合法活动或行为与可能构成特定犯罪准备的合法活动或行为来识别风险。被认为具有危险的活动，例如化学物质研究或设备购买，可能有许多合理的解释。话语，即使语出惊人，也可能只是信仰或观点的表达，而不是表示犯罪的愿望、计划或野心。

第二，对犯罪准备行为的风险评估发生在很早的阶段，这时用以判定的信息可能很少、不确定和/或模糊。信息的缺乏或可用信息的不足可能会进一步削弱评估的可靠性（Keynes，1921）。

第三，前瞻性风险评估可能比怀疑某人是否涉嫌实施犯罪的反应性评估更具开放性和复杂性（Husabø，2013；Horn，2015）。尽管两种评估都必须基于常识和假设，但缺乏要关注的具体的实际结果（犯罪）就要求预测评估考虑大量可能的结果，因此也要考虑大量可能的事件顺序（Horn，2015：258-259）。此外，未来的事件顺序在很大程度上可能取决于个人选择，其预测必然是不确定的。

由于这种"累积的不确定性"①，该立法很可能将用于从未计划或永远不会实施有关犯罪或任何其他犯罪行为的人。这必须被认为是一种有意识的选择，并且在某种程度上是立法者承担的"预估的风险"，所声称要预防的犯罪的严重性是其理由。为了弥补这一点，立法者通过了相称性和程序性要求。这种方法不应立即被认为是不合理的。但是，有理由指出，关于预防性使用监控措施的立法构成了许多挑战。

首先，从人权的角度来看，何时启动立法的不确定性值得质疑。所有人权公约的核心都包含对可预见性的要求，这意味着应该以足够的精确度制定法律，以使个人（如果需要，可以在适当的建议下）在适当的情况下预见后果，即在不同的情境下，某个特定的行为会带来特定的后果。在采取秘密监视措施的情况下，欧洲人权法院（ECtHR）接受这一要求并不意味着可以使个人能够预见当局何时可

---

① 该术语借自 Naarttijärvi（2013：402-3），用以形容根据瑞典立法决定使用秘密的强制性预防措施的依据。

能(例如)截获其通信,因此他们可以据此调整行为。① 然而,法律必须足够明确,给予公民充分指示,说明公共当局在何种情况下以及在何种条件下有权诉诸此类干预,且这种干预的严重程度也意味着相关的法律必须尤其精准。② 在此背景下,欧洲人权法院已经制定了几项最低限度的保障措施,以确保侵入式监控措施的立法足够精确:立法必须阐明可能招致此类措施的犯罪的性质,并确定适用于这些措施的人员类别③。回想本章分析的立法对可能性要求的含糊不清以及适用条件的不确定性,可以质疑的是这些国家关于预防性使用监控措施的规定是否明确界定了适用的人员类别④。

其次,在所有三项国家立法中,这种不确定性对于那些决定个案的人来说是很大的挑战,这些人主要是具有主要权限的法官(以及在紧急情况下具有胜任能力的公共官员)。条件的模糊性既没有指导哪些活动可以为预防性使用监控措施提供依据,也没有为监管决策提供非常切实的框架。相反,它给决策者留下了很大的自由裁量权,并使决策容易受到他们的经验和偏见的影响(Horn,2015:281-304)。经验原则将可能性评估和价值预测的复杂任务简化为简单的判断操作(Tversky and Kahneman,1974)。它们可能有用,但也可能导致判断上的偏差,从而导致严重的系统错误。因此,评估攻击国家安全风险的一个重要方面是,比起最可能的情况,"最坏情况"更容易想象,于是在做出是否允许监控的决策时,后者可能会非理性地压倒前者(Horn,2015:289-290)。

最后,可能性要求所保证的评估可能会挑战人的尊严和自主权的基本原则。如果缺少表明将要实施犯罪的客观信息,那么在试图确定是否正在计划犯罪时,所涉人员的意图有关的信息就变得更加重要。尽管三国政府明确表示,个人意见和从属关系不应成为使用监视措施的充分理由,但有关人员的主观和个人特征却很容易成为因素(另请参见第六章)。瑞典的规定尤其如此,因为瑞典的规定允许对相关人员进行风险评估,而"意图和能力"都被认为与之相关。此外,瑞典的规定意味着对与可能具有足够风险的群体有关的人群进行监视的门槛较低。因此,

---

① 见 Malone vs. the United Kingdom, judgement 2 August 1984(app. no. 8691/79).
② 见 Kruslin vs. France, judgement 24 April 1990(app. no. 11801/85).
③ 见 Weber and Saravia vs. Germany, 29 June 2006(app. no. 54934/00).
④ 见 Iordachi vs. Moldova, 10 February 2009(app. no. 25198/02).

在决定是否允许采取预防性监控措施时,可能需要评估个人的个人动机,以及他或她是否有能力并可能跨越想法与行动之间的界限(Husabø,2013;McCulloch and Wilson,2016)。这又可能容易导致对有关个人的宗教、政治或意识形态观点的解读。通过这种方式,怀疑可能很快会伴随着合法活动或社区,甚至到了与此类活动或团体相关的人们需要证明自己没有邪恶意图的程度。这将违反阿什沃思和泽德纳恰当地称为"无害推定"的原则,根据该原则,除非被证明最近已造成严重伤害,否则人们应被假定无害(Ashworth and Zedner,2014:258)。它还可以有效地说明制定和建立原则框架的必要性,以减少不确定性,并限制预防性使用监控措施的自由裁量权。

参考文献

Ashworth, A. and Zedner, L. (2014) Preventive Justice, Oxford: Oxford University Press.

Asp, P. (2013) 'Preventionism and Criminalization of Nonconsummate Offences', in Ashworth, A., Zedner, L. and Tomlin, P. (eds) Prevention and the Limits of the Criminal Law, Oxford: Oxford University Press.

Ballin, M. F. H. H. (2012) Anticipative Criminal Investigation: Theory and Counterterrorism Practice in the Netherlands and the United States, The Hague: Asser Press. Bruce, I. and Haugland, G. S. (2014) Skjulte tvangsmidler, Oslo: Universitetsforlaget.

Cnossen, J. P. and Woude, M. A. H. V. D. (2016) 'De "aangewezen" aanpak ter voorkoming van terreur?' Strafblad, 14(4): 251–258.

De Koster, P. (2005) 'Terrorism: Special investigation techniques', Council of Europe, Strasbourg.

Gestel, B. V. and Poot, C. J. D. (2014) 'Evaluatie Wet opsporing terroristische misdijven', Documentatiecentrum, WODC, Den Haag.

Horn, T. (2015) 'Fullstendig isolasjon ved risiko for bevisforspillelse', Phd thesis no. 92, University of Oslo.

Husabø, E. J. (2003) 'Pre-aktiv strafferett', Tidsskrift for Strafferett, 1: 97–107.

Husabø, E. J. (2013) 'Counterterrorism and the expansion of proactive police powers in the Nordic states', Journal of Scandinavian Studies in Criminology and Crime Prevention, 14: 3–23.

Husabø, E. J. and Bruce, I. (2009) Fighting Terrorism through Multilevel Criminal Legislation: Security Council Resolution 1373, the EU Framework Decision on Combating Terrorism and their Implementation in Nordic, Dutch and German Criminal Law, Leiden: Brill.

Innes, M. and Sheptycki, J. W. E. (2004) 'From detection to disruption: Intelligence and the changing logic of police crime control in the United Kingdom', International Criminal Justice Review, 14: 1 – 24.

Keynes, J. M. (1921) A Treatise on Probability, London: Macmillan.

Koops, B. J. (2005) 'Cybercrime legislation in the Netherlands', in P. C. Reich(ed.) Cybercrime and Security, Dobbs Ferry: Oceana Publications.

Maguire, M. (2000) 'Policing by risks and targets: Some dimensions and implications of intelligence-led crime control', Policing and Society, 9: 315 – 336.

Marx, G. T. (1988) Undercover: Police Surveillance in America, Berkeley: University of California Press.

Matravers, M. (2013) 'On preventive justice,' in A. Ashworth, L. Zedner and P. Tomlin (eds) Prevention and the Limits of the Criminal Law, Oxford: Oxford University Press.

McCulloch, J. and Wilson, D. (2016) Pre-crime, Abingdon: Routledge.

Naarttijärvi, M. (2013) För din och andras säkerhet: Konstitutionella proportionalitetskrav och Säkerhetspolisens preventiva tvångsmedel, Uppsala: Iustus Förlag.

Tversky, A. and Kahneman, D. (1974) 'Judgment under uncertainty: Heuristics and biases', Science, 185(4157): 1124 – 1131.

Vis, T. (2010) 'De scheiding tussen de politieke inlichtingendienst AIVD en de politie', Strafblad, 2010: 420 – 428.

Woude, M. A. H. van der(2010) Wetgeving in een Veiligheidscultuur: totstandkoming van antiterrorismewetgeving in Nederland bezien vanuit maatschappelijke en(rechts) politieke context, Den Haag: Boom Juridische Uitgevers.

第五章 狩猎：挪威通信控制使用的各方面[①]

保罗·拉尔森

引言

2014年3月14日凌晨，警方调查员几个月来一直在窃听犯罪嫌疑人的电话，他们收到的信息拉响了警铃。嫌疑人整夜都在露营车上，附近有只麋鹿被当作诱饵。夜里他开枪射杀了三只狐狸，还有更大、更暗的东西。但是当犯罪嫌疑人开枪杀死动物后与他的朋友聊天时，尽管没有提到狼这个词，调查人员确信了这一点："而且，我认为它相当大……也许我之前看到了幻象或阴影之类的东西，但是有个东西躺在坑里呼吸很重，所以就对了。"

距现场数英里的奥斯陆调查员的狩猎直觉开始了。当地警察收到了警示，采取行动的时刻到了，逮捕他的时刻到了。当天下午晚些时候（星期五），四名当地警察到达了嫌疑人的家中。他正在准备与亲密朋友聚会，以庆祝他声称的第十一号狼。当他煮砂锅时，朋友们带了礼物，包括一瓶为熟练的猎人准备的干邑白兰地。很快这个聚会就会被取消。

本次枪击事件是一群猎人记录性地猎杀一群树狼的一部分，该案以其居住的城镇命名，称为"埃尔沃吕姆案"（Elverum case）。这个案件一路打到最高法院，并

[①] 作者要感谢托斯坦·艾德特（Torstein Eidet）和乔恩·韦塞尔·阿斯（Jon Wessel-Aas）的事实调查和帮助。本文的所有不足之处仅由作者负责。

于 2016 年 9 月 1 日做出判决。该案为分析主动警务方法的使用及其影响提供了很好的出发点。通信控制（Communication Control,CC）①是最常用的方法，也是我们最了解的一种方法（Larsson,2014；Thomassen and Myhrer,2009）。在国际上也是如此（Thomassen,2010；Schwartz,2004）。正如本文稍后所指出的那样，安全警察和普通警察之间在窃听的方式以及监控的保密性方面都有差异。通信控制曾经是指窃听，但是已经大大发展了，现在涵盖了计算机之间不同形式通信中的多种侦听形式。全世界来看安全警察与普通警察之间的界限似乎已经变得模糊（Hammerlin,2009；MacAskill,2016）。

埃尔沃吕姆案基于窃听证据以及犯罪嫌疑人的智能手机中的位置数据，这一点在地方法院长达 132 页的判决书中显而易见。调查花了很长时间才启动。它始于 2008 年总检察长的倡议，总检察长多年来一直在强调对非法猎狼进行打击的重要性。据估计，挪威和瑞典一半的狼死于非法猎狼（Liberg et al,2011）。仅在挪威，据估计，10 年内被猎杀的狼就有 100 只，而整个狼群的数量不到 50 只②（NRK,2011）。其中一些被狩猎团体杀死。从当地居民那里获取信息的难度巨大，没有人会透露任何信息。这主要与当地人、猎人和政府之间关于狼和野生动植物的管理上的极端对抗有关（Holme,Lyssand and Axelsen,1994；Krange and Figari,2013）。

因此，对非法狩猎的调查受困于与其他"高压警务"犯罪相关的许多问题（Brodeur,2010）。警察必须自发发现大部分证据；证人（如有）的质量可能令人怀疑。警察必须构建案件。这是一种以情报为主导警务的传统形式，涉及在没有开放资源的情况下使用秘密调查的数据（Rønn,2012；John and Maguire,2007）。在美国，这种方法已经被用于抵制非法狩猎和野生动植物犯罪数十年了，但是在挪威，这种方法的使用历史要短得多（Holme,Lyssand and Axelsen,1994）。这并不

---

① 通信控制（CC）一词在英语中听起来有些笨拙，但却是在《挪威刑事诉讼法》第 16a 章 "音频监视和通信设备的其他控制（通信控制）" 的翻译中使用的术语。托马森和毛雷尔（Thomassen and Myhrer,2009:382）将通信控制（CC）定义为 "计算机之间的电话呼叫拦截和通信以及通信数据的控制（谁与谁交谈，何时何地）"。术语通信拦截技术（CIT）可能是最准确的（Bell,2014；Congram,Bell and Lauchs,2013）。

② 非法狩猎被认为是狼数量没有增长却保持稳定的主要原因。最近几年一直稳定增长，因此今天的数字已接近 100 只（Med. St. 21 2015—2016）。

奇怪，因为自20世纪70年代中期以来，秘密方法仅用于挪威警察安全局（PST）的工作，并且用于打击与毒品有关的犯罪，最近也用于打击有组织犯罪（OC）（Larsson，2015b；NOU，1997：15；也见第四章）。然而，警方知道在特吕西尔、恩格达尔和埃尔沃吕姆的广大农村地区存在着从事非法狩猎的团体，这些地区主要以滑雪胜地而闻名。2008年，开始了对"惯犯"之一的调查认定，此人居住的社区以对大型食肉动物的强烈敌对而闻名。在这一地区，狼群存在了至少30年，但是由于某种原因，它们的数量没有增长。与此相关的另一个事实是，该男子已被判犯有非法射击熊的罪名，并且是经常在当地报纸上露面的著名（或臭名昭著）的猎人。即便如此，直到2013年6月有组织犯罪的法律定义发生变化之前，发生的事情并不多。

原法律定义如下：

> 这里的有组织犯罪集团是指由三个或以上成员组成的有组织犯罪集团，其主要目的是犯下可处以不少于三年有期徒刑的行为，或者其活动主要包括犯下此类行为。

（挪威《通用民法典》第60a条）

这段被改写，将"有组织集团"改为更开放的"合作"："这里的有组织犯罪集团是指为主要目的是……的三人或三人以上的合作。"未改动之前，法庭常常纠结于"有组织团体"的定义到底是什么。在131 L号提案（2012—2013）中，引用了旧法律的筹备版本：

> 在考虑是否是有组织集团时，重点看：是否建立某种组织或等级结构、该集团是否有国际联系、是否其成员之间存在一定的分工、是否该集团与某些场所相联系、是否参与者定期会面等等。

（Prop. 131 L（2012—2013）：69）

还提到了类似黑手党的组织和"其他犯罪分子的专业网络"，这通常意味着"计划抢劫银行"的灵活交友网络不应被视为有组织犯罪集团。在现实世界中，这种对有组织犯罪的狭义定义与警察、媒体、学者和其他人通常认定的有组织犯罪不符（Larsson，2015a）。

有了这种更广泛的理解，就对如何定义有组织犯罪进行了辩论。该术语必须更加灵活——既要达到所需的组织程度，又要考虑该犯罪活动的中心性［第131L号提案(2012—2013)］。人们认为"旧的"法律过于狭窄，筹备版本的不同评论员指出，他们希望法律涵盖的群体和犯罪形式，如对儿童的性剥削、摩托车团体、流动犯罪集团、经济和环境犯罪。

为什么有组织犯罪的法律定义至关重要？因为这通常会导致使用各种在挪威称为"非传统""秘密"或"非常规"的秘密调查方法(Larsson,2014)。使用此类方法的"正常"规则是，对这些罪行必须处以10年以上的监禁(《刑事诉讼法》第216a条①)。但是，与毒品有关的犯罪例外，实际操作中没有确定的标准。

对于非法狩猎，最高刑罚是所谓的一般条款(《刑法》第152b条②)规定的6年监禁。这仅适用于将环境犯罪定义为严重犯罪时(Høviskeland,2016)。在埃尔沃吕姆案中，最初的判决是该犯罪既有组织又违反了总则。上诉法院得出了非常不同的结论：不应将其视为有组织犯罪，并且这仅是违反自然多样性法则的行为(Naturmangfold)。该判决受到上诉。最高法院的结论是，猎狼确实违反了总则。主要问题是，是否将狼视为濒临灭绝的物种，其生存受到狩猎的威胁。如果有组织犯罪集团实施了这种犯罪，则可再增加5年的刑期。因此，该行为应处以11年有期徒刑，并且属于使用秘密监控方法的范围之内。

埃尔沃吕姆案有趣的一个方面是，警察在他们第一次向奥斯陆地方法院提出申请时未获得窃听许可。给出的原因是法院没有将非法狩猎视为有组织犯罪。那是在2013年的夏天，法官似乎并不了解法律的变化。上诉法院得出了不同的结论，批准了窃听。

加宽网络？

自20世纪90年代以来，总检察长、司法部和国家警察局发出的信号很明确：

---

① 第216a条，当某人因某行为或未遂的合理理由而被怀疑涉嫌犯罪时，法院可通过法院命令允许警察进行通信监视：a) 根据法律可处以十年以上有期徒刑的处罚；或 b) 违反本节。
② 第152b条，第2段第1条涉及："任何人故意或因重大过失而减少了在国内或国际上受到灭绝威胁的受保护生物的自然种群。"

警方的注意力应集中在严重和有组织犯罪上。使用第 60a 段,特殊的侦查方法和警察资源向引渡与毒品有关的犯罪倾斜。在最近的几十年中,这些犯罪一直是警方工作的重中之重,很少有人对这种资源利用提出过严峻的质疑。但是,人们日益认识到,有组织犯罪一词不应仅用于毒品。报告《有组织犯罪专题研究》记录了以下事实:毒品决定了警察在其情报档案中登记的内容,而金融和经济犯罪在清单上排在很低的位置:毒品犯罪占主导地位,占所有登记主体的 46%,占主要运营者的 36%。暴力和威胁也是该组织的重要类别(National Police Directorate, 2006:12)。

如通信控制委员会的报告所记录的,使用特殊的调查方法主要集中在毒品控制上①:

> 2015 年,大约 65%(2014 年为 70%)的窃听涉及毒品犯罪。其余部分涵盖各种严重犯罪,例如谋杀和其他形式的严重身体伤害、战争罪、有组织犯罪、性虐待、严重走私、严重腐败、纵火、恶性抢劫等。
> (Kontrollutvalget for kommunikasjonskontroll,2015:3)

自 21 世纪初以来,走私、性剥削、职场犯罪、外国流动犯罪集团、战犯、互联网犯罪、掠夺、金融犯罪、帮派犯罪、极端主义、洗钱、移民犯罪、恋童癖网络、环境犯罪和摩托车团体一直在政治优先事项中高居榜首。其中一些犯罪是由有组织的团体和网络实施的,或者可以被标记为有组织的犯罪(Von Lampe,2016)。通过扩大有组织犯罪的定义,有望更容易地使用第 60a 款以及针对这些犯罪、网络和群体的特别措施和方法。

搜索档案中对第 60a 段的使用,可以提供一个相对清晰的画面。该领域以与毒品有关的各种犯罪为主,案件规模不同,有些从国际角度看犯罪规模很小,而有些犯罪规模很大。在这些案件中,我们经常看到使用各种形式的秘密调查方法,主要是通信监控。

但是,还有其他一些案例:埃尔沃吕姆案是其中一个,但还有反假冒贸易协议案(内幕交易的一个例子)和贝鲁姆案(涉及严重的腐败)。后两者是在 2013 年法

---

① 通信控制委员会是本文作者对康特罗鲁特瓦格特(Kontrollutvalget)的 kommunikasjonskontroll 的译本。

律变更之前启动的。

在埃尔沃吕姆案中,上诉法院裁定嫌犯无罪。地方法院持相反观点。无罪释放的主要原因是对犯罪是否存在合作这个至关重要的问题的解释。而非法狩猎只是副产品:

> 如果多数人……认为本案中的条件不属于《刑法》第60a条的规定,则主要是因为多数人认为,当前证据并未坚实证明存在超出具体狩猎情境的任何形式的合作。
>
> (Eidsivating lagmannsrett:LE-2015-83191, p. 13)

这是否是对法律的正确解读是一个悬而未决的问题。在任何情况下,它都显示了使用任何模糊法律定义的问题,哪怕是像有组织犯罪这样的开放概念也不行(Larsson,2015a;Von Lampe,2016)。最高法院未支持这一裁决,其原因很简单,即最高法院仅考虑法律的使用,而不是对证据和证明进行评估或解释。

在反假冒贸易协议案中,窃听被广泛用于调查被定义为有组织犯罪的内幕交易,而在案件提交法院之前,有组织犯罪的指控被撤销:

> 警方进行了调查,包括针对其中几名被告的通信控制。通信控制的基础是,当时的起诉书包括涉嫌违反《刑法》第60a条的规定,即涉嫌有组织犯罪集团的犯罪行为。
>
> (Gulating lagmannsrett-LG-2013-52571-2:13)

没有提及有组织犯罪集团进行内幕交易的理由,以及后来为何放弃这一起诉方式的理由。如上所述,如果没有充分的证据证明这些行为是由有组织犯罪集团实施的,则法院可能不会允许进行通信监视。另一方面,一旦进行了窃听后,警方可能会认为有组织犯罪的证据太弱,不能上庭,不如案件其他方面那么重要。

在贝鲁姆案中,三兄弟被指控操纵建筑物和房产维护的竞标,以骗取市政当局数百万克朗。这已经持续了多年:

> 三兄弟制定了一项计划,以骗取贝鲁姆市的钱。根据刑法典第60a条,他们被认定为有组织犯罪集团。兄弟之一是市政雇员,负责市政建筑物的外

部维护，在不经竞争或费用审查的情况下将任务分配给其他两兄弟。三兄弟同意平均分配利润。这些罪行系统地发生，从2002年持续到2006年。每个兄弟的总利润为136万瑞典克朗，该市损失了近970万瑞典克朗。

(Borgarting lagmannsrett-LB-2009-48300-4)

三兄弟被判犯有严重腐败和有组织犯罪的罪行。做出有组织犯罪裁决的主要原因是系统地实施犯罪、分摊利润以及计划的时长，该计划在2006年结束之前持续了数年。

在反假冒贸易协议案和贝鲁姆案中，窃听似乎并不像埃尔沃吕姆案那样重要。在前两个案件中，有大量关于货币、合同和个人交易的记录，以及大量的文书工作。简而言之，可以说资金踪迹是法庭上证明案件的关键。窃听不是中心证据。在埃尔沃吕姆案中，窃听和使用GPS定位数据来证明一个地点同时存在一群猎人，并且他们当时的对话印证了这一点。这些数据（包括GPS定位记录的狩猎编队模式）在法庭上被用作证据，以证实被告的某些陈述是虚假的，他们实际上是在猎狼，而不是他们声称的狐狸。

从法庭案件中获得的证据并没有真正表明自2013年以来使用通信控制的情况已有所增加，控制委员会的报告证实了这一点。这些数字是稳定的，尽管仍在努力将其扩大到更多种类的严重犯罪，但仍然主要是毒品案件引起最多的关注。在继续分析现有的阻碍之前，我们必须先谈一个迄今为止尚未涉及的巨大增长领域：反恐战争。

常态化？

在过去的15年中，监控在西方社会中真正突出的传播是在反恐和激进主义领域。正如哈默林（Hammerlin, 2009）和其他许多人所指出的，正是在这一领域，监控变得疯狂。法律以惊人的速度通过，反恐战争打破了对监控的限制。在挪威，最新的重大变化是在2016年6月，警察安全局（PST）获得了更多权限，可以通过计算机、电子邮件、电话跟踪和房间窃听进行监视（也见第二章和第四章）。在英国和其他国家，最近发生的变化甚至更大。监控和安全部门已成为最赚钱的行业之一（Zedner, 2009；也见第十章）。

安全警察监控中最令人困扰的一个方面是缺乏透明度和接受公众审查的开放性。当然,有很多好的保密理由:反情报和间谍的威胁是真实存在的,害怕泄露举报人的情况也是如此。但这不应成为公开某些基本事实的障碍,例如窃听次数和所保留的其他一般信息。今天,我们甚至都不知道 PST 和其他安全机构进行的通信控制的程度。① 当谈到布罗代尔(Brodeur,2010:228)所说的安全情报机构时,这可能尤其成问题,因为这些机构倾向于"将情报本身视为目的",而不是构建刑事案件的手段。

在反恐措施领域,监控技术和秘密侦查方法的使用已经常规化。但是,在北欧国家的"正常现代犯罪"进行调查时,是否也是如此?在一定程度上,恐怖主义、有组织犯罪和经济犯罪之间的界线已经模糊。据指,恐怖主义是由有组织或经济犯罪提供资金的(Träskmann,2012)。在一些国家,恐怖组织一直是毒品生产和销售的中心,清楚地证实了这一点。有组织犯罪和经济犯罪之间的界限确实模糊不清,但北欧国家与恐怖主义的联系似乎很薄弱。经常指出这种联系的一个例子是挪威和丹麦的犯罪团伙成员激进化,他们后来成为 IS 的外国战士。也有一种担心,恐怖分子有可能藏在进入欧洲国家的移民中(见第十一章)。这意味着很难对使用方法进行明确区分:在一个领域中进行监控可能会在另一领域中获得有关犯罪的信息。无论如何,至少在挪威,似乎已经启动了刹车,这些制动器会放慢速度,并试图为这些方法的使用和标准化设定明确的限制。现在让我们说一说这些刹车器。

刹车

人们似乎普遍认为,警察窃听手机的情况尤其常见。我们认为可能会有成千上万的案件。托马森(Thomassen,2010)指出,挪威在 2000—2009 年间每年使用电话窃听的次数在 100 至 200 例之间。下面的数字来自通信控制委员会:

> 2015 年(括号中为 2014 年的数字)根据《刑事诉讼法》的规定,在涉及 497(464)名犯罪嫌疑人的 189(164)起案件中使用了通信控制。其中

---

① 甚至连负责控制秘密情报机构的 EOS 也没有这种数据。而且他们不研究监视的效果。

包括1 152(1 050)部电话/通信设备——主要是手机。每年的数字相对稳定。

(Kontrollutvalget for kommunikasjonskontroll,2015:3)

值得指出的是,这些数字不包括挪威警察安全局进行的窃听。

关于这些数字是高还是低,可能存在分歧。但是,我认为大多数人都同意它们并不很高。但是,一些复杂的案件涉及大量电话窃听和大量信息,将在后文呈现。然而,有些制动器似乎可以有效减少窃听的使用。控制委员会指出了以下几个方面:最重要的是《刑事诉讼法》第216a条所规定的限制,将窃听行为限制在可判处10年以上有期徒刑的行为上①——毒品案件除外。②

另一个限制是通信控制使用的控制系统。警方必须向法院申请获得许可。调查人员、调查负责人、警方律师和警察局长或其代理人都涉及申请过程。调查人员编写正式请求,其他人阅读并给出意见。这意味着,在将申请送交法院之前,要在多个层次上对案件进行彻底的审查和判断,还会有一位律师代表另一方。在正常情况下,这意味着该申请会被法院批准,但从埃尔沃吕姆案中可以看出,申请有时也会被驳回。

资金短缺也限制了监控的使用。窃听非常昂贵,并且会占用资源(Larsson,2008),尤其是当其结果需要翻译时。通常由许多翻译人员进行接连不断的工作,花费很高。在紧缩时期,这意味着仅在案件为重中之重时才提出申请。这也意味着在可能的情况下使用其他更常规的方法。

窃听不是一个容易的过程,监控中涉及的某些工作烦琐、耗时、费力且通常很乏味。埃尔沃吕姆案的一名调查人员描述,不停地聆听琐碎的对话后,当确实出现某些相关的信息时,可能要花费数小时才能记下人们用当地方言和口齿不清的交谈中所用的确切话语。

可以假设控制委员会本身减少了通信监控的使用。该委员会进行的监控受

---

① 在瑞典,法规是所调查的犯罪应在正常情况下应处以至少两年有期徒刑。然后,法院以与挪威相同的方式审议该申请。
② 总检察长指出,除非"毒品被带入新的特别脆弱的社区,如学校或军营",否则一般不应该在较轻的情况下使用通信监控。

到高度纪律和监督的规范。审查包括：

> 在媒体报道或个人或律师的投诉之后，通过警察局的检查，并通过我们主动检查个别案件，审查从警区到总检察长的通信控制报告。
>
> (Kontrollutvalget for kommunikasjonskontroll, 2015:2)

控制委员会由专家成员组成①，且它不是被动机构。活跃水平和完成的任务数量证明了这是一个专业人员组成的敬业集体：

> 2015年，委员会对各警区进行了检查，查看了大量有关通信控制的个人报告，审查了总检察长的季度报告和年度报告，与总检察长举行了年度会议，处理了许多上诉，并回答了许多个人关于他们是否受到通信控制的询问。
>
> (Kontrollutvalget for kommunikasjonskontroll, 2015:2)

总而言之，我认为可以合理地认定存在许多制衡手段，限制了通信控制的使用，并且这些限制与管理监控的法律一起存在，因为似乎已经达成一致，使用这些方法的问题和成本往往会被其积极影响抵消。

讨论：例外情况常态化？

> 例外情况的常态化通常是一个特殊过程。扩大使用范围被认为是一种偶然的紧急事件解决办法，其理由是当时局势的严重性，使得在事后看来似乎是一项应永久存在的必要措施。该临时程序是例外与常规之间的联系，这使极端和非典型的问题变得正常。
>
> (Flyghed, 2002:64)

秘密方法的使用令人不安。人们普遍同意，在可以采用公开调查方法的情况下，不应使用窃听，而应将窃听作为调查重罪的终极手段（见第六章）。但是什么是严重犯罪？犯罪学的常识告诉我们，随着时间的推移以及文化之间的差异，重罪的定义一直在变化（Christie, 2004）。多年来，毒品被定义为最严重的问题，以前

---

① 其五名成员是来自地区法院的两名法官、一名律师和两名教授。

被认为除了用在威胁国家安全犯罪以外不能接受的策略，都被用来对付毒品（Sheptycki，2000；Fijnaut and Marx，1995）。这种看法正在慢慢改变，毒品在危险等级上正在降低。趋势是更多地从健康角度和社会问题的角度理解毒品。最近的趋势已证明了这一点，在政治上越来越接受以健康为导向的政策，且挪威政治范围内整个朝着毒品使用非犯罪化的方向迈进。在国际上，管制药物的刑法从内部开始瓦解（Bewley-Taylor，2012）。但是新的"合适的敌人"正在朝相反的方向发展。金融犯、性犯罪、移民犯罪（犯罪）、IKT和野生动植物犯罪，更不用说恐怖主义犯罪，都方兴未艾。这些问题中的大多数（如果不是全部的话）被视为必须通过积极的调查方法来解决的问题，即"高压警务"和情报主导的警务（Brodeur，2010；也见第一章和第二章）。高压警务（High policing）是指基于情报工作的警务。对于国家而言，这通常是由警官穿着便衣完成的，并且经常使用秘密方法。可以看出，它与"低压警务（Low policing）"相对，"低压警务"具有公开性，身穿制服的警官直接接触公众并提供服务。皮尔的九条警务原则总结了"低压警务"的理念。上面提到的犯罪由"高压警务"处理的合理性在于它们不是街头犯罪。它们是在隐藏信息的封闭环境中发生的。这些罪行通常很复杂，在许多情况下，很少有受害者或目击者向警方举报。因此，警察往往必须发现它们，并通过系统地收集情报来"建立"刑事案件。上面分析的案例都是这样的例子。

秘密方法的评估报告（NOU 2009：15）总结了使用此类方法的原因：

> ……委员会认为，秘密强制措施应仅用于调查严重犯罪。如果严重性本身不能证明采用这些方法的合理性，则仅应在有特定要求的地方使用这些方法。要求可能是，犯罪发生却没有受害者能够帮助案件的清理，或者正在调查的犯罪是在封闭团体或网络中实施的，警察在获取信息方面遇到严重问题。这可能是专业犯罪集团或内部纪律严明的社区。在调查国际或跨国犯罪活动时也可能产生这种需求。
>
> （NOU，2009：15：22）

正如弗莱赫德指出的那样，此类问题通常被描述为非同寻常——不正常。在官方出版物中，例如关于警察方法的报告（NOU，1997：15）、评估报告（NOU，2009：15）或警察分析（NOU，2013：9）中，所面临的威胁被描述为严重威胁，罪犯被

描绘为愈发危险和残酷,警察必须以新的有效方法应对这些新的危险(参见第三章):

> 最重要的是,出现了一种更为残酷和有组织的犯罪,这使得有必要通过匿名证人以及文件和证据的有限访问的手段,对被告的信息获取施加某些限制。……证据表明,与过去相比,犯罪者对掌握刑事案件信息的人更加暴力或威胁要对其施加暴力。
>
> (NOU,2009:15:15-16)

这样的表述被认为是理所当然的,很少被记录或质疑。它们通常基于道听途说的证据:大家都知道。这并不是说它们是错误的,而是很少提及所出现现象的犯罪学或其他科学研究。如杨(Young,2007)所述,此过程是重新引入其他危险他者的一部分。威胁来自外部。他们有别于我们:他们是摩托车手、兴奋剂贩子、从东方来的罪犯、移民和恋童癖者。这种言辞与刑事民粹主义者的言论相同,认为人民是危险的、肮脏的、越轨的,不应该得到社会的公正待遇(Pratt,2007)。

但是猎狼人、可疑的金融业者和偷懒的工匠呢?他们很少被认为是危险的。上面的表述更多的是关于封闭的社会或网络实施"无受害人"的犯罪。照此它们可以被定义为有组织犯罪,其本身就是严重犯罪,应处以最高5年的监禁。正如已经看到的那样,就有组织犯罪的法律定义以及该词应涵盖的内容存在公开的争论。这些分歧有多个方面。该术语的定义方式对使用主动警务方法有影响,因为它可以绕过使用通信监视的10年标准。这也对我们对不同行为的看法有影响。这不仅仅是法律地位的问题:该术语意味着强烈的污名。当地公众的反应证明了将其用于非法狩猎的问题。在许多人看来,猎人不是罪犯,而是守法公民在处理严重问题时采取的行动。在他们看来,真正的问题是当局使用大量资源追踪猎人,他们真正应该追捕的是罪犯。从道德角度来看,在秘密捕猎掠食动物的调查中使用秘密情报是麻烦的,因为相当一部分人认为这种捕猎行为是积极的。在埃尔沃吕姆案中,对猎人的广泛支持就证明了这一点:居住在该地区的人们、当地媒体甚至政客都质疑这种警察资源的使用、所使用的方法以及对这群人的定罪。猎狼可以看作是一种法律所禁止的行为,这种行为已被当局定为犯罪,但在道义上受到质疑(Schlegel,1990)。众所周知,这种情况很难监管,因为当地常规与法律规范不符。特定行为没有被视为错误,如果警察将资源用于这些行为,他们几乎得不到支持。在当地人看来,狼会杀死羊和狗,令人恐惧,它们还对狩猎,尤其是驼鹿狩猎,有负面影响。狼不被视为野生动物,而是中央政府或野生动植物保护组织强加给他们的入侵者(Skogen, Krange and Fiagri, 2013)。除此之外,在所谓的狼区之外还允许有限的合法猎杀狼的事实,使得下重手的措施更加难以理解。总而言之,狼带来了问题,并威胁着农村的生活。当地警察通常处在两难的情况下:有时他们公开表示共情当地人的观点。① 这就是为什么经常需要外地的专家来应对此类犯罪的原因之一。使用通信控制的问题并不多,但总有声音声称警察在其上花费了数千万美元,这笔钱本应用于"真正的犯罪"。即使仅借用了飞机几个小时,使用警用直升机也是警方受到批评的一个主要议题。②

在另外两个案例中,没有这样的批评。特别是在贝鲁姆腐败案中,似乎更吻合严肃犯罪行为的想法。但是在内部交易案中,主要罪犯被判处有期徒刑9年,法院得出结论:"因此,这些行动完全不尊重这一领域的立法。"即使这些违法行为可以被标记为现代金融犯罪,但它们在窃取和欺诈方面有着基本的相似之处,有关此类行为的规范也非常明确。

正如我们所看到的,在这三个案件中有两个没有有组织犯罪的最终裁决。这可能表明最重要的事不是让被告因有组织犯罪而被定罪,而仅仅是得到判决。主要目标是建立一个能够在法庭上立案的案件。

从上面的讨论中得出的另一个观察结果是,既有主动方法使用常规化、扩大化的拉力,也有限制它们使用的制动力。在挪威,过去十年来,被窃听的电话数量一直保持平稳。对监控使用的监管限制和监督产生了影响,但也有理由相信所涉及的巨大成本是另一个障碍。与使用通信控制有关的危险已经清楚地阐明,并且有机构对其进行管制。有理由相信,即使其中的透明性以及我们对其用法的了解受到限制,挪威的某些制动措施也适用于有关线人和秘密警察的实践。

有充分的理由遵循布罗代尔(Brodeur, 2010)所强调的,警察在调查和构建刑

---

① 实际上,在埃尔吕沃吕姆案中被定罪的人之一是退休警察,他帮助运输和隐藏了这头死狼。
② 直升机停驻在附近,以覆盖比尔凯贝内伦的主要滑雪场。当然,没有理智的挪威人会质疑这里使用资源的合理性。

事案件中使用的方法与情报和安全机构使用的方法之间的差异。有关刑事诉讼程序的法律非常严格和明确,比情报工作要严格得多。正如布罗代尔所强调的那样,刑事案件发掘事实和证据有关的工作将在法庭上进行严格审查,律师可以访问该数据,这限制了警方的所作所为。通常具有预防目的的情报工作和监视在本质上更为笼统,与刑事调查大不相同(另见第二章和第三章)。

如今,监控的现实是,私营公司和公共机构都有众多参与者。这些机构包括银行、证券公司、保险公司、股票交易商和会计师,以及在污染和环境问题、税收、竞争和金融活动等领域工作的各种公共机构和警方。警务和监控是一个复杂的领域,通常似乎监管最彻底的机构是警方(Myhrer,2011;也见第十章)。这点的另一个例子是在警察使用CCTV与私人公司同样行为的态度对比上:奥斯陆警察使用的少数摄像机引起了极大关注,而私人公司经营的成千上万的摄像机或多或少地在公众关注的"雷达之外"(Lomell,2007)。

有充分的理由要密切注意警察的活动。规范秘密情报来源使用的危险是真实存在的。但是,如果这不是在更广泛的背景下进行,缺乏对私营部门和安全警务领域,尤其是反恐领域,这种用法的大量增长的关注,我们就难以把握全局。私营企业、安全机构和警方在监控方面的各种发展,使这种能力令人极为担忧。正如哈默林(Hammerlin,2009)指出的那样,我们已经具备了对社会进行全面监控的能力。唯一可以限制这种发展的是政治意识和面对这些危险的能力。

但是也有潜在的积极影响。没有通信控制,就不会暴露出非法猎狼的行为。不会有任何法院案件或有罪判决。进行了多年的非法狩猎就不会被绳之以法。这是好是坏不是问题。问题很简单,秘密情报有时是侦查和阻止有害活动的唯一方法。接下来的问题不是是否将使用这些方法,而是目的何在?从大量关注或轻或重的毒品案件转向集中于其他犯罪是当前的进程,该进程目前在警察内部受到一些抵制(Gundhus,2013)。这是更宏观层面的一部分,在新颖的领域中使用了"新的"调查方法和工具。一个例子是在对有组织犯罪和恐怖主义的调查中,会计师和税务审计使用资金追踪的方法(Korsell,2012);其他就是DNA和计算机取证。

通信控制可能是问题较少的秘密调查方法之一。加里·马克斯(Marx,1988)区分了主动/被动方法和操纵/非操纵方法(也见第一章)。主动和操纵性的欺骗形式，例如卧底警务，通常被认为是最有道德问题的。通信监控是被动的：操作人员可以实时或"录音"收听。它不操纵信息源。可以经受是否具有欺骗性的质疑。至少在北欧国家，这是最透明的措施之一，也是得到重要研究的少数措施之一。窃听可能是侵入性的，并且会侵犯隐私。有几起涉及使用窃听材料的案件，一路打进最高法院。当涉及警察使用和存储所谓的剩余信息时，这一点尤其重要。对被控犯罪者的监控的重要部分是没收智能手机。这些袖珍计算机中的信息对于埃尔沃吕姆案至关重要。如今，智能手机包含几乎我们所做的每件事，何时何地所做，我们认识和与之联系的人等信息。结合窃听和信用卡使用的信息（这些信息很容易获得），智能手机中的资料将使我们对某人生活的各个方面都拥有丰富的了解。通信控制是对抗许多邪恶的有效武器。我们并不真正知道它是否起作用以及如何起作用。关于效果和使用的研究还不够，也不甚了解它的规范方法（NOU，2009：15）。秘密调查方法被宣传为解决新的危险社会问题的必要手段。这一切发生在犯罪率下降之时。今天的危险不同寻常，方法也是如此。几乎没有迹象表明在未来几年中，刑法和安全政策将发生巨大变化。近年来，不仅监视环境发生了变化，而且我们对国家、隐私和安全在社会中的作用的观念也发生了变化。在监控问题的辩论中占主导地位的许多价值观和观点，例如法治和隐私权，都可以追溯到19世纪初。我们真正需要的是关于监控危险的新词汇和新观点，这些是让我们走进21世纪数字时代的核心。

参考文献

Bell，P. (2014) 'Communication Interception Technology(CIT) and Its Use in the Fight against Transnational Organised Crime(TOC) in Australia：A Review of the Literature'，International Journal of Social Science Research，2(1)：46 – 66.

Bewley-Taylor，David R. (2012) International Drug Control：Consensus Fractured，Cambridge：Cambridge University Press.

Brodeur，J.-P. (2010) The Policing Web，Oxford：Oxford University Press.

Christie，N. (2004) A Suitable Amount of Crime，London：Routledge.

Congram，M.，Bell，P. and LauchsM. (2013) Policing Transnational Organized Crime and Corruption：Exploring the Role of Communication Interception Technology，Basingtoke：Palgrave Macmillan.

Fijnaut, C. and Marx, G. (1995) Undercover: Police Surveillance in Comparative Perspective, The Hague: Kluwer Law International.

Flyghed, J. (2002) 'När det exceptionella blir normalt: Konsekvenser av det politiska våldet i Göteborg juni 2001', in J. Lundälv and M. Liliequist (eds) Gatans politik: Göteborgsdemonstrationerna juni 2001 ur mediernas, polisernas och demonstranternas perspektiv, Gävle: Meyer Information och förlag.

Gundhus, H. I. (2013) 'Experience or knowledge? Perspectives on new knowledge regimes and control of police professionalism', Policing: A Journal of Policy and Practice, 7(2): 178-194.

Hammerlin, J. (2009) Terrorindustrien, Oslo: Manifest.

Holme, J., Lyssand, A. and Axelsen, T. (1994) 'Faunakriminalitet og annen naturkriminalitet', Økokrims skriftserie no. 8. Oslo. Høviskeland, H. T. (2016) 'Leder', Miljøkrim, 2.

John, T. and Maguire, M. (2007) 'Criminal intelligence and the national intelligence model', in T. Newburn, T. Williamson and A. Wright(eds) Handbook of Criminal Investigation, Abingdon: Routledge.

Kontrollutvalget for kommunikasjonskontroll(2015) Årsrapport 2015.

Korsell, L. (2012) 'Ekonomisk brottslighet; tur och retur', Nordisk tidsskrift for kriminalvidenskab, 3: 293-315.

Larsson, P. (2008) Organisert kriminalitet, Oslo: Pax.

Larsson, P. (2014) 'Normaliseringen av det unormale: utvidelsen i bruk av utradisjonelle politimetoder', Nordisk Politiforskning, 1: 41-57.

Larsson, P. (2015a) 'Om begrepet organisert kriminalitet', in L. Korsell, P. Larsson and J. G. Christophersen(eds) Ekstraordinære tider: Festskrift til Per Ole Johansen, Oslo: Novus.

Larsson, P. (2015b) 'Å Danse med djevelen: Utradisjonelle politimetoder innennarkotikafeltet', in A. Storgaard(ed.) NSfK 56 forskerseminar, Skarrildhus, Danmark 2014, Aarhus: Nordisk samarbeidsråd for kriminologi.

Liberg, O., Chapron, G., Wabakken, P., Pedersen, H. C., Thompson, N. and Hobbs, H. S. (2011) 'Shoot, shovel and shut up: Cryptic poaching slows restoration of a large carnivore in Europe', Proceedings of the Royal Society: Biological Science.

Lomell, H. M. (2007) Selektive overblikk: En studie av videoovervåkingspraksis, Oslo: Universitetsforlaget.

MacAskill, E. (2016) 'Extreme surveillance becomes UK law with barely a whimper', The Guardian, 19 November.

Marx, G. (1988) Undercover: Police Surveillance in America, Berkeley: University of California Press.

Myhrer, T.-G. (2011) 'Sentervekternes polisiære fullmakter: Grunnlag og grenser', Nordisk tidsskrift for kriminalvidenskab, 98: 97 - 160.

National Police Directorate(POD)(2006) 'Project Organised Crime', POD publication no. 2, Oslo.

NOU(Norwegian Official Reports)(1997: 15) 'Etterforskningsmetoder for bekjempelse av kriminalitet Etterforskingsmetoder for bekjempelse av kriminalitet: Delinnstilling II', Oslo.

NOU(Norwegian Official Reports)(2009: 15) 'Skjult informasjon: Åpen kontroll Metodekontrollutvalgets evaluering av lovgivningen om politiets bruk av skjulte tvangsmidler og behandling av informasjon i straffesaker', Oslo.

NOU(Norwegian Official Reports)(2013: 9) 'Ett politi: Rustet til å møte fremtidens utfordringer: Politianalysen', Oslo.

NRK(Norsk rikskringkasting)(2011) 'Tror minst 100 ulver er felt ulovlig de siste åra', Nrk. no.

Pratt, J. (2007) Penal Populism, London: Routledge.

Prop. 131 L (2012 - 2013) Proposisjon til Stortinget (forslag til lovvedtak). Endringer i straffeloven 1902 og straffeloven 2005 mv. (forberedelse av terror m. m.). Det Kongelige Justis-og Beredskapsdepartementet.

Rønn, K. V. (2012) 'The epistemology of intelligence: A dissertation on epistemological aspects of intelligence-led crime investigation,' Phd thesis, Faculty of Humanities, University of Copenhagen.

Schlegel, K. (1990) Just Desert for Corporate Criminals, Boston, MA: Northeastern University Press.

Schwartz, P. M. (2004) 'Evaluating telecommunications surveillance in Germany: The lessons of the Max Planck Institute's study', George Washington Law Review, 72 (6): 1244 - 1263.

Sheptycki, J. W. E. (2000) Issues in Transnational Policing, London: Routledge.

Skogen, K., Krange, O. and Figari, H. (2013) Ulvekonflikter: En sosiologisk studie, Oslo: Akademika Forlag.

Thomassen, G. (2010) 'Hvordan kan vi vite hvor effektive skjulte etterforskningsmetoder er?', in Schartum, D. W. (ed.) Overvåking i en rettsstat, Bergen: Fagbokforlaget.

Thomassen, G. and Myhrer, T. -G. (2009) 'Kommunikasjonskontroll og betydningen for etterforskning, personvern og rettssikkerhet: En studie av erfaringene med bruk av metoden', Vedlegg til NOU 2009: 15.

Träskman, P. O. (2012) 'Organiserad brottslighet, ekonomisk brottslighet och terrorism: Hänger de samman?' Nordisk tidsskrift for kriminalvidenskab, 99(3): 336 - 354.

Von Lampe, K. (2016) Organized Crime, New York: Sage.

Young, J. (2007) The Vertigo of Modernity, London: Sage.

Zedner, L. (2009) Security, Abingdon: Routledge.

第六章 情报的职业道德：论道德作为情报活动内部自我调节规范的可行性

基拉·维斯特罗恩

引言

情报伦理是指与情报领域相关的广泛主题和困境。大多数从事情报研究的学者在使用"情报伦理"一词时都特别提到收集信息的过程，并且提出了以下问题：在道德上何时以及出于什么目才能允许采用侵入性情报方法以获取信息？[①]（Bellaby，2014，2012；Macnish，2014；Omand and Phythian，2013）

情报伦理确实是一个吸引人的话题，这不仅是因为大多数情报活动通常具有侵入性和欺骗性（例如使用秘密的人力资源、各种形式的监控等），带来了大量的道德困境。也是因为，似乎情报工作内部的普遍态度是，根本不认为伦理学具有什么重大意义。在本章中，我将辩驳这种普遍观点。在很多情况下，当我很高兴地向警方、安全和情报部门的从业人员讲授情报伦理时，他们总是充满敬畏的好奇，想知道将伦理学纳入其专业领域会带来什么。但是，对我的演讲的一个相当普遍的反应是对情报伦理的否定。有趣的是，当面对道德问题时，情报从业人员

---

① 在这一章中，我将遵循吉尔和费西安（Gill and Phythian，2012：19）提出的对情报的定义："主要是秘密活动：设定目标、收集、分析、传播和行动，旨在增强安全性和/或通过威胁和机遇预警维护相对于竞争对手的权力关系。"因此，该定义比拉特克利夫等人提出的情报概念要窄一些。在 ILP 的背景下，拉特克利夫（Ratcliffe，2008）认为，情报或多或少等于所有"可行知识"。但是，我发现这种狭义的定义在处理情报活动的伦理学时很有用，因为如信息收集会带来许多伦理学难题，这是本章的重点。

至少提供三种不同类型的回答,以解释为什么情报伦理对他们而言并不重要。首先,听众通常会说:"我们为什么要对道德有任何担忧?我们是为国家安全和公共安全的道德目标而努力的好人。我们本身就是道德的!"接下来,另一个声音通常会问:"我们只做合法的事情,为什么我们应该关心道德?"然后,大胆的听众会说:"我们不应该关注道德!情报活动本身就是不道德的,而情报游戏中的每个人也是不道德的。那么,为什么要烦恼我们有多不道德呢?"

因此,在实际的情报世界中倡导道德通常就是艰苦的战斗。尽管如此,在本章中,我还是要解释为什么我相信上面提出的三个论点尽管很有趣,但是不足以作为驳斥情报伦理学重要性的理由。我将概述一些情报伦理作为情报实践中关注重点的理由。本章还包括一些在情报实践和情报伦理学术文献中都存在的伦理准则的例子。最后,我将讨论一些有关改进此类准则的想法,并指出可以进一步阐述的问题,例如对情报方法的公开民主讨论。

对情报伦理的抵制

对情报伦理的抵制可以分为至少三类,分别对应于上述三个观点。在下文中,我将批判性地逐个进行分析,以看清它们是否确实证明了情报伦理无用。我将这三个角度称为压倒性论点、合法性论点和不道德论点。

压倒性论点

第一个论点背后的理由是,情报活动的崇高意图将在很大程度上使它们在道德上没有问题。这个论点也可以表述为情报活动本身固有的道德性,因为其目的是国家安全和公共安全。这个思想流派的支持者也依赖于"好人"的论点:情报专业人员是国家安全的特工,他们具有很高的道德水准并与那些被视为敌方的人作战。

英国前首席情报官员迈克尔·赫曼强调"都是好人"这一说法,进而撇开了道德考量,他指出情报专业人员特殊气质的四个特征。他将这些描述为(a)一种与众不同的感觉,(b)一个共同的使命,(c)保密性和(d)神秘感(Herman,1996:327)。他解释说,情报专业人员与众不同的感觉包括一种高于社会其他阶层,也因而高于政治领域的信念。其他专业人员不可避免地是政治游戏中的参与者,而情报专业人员则认为自己是非政治的、中立的(同上)。情报部门的共同使命被视为保护国家安全和公共安全。赫曼解释说,当个人成为任何组织的成员时,他们通常会感到与非成员不同,并且承担着相同的使命。这两个特征本身并不是情报专业人员所独有的。但是,情报工作通常是秘密的(即组织中的大多数信息通常是敏感的且保密的)且神秘的(即从事情报工作的大多数员工不能公开谈论其工作生活),这很可能加剧双方与众不同的感觉和对共同使命的承诺(同上)。这是一个非常有趣的动态关系,它可以解释为什么许多情报从业者认为情报伦理多少有些无关痛痒。因此,如果情报专业人员由于投身国家安全的崇高使命而普遍自视高人一等,则他们可能不会觉得需要任何进一步的道德考量,因为他们一定是道德的,并且他们的共同使命是不言而喻的道德。

尽管情报的任务确实很重要,并且情报专业人员无疑是有能力的人,但在我看来,仍然需要情报伦理。对于其他任何类型的专业人员(例如护士、医生、教师、士兵等)也是如此,他们同样从事高尚的事业,但仍然受益于有关,例如,如何与客户互动以及如何对客户、社会、组织等负责的讨论。作为专业人士,一个人追求崇高的目的这一事实并不意味着此人可以随心所欲,而这似乎是压倒性论调支持者们的核心误区。

在后"911"时代,批判的安全学者警告不要将国家安全视为最重要的社会价值,它否决了公民的其他重要福利利益,例如隐私权和人格尊严的基本人权(Kleinig,2009:202)。对潜在威胁和新出现威胁(例如新的恐怖袭击)的恐惧以及对防止此类威胁的渴望,导致对情报服务等安全提供者的限制越来越宽松,包括他们如何、在何处收集信息以及以安全之名到底可以走到哪一步(Lomell,2012)。注重预防事件的自然结果是,更可能以安全的名义损害自由、人权、福利或健康等其他基本社会价值。此外,情报领域正在扩大,越来越多的政府机构和私人机构都采用情报逻辑和方法,例如线人和监控,以求积极主动地进行预防和警戒(Richards,2012)。过去,情报仅属于军事部门和警方的秘密部门。根据这一传统观念,情报处理的是正常社会事务范围以外的问题,因此通常被认为豁免于严格的法规和限制。随着当前情报领域的扩展,有必要终止情报与必要性逻辑之间的紧密联系,这种联系假定情报活动应被视为紧急活动,因而凌驾于所有其他活动之上(Diderichsen and Rønn,2016)。某些情报活动当然十分紧迫,应对眼前明确的危险(例如,已知侵略者和威胁的活动)。但是,许多情报工作本质上是预防性的,仅仅处理普通类型的犯罪、预防犯罪和维护社会秩序,这些不应纳入压倒一切的必要性逻辑中,也不应将其作为基本人权的例外(同上)。尽管这一观点的支持者将国家安全视为一种本质上道德的目标,但问题是,如果国家安全是以牺牲其他看似本质上道德的目标(例如,基本人权和关键的社会价值)为代价的,这是否仍然适用?

  当然,情报专业人员个体不能也不应该对社会普遍的"问题安全化"偏见负责。但是,这确实意味着我们应该不时地走出狭窄的安全视角,并问一问我们更想要哪种社会。认可和应用某些类型情报方法的总体结果应当在道德平衡中权衡利弊;"压倒性"思想流派的逻辑似乎缺乏这一要素。丹麦军事学院最近发布的一份报告(project AVARTAR;Juhlin,2016)就是缺乏这一要素的情报实践的例子。该报告展示了OSINT(公开来源情报)的崭新世界,在整个报告中,它被誉为以高成本效益比的方式获取有关潜在军事目标或感兴趣的地点的信息,例如通过在社交媒体上公开发布信息,尤其是这类地方的私人照片。实际上,利用网络可用信息似乎具有很高的成本效益比,而且比让情报人员实地获取有关这些特定地点的信息的风险要小。但是,报告以下方式描述了这种方法:"我们看到,私人公民(有意或无意地)成为情报分析人员和充当间谍的公民的情报来源。"(同上:24)当报告公开发表时,作者得出结论认为,如果可以说服更多所谓的"公民间谍"(原文如此!)在他们的社交媒体上张贴军事利益地点的照片,那将是真正有效的。此外还指出,如果公民不知道自己被用作军事行动的来源,这将更具成本效益,因为没有人会意识到对社交媒体上私人照片的这种利用。不可避免地,军事活动就其性质而言,通常与,例如,警方和安全部门进行内部情报活动大不相同,并且风险也大得多。但是,以国内安全名义未经声明地利用普通公民在社交媒体上的私人帖子,并使公民成为安全游戏的一部分(作为"公民间谍"),对这种情况,我们最好退后一步,问一问我们是否想要这样的社会。成本效率是否应该以牺牲其他社会价值为代价给予安全特权,如基本社会信任和公共空间和社交媒体上的匿名推定（Kleinig，2009）？这个例子至少唤起讨论，在情报行为中利用社交媒体应受到什么限制，并成为更广泛地考虑情报伦理的出发点：超越了情报服务和专业人员无法采取不道德行动的观念。

尽管可以将情报服务的总体目的视为本质上崇高和道德的，并且尽管可以将情报专业人员视为"好人"，但在特定案件中，情报人员个体经常会拥有很大的专业判断和酌处余地。即使他们可能因其较高的道德水准和良好的判断力而被选中，他们也不可能在没有任何培训或指导（法律和/或道德）的情况下，始终如一地正确行事（Godfrey，1978）。没有人，甚至最好的情报官也不能保证不会犯错，因此，情报专业人员将从道德培训、明确的规范和/或指导其实践的准则中受益良多，这将有助于避免错误并确保情报活动的合法性和服务本身。

由于这些原因，依赖情报固有的道德目的和好人的论调不会削弱情报领域的伦理考虑。

合法性论点

情报从业人员提出的第二个不需要情报伦理的常见理由基于我所谓的合法性论据。据此，道德不是情报实践的必要组成部分，因为管理情报活动的法律和程序本身足以规范情报活动，因此无须考虑道德。理查德·奥尔德里奇教授在2016年5月于华威大学的一次演讲中，引用了GCHQ（政府通信总部）工作人员的发言以说明了这个方法：

> 从您提出的问题中我知道……你们中有些人担心对伊拉克战争的法律或道德基础——是否发生和何时发生——以及GCHQ在其中扮演的作用……嗯，毫无疑问，GCHQ的任何成员从未被要求在当前或任何其他时间做任何不合法的事情。
>
> （原始资料：Mitchell and Mitchell 2008）

这句话清楚地说明了有关GCHQ特定行为的道德问题如何演变为此类行为是否合法的问题。但是，正如许多著名的历史例子所明确显示的那样，法律和道德是两个截然不同的事物，情报人员在做某些道德上错误的事情时可以合法行事。用来反驳合法性的一个典型案例是德国政府官员阿道夫·艾希曼的案例，汉娜·阿伦特以此为例,讨论了纽伦堡审判。作为主要官员,阿道夫·艾希曼在第二次世界大战期间负责数千人的驱逐行动。阿伦特对艾希曼感兴趣的点在于,他似乎不是一个邪恶的人,相反,他看起来是一个勤奋的人,具有高度的自尊心和很高的道德标准(Arendt,2008)。艾希曼做了他应该做的事,并遵守了给他的规则和命令。但是,他没有停下来质疑他的所作所为在道德上是否错误。阿伦特用这个例子说明了在大型官僚机构中放弃个人责任的趋势,以及像艾希曼一样盲目地为国家和法治服务的陷阱。在情报方面,这个极端的例子显然是法律与道德之间存在差异的论据。在这种情况下,法律或现行指示与常识性的道德行为大不相同,因此艾希曼展示了盲目地遵守法律确实并不总是可取或道德的。当然,我不是要在艾希曼的工作和情报活动之间画等号。我只是加入阿伦特的例子,意在反驳情报从业者之间的这种普遍理解,即按照法律条文合法行事与有道德地行事相同。法律和道德显然并不总是相同的,因为艾希曼本应违反规则和指示,以便以(常识上)道德的方式行事。另一个不太引人注目的例子是英国的 2016 年《调查权法》,反对者认为,该法在防止恐怖主义方面做得太过分了,因为,例如,"它合法化了安全机构对计算机和移动电话的非法侵入,并允许他们访问大量存储的个人数据,即使被调查人员没有涉嫌任何不当行为也是如此(MacAskill,2016)。这种行为不一定是道德和合法性不同的情况,但在讨论它们之间的差异时,似乎是一个很好的例子。"

  自然地,在情报领域,提高不遵守法律的可能性也为讨论何时从道德上允许吹哨等公民抗命开辟道路。吹哨可以被视为一种"政治上的警惕性",政府官员出于自己更大(道德)的目的而违反法律并违背指示(Delmas,2015)。关于情报部门内部吹哨的细节超出了本章的范围,因为我只想说明和辩驳法律等同于道德这一常见误解。①

  对"合法性"推理的另一种反对观点是,国家法律和情报服务监管往往非常灵活。为了提高效率,通常以非常宽泛的措辞来规范情报服务的法律,以帮助他们避免被迫透露有关来源和方法的敏感信息(Born and Wills,2010;Greve,2014)。一些学者甚至认为,情报活动发生在"法律以外的空间"中,或者至少是在真空中,

---

① 有关政府举报/吹哨的道德规范的介绍,请参见 Delmas,2015。

其中,由于监管不严格和法律模棱两可,许多行为都被视为合法(Born and Wills,2010:37)。因此,通过指导行动和"告知酌情判断"(同上),道德操守成为情报活动内部自我调节的重要组成部分。伦理可以以与法治完全不同的方式提供监管,这强化了这样的论点,即在情报领域需要特定的情报伦理。法律根本太含糊,没有为以明确的方式行事提供足够的指导。道德上的考虑、准则和规定可以提供内部控制。需要强调的是,反对"合法性"观点并不等于将法治等同于内在的不道德行为。相反,当法治具有弹性和模糊性时(例如在情报活动中),是否合法可以根据是否符合道德来确定,这正是为什么"合法"思想流派并不否定情报伦理的价值。

不道德论点

第三种观点的支持者认为,所有情报活动在某种程度上基本上都是不道德的,因此衡量特定情报活动的不道德程度没有价值。该观点从情报伦理学的文献中重新审视了普遍的观念,将情报伦理视为一种矛盾(Born and Wills,2010)。许多情报从业者认为,将情报与伦理思想合而为一是一种概念上的误解,因为情报活动通常在某种方式上不道德,因为它们经常涉及谎言和欺骗。

该论点中一个有趣的元素是,关于伦理学是什么的基本假设,似乎是默认伦理学等同于康德逻辑或道义逻辑。一般来说,道义论的方法包括支持康德的定言命令论,即你的行为应该以一种允许你的行为成为普遍法则的方式进行(Erskine,2004:71)。因此,某些行为(例如撒谎、欺骗、杀戮)本身就是不道德的,因为撒谎、欺骗等行为不能作为管理人类行为的普遍原则。因此,在严格而绝对的对道义立场的解读中,与绝对命令不符的行动在道德上也被视为不可接受。由于情报行动通常会包括撒谎和欺骗的某些因素(与监视活动、窃听、卧底特工、线人等有关),因此这些行动不能被归类为普遍性法律,因此,根据严格的道义论立场,这种行为本质上是不道德的。

但是,除了康德和绝对命令中产生的限制性伦理观念的观点以外,还有更多的道德观点的确不是没有争议的。此外,情报行动与道义学也远非不相容,厄斯金(Erskine)的措辞似乎有些简单化,例如,这并不能说明大多数道义学专家会赞成在特殊情况下(例如自我防卫)的选择不受禁令约束(Rønn,2016)。

在有关情报伦理学的文献中,厄斯金确定了伦理学理论的三种一般替代方案,这些替代方案通常被用来说明道德哲学内部对于指导伦理行为的意见存在分歧。康德的观点只是其中之一,而现实主义、结果论和以德为本的方法是同样有效的选择。道义逻辑认为某些行为本身就是不道德的,而结果逻辑则在确定行为的道德许可性时会认为特定活动的后果很重要(Erskine,2004)。因此,遵循后果论者的逻辑,情报活动在道德上并不总是不可接受的,因为重要的是特定活动的预期整体结果,要将其错误/危害/入侵程度与其利益进行权衡(Erskine,2004)。根据这种结果主义的道德逻辑,情报活动并不是天生的不道德行为,在决定某行为是否在道德上可允许时,确实会考虑到入侵/错误或伤害的程度(无论其关注的是什么),而道德原则会有助于确定在特定情况下可接受的入侵程度。因此,以情报行动具有内在的不道德性质为理由拒绝情报伦理过于简单化,或者只是对什么是伦理进行了特定而狭义的理解(Rønn,2016)。因此,"不道德"的观点不会成为反对情报伦理重要性的令人满意的论据。

为什么情报伦理很重要?

希望上述三个论点的分析足以说清对情报伦理的典型反对。

简要总结支持情报伦理学的论点,首先可以说,情报界内部的伦理考虑可以在自信的情报实践中引入建设性思考。通过进行建设性的反思,我的意思是要满足明显的需要,以挑战情报组织内部通常的自我感知,这种自我感知的特征是觉得自己与众不同并与社会其他人分离,并是为更伟大的事业服务,正如赫曼所指出的(自然,这仅在总体上是正确的,并非所有情报专业人员都会按照这些思路考虑)。上面,我指出了这种自我形象的危险,因为它掩盖了这样一个事实,即除了安全和公共安全之外的其他社会价值可能同样重要,善意的好人有时也会犯错。这种考虑本质上是道德的,因此被视为支持道德对于情报组织重要性的论点之一。第二,这与第一点有关,道德可以在法治中发挥非常不同的作用,从而提供与法律不同的规范。正是由于情报领域的许多法律法规具有弹性,并且为专业裁量和判断留有相当大的空间,因此专业人员需要法律以外的其他类型的指导原则。

这些无疑可以由情报伦理提供(Greve,2014)。最后,由于情报活动通常包含一些欺骗性、侵入性甚至有害的因素,因此在判断人的道德优缺点时,非常需要道德考量。尽管一些情报专业人员可能会认为情报活动的不当程度无关紧要,但我相信他们中的大多数人在具体情况下不会采取这种观点。如果人们在公共场所被闭路电视监控、被窃听电话或被窃听房屋,这对受影响的人们将产生巨大的影响。认为所有情报活动本质上都是不道德的,并且这一事实消除了任何道德考量的论点走入了误区。如何避免或最大限度地避免针对目标个体以及整个社会的不当行为和伤害程度的道德考虑,可能对受影响的个体产生巨大的影响,并且可能同样对情报和安全服务的合法性和公众信任产生影响。

因此,在情报方面的伦理至少应服务于以下目的。它可以引发有关以下方面的初步讨论:

- 是否可以对情报进行道德评估;
- 情报专业人员是否应关注情报伦理并接受有关情报伦理的培训。

如果对这两个初始问题的答案都是肯定的,那么道德观对于以下方面可能是有用的:

- 情报专业人员的职业风气或文化自我形象的建设性发展;
- 通过道德行为守则或指导原则发展情报专业人员的直觉和判断力;
- 为了避免或最大限度地减少不当行为、侵扰和伤害(例如在收集情报时),讨论和弄清在哪种情况下、出于哪些目的、运用哪些方法是可接受的。

这些是非常广泛的目标,就道德如何在情报领域做出贡献而言,可能并不详尽。尽管如此,它们还是反驳了从业人员对情报道德的抵制。在下面的段落中,我将更详细讨论情报伦理如何通过提供道德准则在情报实践中发挥中心作用。

情报行为道德守则

在最近的几十年中,对公共机构治理的透明度和问责制的需求不断增长。自20世纪70年代以来,对提高透明度和问责制的要求以及对全球人权的日益关注已经对情报服务的组织和管理方式产生了重大影响(Agrell,2009;Richards,

2012)。一些情报学者从情报专业化的角度看待这种发展,除其他外,还包括将伦理纳入情报服务战略中的发展(Scott and Jackson,2010)。从民主和人权的角度来看,这确实是一个积极的发展,自第二次世界大战和冷战以来,在服务范围内可行和可接受的方面发生了很多变化。但是,还有一些路要走。情报服务的大多数道德准则都是保密的(Born and Wills,2010),并且通常不接受公众审查。此类准则很可能是在组织内部制定的,没有外部道德专家的任何建议。改变保密政策以提高情报专业人员标准好比一个明摆着的起点,尽管这说起来容易做起来难。起点可以是制定具体的指导原则,以向情报从业者提供信息,以便他们在执行日常工作时使用。

现有的情报实践道德规范

　　情报部门的道德行为守则很少公开,而我能够核实的行为守则本质上非常笼统。① 其一是《美国国家情报战略》中提出的行为守则,其中包括高尚但却简单的愿望,诸如:(1)使命:"我们对国家安全无私奉献";(2)真理:"我们对权力讲真话";(3)合法:"我们支持并捍卫宪法";(4)正直:"我们行为正直";(5)职责:"我们是公众信任的负责管家";(6)卓越:"我们力求不断提高绩效和技术水平";以及(7)多样性:"我们拥护国家的多样性"(Wheaton,2014)。

　　这样的道德原则无疑是重要的,也是非常受欢迎的因素,有助于确保情报部门的道德水平。美国国家情报战略只是实践道德规范的一个示例,自然不是对这种道德准则的概括。话虽如此,但它看起来似乎是一般性的,更多的是意图的声明,而不是实际的行动指南。例如,进行情报收集活动的情报专业人员应如何行事才能兑现这些主张?这确实是非常模糊的。

　　如果将道德规范的这个例子与最古老的职业之一医学规范进行比较,那么很显然在具体和详细程度上还有很大空间。加拿大医学会的道德守则有54个单独的项目,分为五大类责任:(1)基本责任;(2)对患者的责任;(3)对社会的责任;

---

① 存在各种版本的一般警务道德守则,例如《欧洲警察道德守则》(2001)、北爱尔兰警方的《道德守则》是将道德规范纳入一般警务方面的先驱。但是,这些范围非常广泛,主要以肤浅的方式解决诸如专业职责和使用武力等问题。它们不是专门针对信息的获取,因此不适用于情报工作中涉及的特定任务。

(4) 对职业的责任;(5) 对自己的责任(Canadian Medical Association,2004)。换句话说,与情报领域的道德规范相比,加拿大医学会的道德规范非常详细,并且包含多种不同的职责。

当然这两个专业之间存在许多差异(有些人会质疑情报是否实际上是一个专业)。医学显然更着重于患者,因此与患者直接面对并对患者负责占据了大部分道德守则的内容。但是事实上,情报在以下范围内发挥作用:(a) 接收者(接受情报并根据情报行事的人,通常被称为决策者);(b) 受影响的个人;(c) 社会;(d) 部门;(e) 整个专业;(f) 情报专业人员。如果按照医学道德守则制定情报行业的行为守则,则该守则可能包含对所有这六个受影响要素的具体责任。美国国家情报战略的例子主要集中在:(d) 对职业的责任(正直、职责、卓越);(c) 对社会的责任,(在狭义的国家意义上理解的使命、合法性、多样性);(f) 对接收者(真相)的责任。但是,受情报活动影响的个人完全不在守则内。自然,受影响的和被针对的个人与医疗法规中的客户/患者的性质有所不同,因为情报的"客户"通常是具有(潜在)邪恶意图并能够根据这些意图采取行动的人,这与医学领域的情况有所不同。尽管有这个事实,情报总体上处理的还是识别某人是否可能有恶意,即事实尚未发生。然而,美国法规并未对这些受影响的个体承担任何责任,这些个体可能对国家安全和保障构成威胁,但也可能没有这样做。

那么我的问题是,首先,是否可以在医学规则的详细措辞中找到有关情报行为的道德守则的灵感,以便更全面、更有效地制作行动指南?其次,更具体地说,情报活动的道德守则能否详细阐述对受影响个人的责任,指的是每个直接或间接地受到情报方法影响的个体?例如,医学守则中有一段关于责任的段落"给患者尊严和尊重"(第 2 条)以及"采取一切合理步骤防止对患者造成伤害"(第 14 条)。由于情报活动的基本性质,可能很难完全避免情报领域内的伤害、入侵或不当行为,但是将伤害或侵害的程度降至最低的愿望将是将医学专业原则转化为情报领域精神的一种方式。

学术道德准则

一些学者致力于为情报活动制定一些指导性道德原则,其中包括约翰·克莱尼格(Kleinig,2009)和罗斯·贝拉比(Bellaby,2012)。考虑到例如情报行动的程度恰当性,这两位都试图完成对受影响个人负责的守则。此外,这两位都讨论了情报收集方面的工作,因为这通常涉及大多数道德挑战和困境,例如为了实现特定目标可以允许在多大程度上侵入私人生活的问题(相较而言,分析和传播情报中没有明显的道德困境)。下面,我将介绍克莱尼格提供的一组指导原则,然后讨论其适用性。

克莱尼格主要处理警察部门内的情报收集工作,他认为,在情报主导的警务背景下,道德考量的必要性如下:

> 以情报为主导的警务……以效率价值为前提,尽管不应忽略常规的行政效率和金钱价值的重要性,但效率和经济等行政原则必须与公平、尊重的价值观相结合,以及在可以不严重损害他人合法权益的情况下顾及他人的合法权益。
>
> (Kleinig,2009:201-202;我的重点)

因此,克莱尼格支持我的担忧,即人们倾向于将安全措施的效率置于所有其他类型的社会价值观和"合法利益"之上。根据克莱尼格的观点,收集信息的过程在道德上从来都不是中立的(Kleinig,2009:218)。他将收集活动之前和期间进行的论证描述为"手段—目标论证",专业人员将思考收集活动的目标是否证明用于获取特定信息的手段合理(同上:203)。他列出了六个问题,他认为应该在开始任何收集活动之前得到令人满意的答案。这些是:

1. 目标是好的或足够好的吗?
2. 手段是否与目标相称?
3. 可以采用侵入性较小的方式达到目标吗?
4. 手段能确保目标的实现吗?
5. 关于手段有本质上的问题吗?
6. 这些手段是否会带来有害的后果,使它们使用不当?

让我们仔细研究一下克莱尼格如何通过使用这六个问题来决定是否可以通

过六个标准来解决特定的情报收集难题。① 要试验这六个问题,让我们思考以下 20 世纪 80 年代英国的案例。

案例:罗密欧行动,旨在渗透动物权利组织中的政治活动家

20 世纪 70 年代后期,25 岁的罗伯特·兰伯特加入警察队伍。几年后,他成为特别示范队的成员,这是伦敦大都会警察局的最高机密单位。他的任务是渗透与动物维权运动"动物解放阵线"有关的政治圈。他化名为鲍勃,积极参与活动,以了解运动的结构和动态,并发现有关潜在暴力或破坏性活动的信息。

然后问题是,从道德上讲,警察使用这种方式获取有关具体组织的信息是否合法?下面我将简要介绍一个 20 世纪 80 年代的真实案例,以此作为讨论卧底行动道德许可的起点,该卧底行动包括一段友好/浪漫的关系(所谓的"罗密欧行动")。

为了确定在道德上是否允许采用引诱的秘密手段渗透到相关群体中,人们自然需要有关特定情况的更多信息。但是,如果我们将克莱尼格的六个问题应用于该案例,我们就会发现这个案例的突出之处。

第一个问题是让授权主体质疑行动目标好不好或是否足够好。克莱尼格承认,确定一项活动的最终目标可能很难,某些目标可能构成新目标的手段。因此,本案例的最终目标可以理解为找到能够更有效地指导警察行动的信息。该目标更概括的概念是,卧底活动将通过防止或破坏该小组发起的活动来确保公共安全。那么问题是,这些目标是否足够好。尽管可以合理地质疑所选择的手段是否是最有可能成功的手段(尽管这与克莱尼格的第三个问题有关),但以更有针对性的方式来应对暴力或破坏性行动以及维护当地公共安全似乎都是吸引人的目标。因此,根据对目标的两种解释,第一个问题的答案可以是,是的,这个案件的目标

---

① 与克莱尼格不同,贝拉比(2012)明确借鉴了正义战争理论中的标准,并将这些标准合并为正义情报的六个一般标准:(1) 正当理由;(2) 权威;(3) 意图;(4) 相称性;(5) 终极手段;(6) 歧视。从某种意义上说,这两种标准都让人联想到克莱尼格提出的问题,即这两种标准都需要某种手段——目标论证,在这种情况下,应权衡特定手段导致的成本或入侵程度与使用这些手段的预期收益/目的。不过,以下我将重点介绍克莱尼格的标准。

很好,并且足够好。但是,对目标的比较模糊和主观的解释也表明,第一个问题的答案可能会根据个人的偏好和对特定情况的假设而有所不同。

克莱尼格的第二个问题是鼓励警官考虑手段是否与目标相称。这个问题确实也很难以明确的方式回答,因为要确定(如要比较则难度更甚)这种行动的预期收益以及预期的危害、错误或入侵程度,这是极富挑战性的。但是,从直觉上讲,人们会估计对行动所针对的两名妇女的生活有特别高的侵犯。涉及诱惑的情报方法入侵程度很高,因为(在国家的纵容和同意下)它侵入了另一个不直接参与者的私密生活。贝拉比在他的《情报道德》中列出了各种情报收集方法,他称之为"升级阶梯",其中包括六个级别的入侵。在此阶梯上,他将"诱惑"置于第五级,表明它在危害和入侵级别上处于高端(在这里,闭路电视监控系统的主动使用被认为是最低级别,而"伪旗行动"的卧底行动是置于最高级别(Bellaby,2014:171))。除了这种高级别的入侵之外,情报官员还可能冒着关系和个人痛苦的风险。因此,对克莱尼格第二个问题的答案是,本案的手段与目的不相称,因为似乎可以通过使用其他侵入性较小的手段来获得有关动物权利团体的意图和能力的信息,也因为尽管该行动可能会发现该团体行为很严重(例如纵火袭击毛皮公司),但却不是生死攸关或国家安全的事件。

关于是否可以以较小的侵入性方式保证目标的下一个问题似乎也是同样的情况。即使我们不知道在所讨论案件中是否考虑过或尝试过其他方法,但显然可以以侵入性较小的方式来实现目标,例如,通过与该组织成员密切联系的其他人交谈,而不是与女性进行浪漫的约会。在解决接下来的三个问题时,可能会感到同样的怀疑。首先,关于手段是否能确保目标的实现,鲍勃似乎可以通过"罗密欧行动"成功获得一些有用的信息,但似乎鲍勃利用自己与激进组织女性成员的关系来获得自己作为组织成员的信任。这种情况不可避免地也将涉及对卧底的讨论,以及鲍勃是否通过从事卧底活动在事实上煽动暴力或有问题的行动。其次,关于使用"罗密欧行动"是否存在本质上的错误,通过错误地表现出对建立恋爱关系的兴趣来欺骗和诱骗他人(并且其中一段恋爱关系甚至导致他成为一个孩子的父亲),即使不是本质上的错误,也肯定是情报活动"升级阶梯"的高端(Bellaby,2014:171)。"罗密欧行动"存在一系列问题:除明显依赖欺骗外,该方法还可能影响例如受影响妇女未来对建立友好和浪漫关系的信心,这当然应被视为有害后果。

自然地,通过提出如此广泛的道德问题,很难明确地解决情报难题,尽管在这个具体案件中,如果遵循六个指导标准,该方法会被驳回。克莱尼格的问题是有缺陷的,因为它们非常模糊和主观,但它们可能是不错的方法,提出一些在例如战争或医学此类情况下通常不被认为相关的问题,其中想要获得道德困境的明确答案非常难。从这个意义上讲,看待此类问题的最佳方法将是将其作为训练情报专业人员直觉和判断力的手段,从而鼓励人们对侵入式情报方法的应用持批判态度。这是一个不错的目标,但可以首先考虑这六个问题实际上是否是应该提出的问题,还是应该加入其他类型的问题。

道德准则的未来

克莱尼格不赞同毫无保留地使用以情报为主导的警务。相反,如上所述,他批判性地研究了通过情报方法获取信息如何可能"破坏安全以外的其他重要社会价值"(Kleinig,2009:201)。

但是,对于认可克莱尼格的六个道德问题的普遍担忧是,这是否代表人们认可了"手段—目标"的修辞,允许,或者在几乎任何情况下至少可以使用某种形式的情报方法——只要这种方法是适当的,并以最少侵犯性的方式达到目的。为了避免这种情况,有必要提出一些初步的指导性问题,以开辟不必为了保护自己的生命而采取秘密情报手段的可能性。可以公平地建议,按照贝拉比的升级阶梯,例如在警察希望发起"罗密欧行动"的情况下不满足相称原则,那么如果采用升级阶梯低级的方法可以满足这一原则,是否可以从中选择?我想表达的是,对情报为主导的警务的普遍认可已导致情报方法在以前不属于合法情报业务范围的情况下"标准化",例如盗窃、抢劫、帮派冲突等(Larsson,2014;另见本书第五章)。而无论是在克莱尼格的指导性问题中,还是在贝拉比提供的升级阶梯中,是否会导致人们加深在所有类型的警务中情报方法构成"必要的恶"的认识?克莱尼格有关是否可以以较小侵入性的方式确保目标的问题在某种限度上回应了这种担忧。但是,"较小侵入性"一词似乎认可了一定程度的入侵/侵入是不可避免的。但这是必然的吗？或者说可以通过非侵入性手段（例如通过使用社会工作或老式巡逻）来确保某些目的吗？那么，提出以下初始问题能成为解决方案吗？

1. 目标是否属于情报/情报业务的范围？
2. 可以通过非侵入性的方式达到目标吗？
3. 可以使用秘密手段以外的方法来达到目标吗？

这些是初始问题，不论答案是或否，在道德上不一定允许采取特定的行动；只能在事后判定。但是，由于情报来源的敏感性等原因，采用情报方法通常意味着以公众不知道的方式实现目标。情报主导警务的扩大因此也导致保密范围以及保密级别的扩大，只有极低的可能性接受公众审查、讨论，并吸收除政审合格专家之外的专业知识。但是，在对情报方法部署资源之前，上述三个初始问题可能是对更民主、非秘密和非侵入性方法的支持。

结论

在本章中，我提出了对情报界普遍反对道德考虑的反对意见。我认为，将道德规范引入这一领域至少可以做出三点贡献：（1）以更细微和关键的方式发展情报专业人员的职业道德和自我形象；（2）有助于通过道德行为守则或指导原则发展情报专业人员的直觉和判断力；（3）有助于讨论和澄清在哪些情况下以及在什么目的下允许使用哪些方法，以避免或最大程度地减少不当行为、侵扰和伤害，例如在收集情报时。本章批判性地运用了一套情报情境下已经使用的道德守则，使用一套学术性的道德守则指导道德情报收集。尽管这两套指导原则都对推动情报收集中更高的道德标准做出了宝贵的贡献，但我认为，每一套指导原则都缺少某些关键方面。对美国行为守则的主要批评是，指导原则没有鼓励对受情报方法使用影响的个人负责的考量。克莱尼格的六个指导性问题似乎可以解决这种担忧，但我认为他的标准过于宽泛和主观，应以三个初始问题为补充，以在采用情报方法之前，增加其他类型非秘密、非侵入性行动的可能性。将这些初始问题纳入其中将有望抵消当前将情报方法视为"正常"且具有成本效益的趋势，从而有助于确保情报和安全服务的合法性。

参考文献

Agrell, W. (2009) 'Intelligence analysis after the Cold War: A new paradigm or old anomalies?', in Agrell, W. and Treverton, G. F. (eds) National Intelligence Systems: Current Research and Future Prospects, Cambridge: Cambridge University Press, pp. 93–114.

Arendt, H. (2008) Eichmann in Jerusalem: En rapport om ondskabens banalitet, København: Gyldendal.

Bellaby, R. (2012) 'What's the harm? The ethics of intelligence collection', Intelligence and National Security, 27: 93–117.

Bellaby, R. (2014) The Ethics of Intelligence: A New Framework, Oxford and New York: Routledge.

Born, H. and Wills, A. (2010) 'Beyond the oxymoron: Exploring ethics through the intelligence cycle', in J. Goldman(ed.) Ethics of Spying: A Reader for the Intelligence Professional, Vol. 2, Lanham, MD: Scarecrow Press.

Canadian Medical Association(2004) 'Code of ethics of the Canadian Medical Association'.

Delmas, C. (2015) 'The ethics of government whistleblowing', Social Theory and Practice, 41(1): 77–105.

Diderichsen, A. and Rønn, K. V. (2016) 'Intelligence by consent: On the inadequacy of just war theory as a framework for intelligence ethics', Intelligence and National Security, 32(4): 479–493.

Erskine, T. (2004) '"As rays of light to the human soul"? Moral agents and intelligence gathering', Intelligence and National Security, 19(2): 359–381.

Gill, P. and Phythian, M. (2012) Intelligence in an Insecure World, Cambridge: Polity Press.

Godfrey, E. D., Jr. (1978) 'Ethics and Intelligence', Foreign Affairs, 56(4): 624–642.

Greve, E. B. (2014) Politiets Efterretningstjeneste: En retlig belysning af tjenestens virksomhed og det samlede kontrolsystem, København: Jurist og Økonomiforbundets Forlag.

Herman, M. (1996) Intelligence Power in Peace and War, Cambridge: Cambridge University Press.

Juhlin, J. A. (2016) 'Project Avatar: Intelligence exploration of social media and open sources', Research paper, Royal Danish Defence Academy.

Kleinig, J. (1996) The Ethics of Policing, Cambridge: Cambridge University Press.

Kleinig, J. (2009) 'The ethical perils of knowledge acquisition', Criminal Justice Ethics, 28(2): 201–222.

Larsson, P. (2014) 'Normaliseringen av det unormale: Utvidelsen i bruk av utradisjonelle politimetoder', Nordisk Politiforskning, 1(1): 41–57.

Lever, A. (2016) 'Democracy, privacy and security', in Adam. D. Moore(ed.) Privacy, Security and Accountability: Ethics, Law and Policy, London: Rowman & Littlefield.

Lomell, H. M. (2012) 'Punishing the uncommitted crime: Prevention, pre-emption, precaution and the transformation of criminal law', in B. Hudson, and S. Ugelvik(eds) Justice and Security in the 21st Century: Risks, Rights and the Rule of Law, Oxford: Routledge.

MacAskill, E. (2016) '"Extreme surveillance" becomes UK law with barely a whimper', The Guardian, 19 November.

Macnish, K. (2014) 'Just surveillance? Towards a normative theory of surveillance', Surveillance & Society, 12(1): 142-153.

Marx, G. T. (1998) 'Ethics for the new surveillance', The Information Society, 14(3): 171-185.

Mitchell, M. and Mitchell, T. (2008) The Spy Who Tried to Stop a War: Katharine Gun and the Secret Plot to Sanction the Iraq Invasion, Sausalito: Polipoint Press.

Omand, SirD. and Phythian, M. (2013) 'Ethics and intelligence: A debate', International Journal of Intelligence and Counterintelligence, 26(1): 38-63.

Phythian, M. (2012) 'Policing uncertainty: Intelligence, security and risk', Intelligence and National Security, 27(2): 187-205.

Ratcliffe, J. (2008) Intelligence-led Policing, Cullompton: Willian Publishing.

Richards, J. (2012) 'Intelligence dilemma? Contemporary counter-terrorism in a liberal democracy', Intelligence and National Security, 27(5): 761-780.

Rønn, K. V. (2016) 'What is intelligence ethics? A critical review and future perspectives', International Journal of Intelligence and CounterIntelligence, 29(4): 760-784.

Scott, L. and Jackson, P. (2010) 'The study of intelligence in theory and practice', Intelligence and National Security, 19(2): 139-116.

Wheaton, K. J. (2014) 'Intelligence and ethics: Now you can check the codes!', Sources and Methods.

第三部分
创新和新技术

第七章 犯罪预测的共建：数字数据、软件和人之间的动态关系

玛丽·考夫曼

引言：预测性警务的新能动性与理性

如果以情报为主导的警务可以概括为由数据分析驱动的决策过程，旨在优先确定特定犯罪、热点地区和罪犯群体，那么预测性警务无疑是其主要方面。尽管预测性警务以及从事后事实转向基于规则的刑法并不是新颖的发展（Hildebrandt, 2016b; Zedner, 2004），但是大数据和自学算法的出现改变了用纸笔计划和侧写的做法（Chamard, 2006），转变为制作埃斯波西托所说的"数字预言"（Esposito, 2013）。像《少数派报告》这样的电影浮现在脑海，其中一名特工在预测的基础上逮捕了特定的罪犯。这样的电影可能已经在预测性警务讨论中产生了影响（请参阅 Zedner, 2004），但它们描绘的画面过于好莱坞式，致使我们忽视了该领域正在发生的实际变化。在该领域中，持积极态度的人（例如 Rudin, 2013）和持怀疑态度的人（例如 Crawford, 2016）在以大数据或人工智能指导的警务实践中经常发生冲突。强大的计算机化和自动化图像塑造了关于决策过程的讨论，这个过程越来越多地受到机器数据分析的指导，而人类的作用仅成为其中的一个"因素"（请参阅第三章和第八章）。

本章不赞成在"数字时代"对警务实践采取任何单一化的理解。人、数字数据和软件都是犯罪预测和共建中的参与者，并且这种合作是高度关联的（参见 Kaufmann and Jeandesboz,2016)。本章重点关注以下问题:在生成犯罪预测时,人、数字数据和数据处理工具如何相互协作、相互排斥和相互影响?它们遵循并注入人类行为警务的理性(或者如果我们想换一种说法:情报的形式)是哪些?人、数字数据和数据处理工具协同工作的方式以及它们所遵循的理性可能不像我们想象得那么简单。本章将对它们进行研讨,以确保它们不会变得晦涩难懂,不至于仅仅因为我们看不到、追踪不到或者理解不了就无法对其质疑。本章未明确讨论与预测相关的暂时性问题(请参阅 Aradau and Blanke,2016),也未解决此类软件对法律或基本原则提出的挑战(Hildebrandt and de Vries,2013),但它探讨了数字式预测警务的特殊性以及数据、流程和人共同创造新警务理性的方式。

这项探索涉及三个重要方面:第一,软件生产者和用户如何对数字数据进行概念化;第二,如何选择和准备数据;第三,如何处理数据以及生成这种输出。这三个方面将构成本章的核心。正如研究问题所揭示的那样,本章将从对数字数据和分析过程的理论理解开始,因为它们具有机制,并与人类相互影响。这种理论观点也体现在本章的实证研究中,该实证研究基于对挪威、美国和德国专家的 11 次深度访谈,他们研究并使用了预测性警务软件。[①] 第一类受访者为挪威警方工作,并且是挪威警察安全局的合作者,他们可以归类为警务软件的用户端。第二类是软件开发人员和提供者,他们是软件公司的所有者和雇员。第三类由从理论和应用角度研究 IT、法律、犯罪学、地理和刑事司法等学科的警务软件专家组成,他们在软件提供者和用户之间扮演着调解者的角色。之所以选择这三类受访者,是因为他们帮助我们了解,其在进行预测性警务时是如何使用数字数据和分析过程的。受访者是通过有针对性的询问以及滚雪球样本招募的,因为尽管预测性警务软件的领域可能会扩大,但它仍然相对较小,并且很难与更知名的软件生产商接触。总而言之,这些访谈包括对七个不同软件模型的见解,从国际公认的先驱软件到较小较新的服务商,从一般预测性警务软件到特定领域(如白领犯罪)中使用的程序,都囊括其中。

本章着眼于"调查技术设备或基础设施成就、忽略、带来、排除或阻碍了什么,并考察其如何影响政治制衡"(Hildebrandt,2016b:412)。因此,本章遵循这样的

[①] 访谈是更广泛的研究项目"偏差与数据"的一部分,该项目侧重于数字实践与犯罪概念之间的关系。

观点,即事物(如数据和软件)也具有行动力(Latour,2005)。这种社会理论不同于认为只有人才有行为能力的方法。它接受这样的观念,即物体或非人类的事物确实"在某些其他主体的行动过程中产生了影响"(同上:71)。这意味着,尽管事物不一定引发动作,但它们并不是仅仅存在而已——它们"授权、允许、承担、鼓励、许可、暗示、影响、阻止、成就、禁止等等"(同上:72)。但是,本章并没有将重点仅放在数字数据和软件在犯罪模式创建中的作用,而是探讨了共同建构这一涉及两种行为者的过程:人类行为者(例如程序员、终端用户和专家),以及非人类——在这种情况下也就是数字数据和数字分析,它们是预测性警务的两项关键技术。为此,本章遵循本内特(Bennett,2005)和巴拉德(Barad,2007)所强调的,人类和非人类在相互关系中的能动性(Mutlu,2013:174)。本内特的"综合能动性"(composite agency)(Bennett,2005)的概念在此上下文中指的是不同的"人类/特定机制的非人类元素中的行动能力"(Aradau et. al,2015:74)。将人和非人动因放在一起审视也是巴拉德的"内动"(intraaction)概念的一个特征,该概念描述了行动体的"相互构成"(Barad,2007:227),而不是将行动体概念化为某人或某物已经具有的东西。

这种理论理解引导我们研究人类和非人类行动体如何出现在数据概念化、选择和处理的日常事例中,以便进行预测性警务——受访者被要求用技术例子来描述和说明这些事情。受访者的选择表明,"技术和社会通过复杂的交互(重新)创造彼此"(Sætnan et al.,2011:6),因为它强调技术(如警务软件)和其工程师(参见 Latour,1987)、消费者(参见 Cowan,1987)共同产出的过程。软件开发者和警方在本情况中代表工程师和消费者,而具有特定专业背景的专家则在两者之间扮演评论员和顾问的角色。

数字数据、软件和人:预测的共同构建中的合作与竞争

根据陈和摩西(Chan and Moses,2016)的研究,新技术对警务及其实施方式带来了各式各样的影响。陈在 2003 年进行的一项研究中表明,技术创新似乎在警务中创造连续性而非带来改变,而且警察似乎仍然"倾向逐案调查而不是犯罪分析,证据收集而不是情报分析"(Chan,2003:668;另请参见第八章)。但是,在我

对数字数据和分析软件对当今警务的影响进行研究时,出现了另一种说法:11 名受访者中有 10 名认为数据和软件将使警务更加有效。因此,与陈认为(同上)的警务连续性形成对照,数字数据和分析过程的可用性有望改变警务,而且正如我们将在本章中看到的那样,将强化对犯罪的具体态度。这两个预期的发展突显了希尔德布兰特呼吁探索的数字信息和技术在何时何地提示(而不是告知)警务流程和犯罪意图的重要性(Hildebrandt,2016a)。研究此问题的第一步是要注意到以下事实:上述效率和有效性的目标通常意味着简化了的人机对立概念:

> 采访者:人们会不会在创建预测中处于闭环之外?
> 受访者 K[①]:嗯,需要有人按一下"开"按钮。

尽管这种对立在某些情况下可能是正确的,但本节将研究人与计算机在此过程中相互提示的地方,以便使警务中效果和效率的新理性得以发展。结合预测警务的三个连续步骤,探讨了数字数据、处理工具和人之间的协作和竞争:数据的概念化、数据的选择和准备以及数据处理和产生的输出。

数字数据的概念化

在实际使用预测软件之前,犯罪预测的协同构建就已经开始了。它从数字数据的特征以及用户如何理解这些特征开始。当被问及如何定义数字数据时,受访者首先会指出,数字数据是二进制的,可以用离散的单位进行计数,可以量化,也可以计算。与这些特征相关的是对"数字数据是物体"(E)的理解。这不仅表明数据是实际的存在,例如可以在警务工作中用作证据(E)。许多受访者还认为电子数据是客观的:它的可计算性与过去所说的"都在警察头脑里,你知道吧,他的直觉"相反(C)。由于数字数据是可量化和可计算的,使得复杂但却省时的数据分析成为可能。它可以使用非常新的数据,更重要的是,在分析中包含大量的数据。"数字方法可以收集专业知识并扩大规模"(G),这使得犯罪模式的识别比类似的方法"更容易"(A),那些方法的设施仅限于笔和纸,通过人脑计算。即使用户不把数字数据的样本容量理解为 N = all,也就是说,认为它代表了全世界(Sætnan,

---

① 此后,将仅通过字母代码来区分受访者。

第七章 犯罪预测的共建：数字数据、软件和人之间的动态关系

2016)，但它至少被认为是非常全面的，远超人类的掌握能力。另一些人则把样本容量 N 理解为可以得到的任何信息。数字数据是"方便的"(K)，即使它只代表了所有可用的信息，它至少随时可用于计算(K)。然而，也有认为数据只是一种选择强调了人类在选择中扮演的角色：构建与"生成"数字数据。虽然并不是所有的受访者都明确思考过人对数字数据的影响，但在随后的所有谈话中，这都是一个隐性的话题。

例如，几位受访者说，数字数据可用于分类，这是人类对数字数据的影响显而易见的地方："我已经看到了分类的难题……是这种还是那种？在某个层面上，你必须对这种类型的信息进行梳理，在某个时刻，你会面对这个挑战：谁来决定这是黑色还是白色？"(H)数字数据可以通过多种不同方式进行分类，与此相关的事实是，它也可以被"怀疑"(A)、"玩弄"(C)或"处理"(B,G)。讨论中的这一反复出现的主题指出了数字信息的关键特征：数字数据可以通过许多不同的方式相互关联，这意味着可以在数字数据通过处理达到其实际目的的同时（软件开发人员和警察对数字数据施加影响），重新利用数字数据（数字数据的特定特征可以实现的活动）。只有在重新利用数据的这种协作行为中，它才能获得其意义。数据处理是否"明智"取决于使用它的人(B)。出于各种目的、理性和处理逻辑对数字数据的基本使用挑战了以前将数据视为客观的观点。如果想更好地理解数字数据的概念，那么从这一观察中得出的一个问题是，可计算性本身固有哪种理性？

尽管回答这个问题可能会成为一项重要的哲学课题，但访谈中提出的一个有深刻见解的观点是，要实现可计算和数字化，首先要创建信息并将其转换为数字。正是在这个过程中，人类与数字数据的协作再次变得明显。例如，在创建数据中，警察起着重要作用，因为他们填写纸质表格并决定哪些是相关并因此被数字化的信息(A)。一些受访者直截了当地说："如果你对数据的信任度过高，则可能会遇到问题。正如我在一开始所说的那样，数据集中总会出现错误(C)。"当信息从纸质形式转换为数字数据时，也会发生错误(A)。在这一点上，需要有人定义转译规则，并选择代表实际符号或信息的数字(D,请参阅 B)，这是传统上由数学家和计算机工程师而非犯罪学家或警察完成的工作(J)。甚至量化和警务软件的坚决拥护者都会同意，在将模拟信息转换为数字数据或将符号转换为数字时，"你可能会

143

失去一些精确度,因为你准备投入的资源是有限的(I)。"这意味着,在数字化过程中,可能会也可能不会花费精力进行细节转译。社会信息的丰富性和复杂性是预测性警务的关键,它构成了特别具有挑战性的转译任务。因此,在访谈过程中,将数字数据作为客观单元的概念与认为数据首先需要制造的观点相结合。

希尔德布兰特认为,收集、选择和数字化信息只是制造数字数据的协同行为中的一步。即使信息可以被压缩、转译或数字化,也需要有人对其进行解压、解释和读取。这种读取取决于读者的"文化、制度和语言"习惯(Hildebrandt,2016a:26)。因此,挑战不仅出现在从模拟到数字数据的转译中,而且还出现在数字成为模拟信息的逆过程中。当最初的转译是由数据生产者和软件工程师进行的,而理解是由警察完成并受他们的阅读习惯影响时,这种转译过程尤其成问题。另一个挑战是,某些信息根本无法捕获或转译。一家软件提供商提到的一个例子是这样的,即如果某种行为不能被模式定义或不大规模存在,那么就无法用大数据集采集(J)。例如,某种入室盗窃、抢劫或暴力行为没有遵循某种规则或重复形式,那么就不能通过大数据分析发现。同样,预测软件在犯罪率太低的地方也无法运行,因为数据太少,无法检测到有意义的模式。在太大的地理范围内也不起作用,因为犯罪数据集及其显示的模式在城市或其他警察行动区域之间存在差异(F,G,I,J)。其他人则提到了实际的转化挑战,这些挑战也不适合数学方法,例如站在地图上的两点之间,非正式对话(A)或犯罪分子的复杂程度(C)。解决此类挑战的一种方法是提供故事叙述空间的软件功能:

> D:你在传递大量数据,但是故事在哪里?因此,他们不得不填写一个简短的故事。……你为什么认为这是可疑的?你必须用语言表达。因为我们无法从您提供的数据中真正看出这一点。

虽然此功能可以在数字数据中结合不同形式的推理,但却创建了一个新的窗口以供人类对数字数据施加影响:定义动态指标,以便对这些故事进行计算分析。这突出了这样一个事实,即数字数据概念始终是其可供性与人类使用的结合,这使我们进入了犯罪预测协同构建的下一步:选择和准备送入软件的数据。

数据的选择和准备

各种各样的数据被输入软件中，不同理论研究何种信息最能揭示犯罪模式，数据选择过程便由这些理论所决定。这意味着任何数据选择过程都与对犯罪的特定理解有关。一些工具可用于高度结构化和有限的犯罪数据集，例如，发生犯罪的类型、时间及地点。例如，特定时间发生在停车场或富裕社区的盗窃案，常被用以说明这种做法。其他方法通过将以下警察信息关联到选定的普查数据来扩展其使用的数据量：

> A：如果你从理论的角度看待社区犯罪模式的驱动因素，则人口普查数据会有所帮助。社会经济地位、居住稳定性、语言隔离以及人种和民族等都可以通过人口普查获得。尽管这些因素不一定直接导致犯罪，但它们会为您提供有关可能助长或促进犯罪事件发生的一些地方的特征信息。

这些方法意味着对犯罪的理解是由某些社会因素驱动的。一家软件提供商强调了检查输入该软件的任何数据是否实际上与某种潜在因果关系相关（即对犯罪现象的有意义解释）的重要性（J）。这与其他提供商不同，后者利用任何公开可用的数据（事件日历、天气报告、学校时间表、公共交通地图）并将它们关联到警察数据（G，I）。他们的主要目的是通过相关性识别（新颖）犯罪模式，但是在这种方法中，真正导致犯罪的因素是次要的。

所有方法的共同点是对模式的重视。对许多受访者而言，犯罪模式并不被理解为一种异常，而是一种遵循特定模式的常态，在这一意义上讲它是规律的。有些人甚至声称犯罪本身是正常的，每个人都在犯罪（F，J）。根据该理论，脆弱性是分析犯罪发生地点和时间的关键。这并不意味着预测重点一定要放在受害者和受害者研究学上；相反，它是在可计算且规则的条件下出现现象的条件。人们对最新数据的兴趣日益浓厚（数字格式似乎在传递这些），为这一方向提供了支持。犯罪发生率与地域相关，并可能再次发生，基于这种理解，使用最新数据不是用来识别与规范不同的事物，而是用来识别近似重复的模式。一些受访者坚持认为，他们不遵循偏差概念，因为任何人都可以犯罪："基本上，我们正在做的是预测人类的行为。到底是什么类型的行为并不重要。"（F，参见J）其他受访者仍将预测的

145

行为称为"偏差"或"犯罪"(A),即使这仅仅是因为官方将此类现象定义为偏差。然而,利用偏差概念的预测方法会受到启发,将偏差作为一种特定常态理解,这是一种揭示"统计规律性"的例行程序(F)。这是一种偏离的形式,它基于相关性和模式,在存在一定程度可能性的情况下,有人会抓住犯罪的机会。否则,软件将无法检测到此类现象。尽管大多数软件着重于时空模式和规则,但某些软件模型也使用模式分析来识别其他特征。

例如,一个软件可以将特定犯罪事件的数据关联到其他广泛的警察和情报数据库,其中一些是国际数据库。此处的区别在于,在这种方法中,犯罪被理解为是网络化的,其主要目的不是识别一般犯罪群,而是识别网络的中心。此类方法通常与个人数据结合在一起以识别个人,而只有很少几种类型的预测软件才能做到。另一个趋势是将模式分析与长期个人数据相结合,以生成有关个人的预测。在这种情况下,模式的概念与个人犯罪者相关联,并将模式的概念提高到一个新的水平:首先从个人到大众层面,以分析其社会阶层(这一趋势最初是由福柯确定的,1975),然后将基于大众的理论运用于个人(Aradau and Blanke,2016)。这种方法的例子包括假释预测和儿童侵害犯罪倾向预测领域的探索(I,K)。再次,这暗示着对犯罪有特定的、有规律的理解:被认为有助于识别个人犯罪行为的是其他处于类似情况的人以前的行为方式——不一定是犯罪分子的个人背景。这种趋势并非犯罪预测所独有。实际上,它与数字数据和算法日益增长的影响紧密相关,这将在数据处理部分中进行讨论。

虽然预测性警务软件由于其数字、计算和技术特性而通常被认为是中立或客观的,但数据选择的过程显示出对犯罪的不同理解如何影响预测(另请参见第十三章)。人、数据和软件之间协作的第二个例证是,用于预测的所有数据都是历史已报告的数据。这意味着特定的时间维度:今天的数据用于预测明天。这也意味着所有这些数据都是由某人(即警察、互联网用户、行政人员、私人)或某物(即传感技术)生成的。这些数据是由某人生成的事实也暗示了犯罪模式的计算和预测的某些后果。所有受访者都提到他们知道、使用或设计的软件都包含被上报的数据。这意味着报案的人也会对预测生成过程中所定义的犯罪种类、犯罪者的身份和地区产生影响。一些受访者坚持认为,根据报告的数据做出的预测可以用作质量控制:"在派出所接电话或填写表格是一种质量控制。除非他们确实是那个意思,否则你不会[在报案上]浪费时间。"(C,作者添加的方括号)从这个角度来看,使用报案的数据还可以满足公众的需求:"除非公众报告,否则警方永远不会知道盗窃案。因此,您可以说这些是公众希望警察作为的罪行。"(F)

但是,犯罪不仅是由公众报案的,还有由警察报告的,并且警察用来报告犯罪的形式会立即以某种方式对数据进行建构,从而对根据该数据做出的预测产生影响。这是通过表格要求的各种信息以及对细节的关注程度来实现的。或者,如果报告的数据不是由表单本身决定的,而是由警务人员决定的:"警员个人对犯罪的类型有自己的理解。"(A)因此,对于警队长官来说,一个关键问题是"我们如何让巡街警察收集我们做出正确决定所需的信息?"(D)来自同一城市的两名受访者提到了另一个问题,即仅20%的警务人员提供了上报数据,这又构成了整个上报的数据:"另外80%呢?他们为什么不登记信息?"(D,请参阅 H)

所有这些因素决定了可用于犯罪模式预测的数据类型,这意味着这些选择过程必定会共同决定预测结果。虽然大多数受访者都知道这一点,但一些软件开发人员坚持认为,所报告的信息仍然有意义,只要它有助于准确的预测即可(C,I)。其他人则指出,基于偏颇数据的预测只是"准确的",因为它们是"自动相关的"(A)。例如,如果仅在某些街区收集数据,则该软件将建议在这些街区进行更多巡逻,这必然会导致在该街区发现更多犯罪(例如,开展更多打击犯罪的行动),并再次将其反馈到软件中。如果将来的警务工作基于这种偏颇的学习过程,那么它将产生"自我放大"的犯罪模式(B)。一些开发人员用下边的论点来反驳这种批评,即仅由人类产生的预测也会产生偏差,并且数据的不完善性可以通过比人类更好的软件来弥补(I,K)。或者,开发人员拒绝承担责任,说应对这一挑战不在他们的职权范围内(I)。

其他人则主张手动或通过算法"清除"传入的信息(A,C,F,J)。但是,有效地组织、清理或管理数据具有挑战性,尤其是考虑到此类系统所使用的信息量。警察不仅面临使用任何报案信息的压力,而且信息量甚至无法使他们深入了解当前的情况:"问题是我们不知道我们知道什么。"(D)理想情况下,在开始收集数据之前,先定义需要什么数据(D)。清理数据集的其他方法可能包括从给定的数据集

147

中识别相关犯罪指标，然后删除有争议的参数，例如肤色或民族(A,F)。但是，此过程将再次涉及以下问题：定义哪些参数实际上是有争议的；确定是什么使热点成为"热点"，甚至确定模式何时是模式(H)。

这表明，上面讨论的数字数据的概念化在此阶段也起着重要作用：任何使用、清理或尝试完成数据集的操作都意味着将特定值分配给数据集的过程。这些行为使人的偏见不可避免。核心问题不是通过清理程序如何最好地避免产生偏颇，而是偏颇是否有成效并且如何起效。更重要的是，该偏颇如何避开了审查（例如在过于复杂的数据集、算法和其他处理程序中）。偏颇只有在无法发现、测试和争论的情况下才是问题(Hildebrandt,2016b)。

该讨论强调的第二点是数据集永远不会完整。这也意味着数据样本 N 永远不能是所有数据点(N=all)。N=all 谬误通常会导致不断扩展数据的冲动："数据集中的内容是否完整，它们是否给了我们一切？"(C)显然，如果没有一定数量的数据，甚至无法运行相关计算(G)。但是主要的误解是，对于某些软件提供商而言，数据可能"永远不够大"(Chan and Moses,2016:2)。但是，数据集的性质是它们将永远是不完整的，并且它们固有地基于偏差。为各种预测分析重新利用和选择数据的永无止境的范围也扩大了可以从数据中推断出的预期的可能数量。根据希尔德布兰特的说法，这产生了一种奇怪的效果，即通过预测软件来处理不确定性的尝试实际上增加了可能的预期数量，从而增加了不确定性(Hildebrandt,2016b)。

数据的处理和输出

当人类、数据和软件之间的协作和竞争变得显著，尤其是考虑到人类和软件在此阶段似乎遵循的不同理性，数据处理就成了一个关键的时刻。最近出现了许多围绕算法和机器学习的本质以及它们对预测性策略的影响的分析性陈述。在对学习算法的评论中，埃斯波西托指出了算法用于识别相关性的"随机生成器"(Esposito,2013:131)。她说，由于"大量信息"(同上)和计算机的处理能力，计算机的推理"完全无法被人的大脑理解"(Esposito,2013:132)，这创造了一种新型的网络智能。陈和摩西(Chan and Moses,2016:9)以及希尔德布兰特(Hildebrandt,

2016a)提出了类似论点,认为处理后的信息体量人类并不能掌握。引导算法的知识模糊性导致的争论也可以在访谈材料(E,H)中找到。确定的另一个问题是假定的算法自治性,这扩大了人与计算机知识(H)之间的鸿沟。除了算法在处理数据方式时出现的随机性、难以理解性和自治性会影响和妨碍这一过程外,关键的批评是算法处理不是寻找因果关系,而是寻找相关性(Sætnan,2016;Hildebrandt,2016a)。一些受访者也发现了这个问题:

K:[算法]不能帮助你理解或解释任何内容。

F:需要明确的是,我们只专注于预测何时何地最有可能发生犯罪。我们无法预测原因、方式和对象。

采访者:所以你要说的是,因果知识对于警官了解及使用输出结果非常重要。

H:是的。但是我们还没有达到使用它[因果知识]的水平。

(作者添加的方括号)

算法中缺乏因果推理,而认为相关情报似乎对算法而言必不可少的观点与各种解释联系在一起,这些解释相互融合:首先,算法过程本身被简化为可计算的结果和决策(K)。算法无法为不可计算的现象审查信息。其次,算法的重点是要进行比人脑分析的数据量大得多的数据(F)。因此,量化是算法预测的核心。第三,量化过程是通过使用回归(A)或范奥特洛所谓的如果那么(if-then)规则(van Otterlo,2013:47ff.)组合的变量来形式化的。考虑到数据的复杂性和待解决的问题(预防犯罪),预测本身至关重要:它必须有效。据一些受访者说,只要有效果,就不需要解释:"它只关注结果。哪个变量做出预测并不重要。这是一个附带问题。你只想知道这些预测结果。"(K)第四,该相关性路径的明确目的是调查因果推理尚未描述的新关系。在某些软件模型中,这种新的有效关系是通过所有可用信息与所有可用属性(G)的关联来识别的。

尽管上述所有算法功能和处理逻辑确实对预测结果、警务工作方式甚至犯罪概念产生了强大影响,但有关算法理性的争论仍需进一步细化。就它们独立存在而言,算法既不是随机的,也不是完全不可理解或自主的。即使将其简化为纯粹的相关性推理风格也可能受到质疑。为什么?因为算法机制也是与人合作的产物。这种协作发生在不同的层面。

　　首先,该算法固有地依赖于数据,而数据如上所述是由人类创建和选择的。因此,数据集的创建已经是人类对算法的影响。该算法始终在警察提供的数据集上进行练习,例如,在直到昨天(包括当日)之前在镇特定区域的抢劫案中进行练习,该数据集用于识别最有可能发生抢劫案的地点:"你拥有训练数据。背景信息是,你知道是否曾有人遇到麻烦,然后计算机选择模式并学习。"(I)一旦算法确定了规律性或模式,例如最有可能发生抢劫的城镇位置,便会在同一城镇中抢劫的类似结构的新数据集上测试这些模式。该数据集也由人类提供,程序员知道正确的命中点(发生实际抢劫的地方),而算法不知道。"到那时,如果你的算法运行良好,就可以进行下一步,并将其提供给刑事司法决策者。"(I)因此,软件中将什么显示为命中模式是由警察对报案(例如抢劫案)的认定间接决定的,从而也构成了训练和测试的数据集。在提供训练和测试数据集的过程中,人类确实会对算法应该发现的犯罪种类以及决定哪些信息与预测犯罪有关产生初始影响。没有警察创建和提供的数据,就无法训练算法(C,K),并且归入数据集的每条信息都会对算法的输出产生影响(A)。对于某些软件提供商来说,这种在数据集上(因此也间接在算法上)决策的形式甚至是必不可少的,因为它决定了某个软件在特定的警务区域是否有效(F,G,I,J)。

　　人为因素的影响第二次出现在程序员主动选择输入算法的参数时。参数可以包括犯罪者、受害人、网络、地点、事件、发生时间、作案手法等特征,这些特征可告知算法评估什么并应在计算中发现什么。这些参数可以预先定义,也可以由训练算法本身作为模式选择出来,但是受访者 H 清楚地看到,"谁定义了那些……谁致力于算法并进行设置,他们就会成为掌握权力的人。"(H)受访者 B 通过强调以下事实来说明人对算法的影响,选择参数可以遵循特定的理性,而这些参数本身不必是理性的:"你可以将算法编程为非理性的。"(B)尽管相关性逻辑是算法识别模式的数学原理,应该指导算法识别模式的参数选择实际上却内嵌着因果性的解释。例如,根据受访者的说法,将犯罪者的种族参数包含在预测算法中确实会产生差异,因为它可能影响警务方式(A,C,I)。本章研究的软件模型在参数的选择和理论合并方面有很大的不同。一些软件工程师将所有可用数据用于算法训练,并将他们可能想到的任何参数以及任何已识别的模式输入最终版本中(G)。尽管最近的研究表明社会科学家应参与定义算法的团队中并为他们提供因果知识(Williams et al.,2016),但一些软件模型已经在理论上支持算法的领域使用了很多年。它们仅选择使用一部分数据、参数和模式,并使用因果推理证明其选择合理(A,J)。这可能包括使用所谓的犯罪生成器"以已知频率预测犯罪"和"近距离重复模式"的理念,即"犯罪在非常局部的集群中蔓延"(F),来识别地图上最危险的地点。其他开发人员在假释预测软件(E)中包含法律公理,例如无罪推定。然而,其他软件工程师仍允许完全根据犯罪学理论来选择训练数据和参数,因为"有意义的解释总是必须先于数学"(J)。这些与算法不同层面的交互作用表明,关于哪些信息与犯罪预测有关的不同决策大大影响了算法的输出,同样产生影响的还有犯罪本身的不同概念。

即使预测算法的编程包含应该囊括哪些训练和测试数据、参数和模式,佢数据处理的某些方面也会在算法和人类理性之间存在差距。一个例子是,并非所有人都可以理解将定性参数转换为数学变量的事实:"我可以说这个变量或那个变量很重要,这个变量可能需要被特殊对待,但是数学家最终写下了什么,不管它是y平方、A、B、C还是什么其他的,就不是我关心的了。"(J)进一步拉大这一差距的是,人类的大脑不可能跟得上算法,随着时间的推移,将数据与不同参数结合在一起,从而无法准确理解结果是如何产出的(请参阅A):

  F:随着新数据的涌入,算法会不断学习。你总是从历史数据入手,并且每天每时每刻都有新数据涌入算法中,从而不断学习犯罪模式的演变和调整。

  访问者:作为数学家,您是否仍需要处理数据,还是算法或多或少地自行运行?

  F:一旦设置完成后,这是一个完全自动化的过程。

由于算法的构建要优于人类的预测能力(至少只要预测可以用数字表示即可),一些程序员在提供训练数据后就停止对算法的干预,并让计算机决定哪些参数应集成到最终算法中:"既然目标是尽可能准确地进行预测,因此我们让计算机确定要使用哪些因素,以及如何使用它们。"(I)在这里,效率理念指导了算法的最终设置:"算法更能有效识别犯罪易发的地点。"(A)如果算法是完全自动化的,它自由选择将哪些参数合并到其最终设置中,那么人类就不可能追踪它到底如何合并反馈及其获得的结果。这不仅引起人们与算法之间竞争的感觉,而且还引发了关于犯罪和警务决策如何受到算法影响的黑匣子(E):"在某种程度上,如果算法更隐蔽,我们将失去控制力,我们不知道也意识不到……模式是如何呈现的。"(H)这是处理阶段的最后挑战所在。即使软件生产商认为"预测性警务并没有抢走警察的决策权,它只是他们可以用来形成决策的工具"(A),但对于大多数用户而言,处理阶段仍然是晦涩不明的,软件结果通常只是一个警报,提示要去的地方(E)。

但是,软件输出的应用高度依赖于用户如何解读结果。这要求透明地呈现软件输出,如果得以呈现,仅限警务人员确认发出的警报在他们看来是否正确。当前此输出之前的每个步骤仍处于隐藏状态。但是,要认识到警务人员和软件工程师对输入软件中的数据有影响,并认识到数学并不像假设的那样客观,是克服警务中计算机与人之间竞争感的第一步(另请参见第十三章)。这还包括识别、公开和讨论指导算法和警务决策的参数,这再次需要软件开发人员和警察之间的紧密合作。

从热狗到热点:效率和效能的警务理念

研究了预测性警务的三个连续步骤之后,我们确实可以质疑陈的发现,即警务中的技术创新似乎带来连续性(Chan,2003)。相反,数字形式的数据分析与对更有效、高效率的警务期望相关(另见第八章)。效率和效能被理解为不同的维度:预测性警务软件不仅应在生产率的意义上提高时间效率,这意味着在给定的时间范围内进行更有成效的警务工作,而且还应该能让警察在局势升级之前就到达热点地区,这指的是即时的预防效率。尽管很少有受访者考虑到陈和摩西指出的问题,即数据管理时间可预见地增加,但有关时间效率的两种论点通常都与更严格的资源管理和预算限制相关联(Chan and Moses,2016:14)。关于效率的其他论点建立在信息的时效上:由于数据的数字格式,与人类相比,计算机可以在更短的时间内处理和学习更多信息和案例。这种信息时间效率通常与效能联系在一起:由于计算机的决策过程更快更好,它为更准确、"复杂而细致的举措"提供了基础(G)。计算机可以"做出更好的猜测"(K),这与人类"深奥的"决策形式不同(G)。一些受访者甚至以百分比表示这种优势(I)。效能也被描述为集中于核心嫌疑人物和空间的能力:使警察从"一些随机吃热狗的地方"转向"热点"(E)。另一种描述将其视为"滤除无辜者"和"专注于坏人"的能力(C)。因此,效率和效能通过控制与对安全性的理解相关联,在某种意义上,负责安全的"1%的人口"需要"获得高效工具"(C)。然而,通过将分析重点放在效果上,效率和效能倾向于将注意力从因果推理上转移开。即使某些软件工程师根据因果关系选择数据和参数,对模式和相关性的显著关注也会基于常规活动理论以干预、目标强化和情境犯罪预防的形式支持警务工作。这些例程、规则、模式和效果如何产生是次要的。

结论:预测性警务和作为"不同规律性"的犯罪

一名受访者(E)就预测性警务软件的内部运作发表了一份颇具感染力的声明:

> 如果我想要煎蛋,我知道我必须将鸡蛋扔进锅中,然后煎炸,在里面发生化学反应,突然我就有了煎蛋。我不关心化学和物理机制、这些鸡蛋如何变成煎蛋,但是我知道煎蛋是好是坏。因此,我们只需要在开始之前尝试拥有好的数据、可靠的统计数据,然后将其与之后获得的结果进行比较。

这种例证表达了当前关于预测性警务的论述中的一种日益增长的趋势:带来犯罪预测的过程并不重要,重要的是软件输出的效率和效能。尽管乍一看似乎很直观,但本章仍通过跟踪预测性警务软件实际如何产生输出来强调流程的重要性。这不仅导致各种形式的复合机制(Bennett, 2005),而且还导致高度依赖情境的机制。很难做出关于预测性警务软件的一般性或单一性陈述。相反,本章研究了不同种类的预测软件如何产生不同的理性、结果和效率。在如何将数据概念化、将哪种类型的数据导入软件,以及同样重要的每种类型的软件对数据的处理等方面,差异开始显示。算法的编程方式、算法遵循何种理论、选择的变量类型以及过程中是否涉及人工反馈(如果涉及是哪种),也存在差异。犯罪预测的方式是共建的并依赖于情境,这极大地挑战了这样一种观念,即数字数据是客观的,以及只要结果是有效的,预测的实际过程就是不重要的观点。

考察犯罪预测共同构建和情境依赖的方式也将我们的注意力引向另一个有影响力的现象,即每个软件对犯罪的理解都在警务情境中作用和重塑。尽管到目前为止,本章都强调了它们之间的差异,但是所涉及的软件模型和构造确实有一个共同点——它们对犯罪预测模式的分析重点。随着大数据分析、量化和精算方法为预测性警务提供信息,通过模式进行分级和分类的思想被带到了一个新的高度。人口数据可以通过各种新方式进行分类。所有这些分析的最终目的是识别模式,引入更多的分类形式,为警务策略提供信息。因此,所有软件模型都有一个共同的前提:犯罪是可计算、有规律的现象。即使预测软件生成的犯罪模式可能非常精细,且可能在将来变得愈发突出,预测模型的逻辑也只有在它们遇到非模式行为时才会结束(J,I)。这种对可计算和规律性犯罪的关注也表明,犯罪者的行为、受害者的脆弱性及其与周围环境的关系也同样被认为是可计算的。这并不一定意味着犯罪者做出的是"理性选择",犯罪行为可能同样是非理性的,但是在预测性警务方法中这种模式的突出之处表明,犯罪行为不可避免地具有一定的规律性和理性。不同软件对规律性的理解有很大差异,从极其具体的犯罪概况——几乎是针对个人发展出的规律性(D),到"犯罪分子与其他人并没有什么不同。……犯罪是一种普遍的正常人类行为"(F)的观点。实际上,本文研究的大多数预测软件都基于这样的假设,即罪犯像所有人类一样都遵循行为原则:"……从这个意义上讲,我们与犯罪世界的区别不大。"(J)这种犯罪正常化甚至适用于那些似乎是冲动犯罪的人(I),因为他们对时机做出了反应,这意味着他们对脆弱性模式做出了反应。

尽管将犯罪理解为正常、有规律的行为挑战了以前将偏差理解为偏离规范的概念,但偏差仍然存在于预测性警务软件中。例如,一些受访者提到发现"偏差内的偏差"的重要性,也就是要发现那些已经被称为"偏差行为"的模式中的变体(J)。因此,在预测犯罪的过程中,偏差的概念被重新定义为统计资料中突出的模式。换句话说,预测犯罪是在寻找与众不同的规律性。本章表明,对"不同规律性"(或"偏离规律性")的搜索取决于人类、数字数据和处理工具之间的动态相互作用以及它们提供的特定种类的知识。

参考文献

Aradau, C., Coward, M., Herschinger, E., Thomas, O. D. and Voelkner, N. (2015) 'Discourse/materiality', in C. Aradau, J. Huysmans, A. Neal and N. Voelkner(eds) Critical Security Methods: New Frameworks for Analysis, Abingdon: Routledge.

Aradau, C. and Blanke, T. (2016) 'Politics of prediction: Security and the time/space of governmentality in the age of big data', European Journal of Social Theory. Available at DOI: 10. 1177/1368431016667623.

Barad, K. (2007) Meeting the Universe Halfway: Quantum Physics and the Entanglement of Matter and Meaning, Durham, NC: Duke University Press.

Bennett, J. (2005) 'The agency of assemblages and the North American blackout', Public Culture, 17(3): 445–466.

Chamard, S. (2006) 'The history of crime mapping and its use by American police departments', Alaska Justice Forum, 23(3): 1, 4–8.

Chan, J. B. L. (2003) 'Police and new technologies', in T. Newburn(ed.) Handbook of Policing, Cullompton: Willan.

Chan, J. and Moses, L. B. (2016) 'Making sense of big data for security', British Journal of Criminology, 57(2): 299–319.

Cowan, R. S. (1987) 'The consumption junction: A proposal for research strategies in the sociology of technology', in W. Bijker, T. P. Hughes and T. Pinch(eds) The Social Construction of Technological Systems: New Directions in the Sociology and History of Technology, Cambridge, MA: MIT Press.

Crawford, K. (2016) 'Artificial intelligence's white guy problem', New York Times, 25 June.

Esposito, E. (2013) 'Digital prophecies and web intelligence', in M. Hildebrandt and K. de Vries(eds) Privacy, Due Process and the Computational Turn: The Philosophy of Law Meets the Philosophy of Technology, Abingdon: Routledge.

Foucault, M. (1975) Surveiller et punir: Naissance de la prison, Paris: Éditions Gallimard.

Hildebrandt, M. (2016a) 'Law as information in the era of data-driven agency', Modern Law Review, 79(1): 1–30.

Hildebrandt, M. (2016b) 'New animism in policing: Re-animating the rule of law?', in B. Bradford, B. Jauregui, I. Loader and J. Steinberg(eds) The SAGE Handbook of Global Policing, Los Angeles, CA: SAGE Reference.

Hildebrandt, M. and de Vries, K. (2013) Privacy, Due Process and the Computational Turn: The Philosophy of Law Meets the Philosophy of Technology, Abingdon: Routledge.

Kaufmann, M. and Jeandesboz, J. (2016) 'Politics and "the digital": From singularity to specificity', European Journal of Social Theory. Available at DOI: 10. 1177/1368431016677976.

Latour, B. (1987) Science in Action: How to Follow Scientists and Engineers through Society, Cambridge, MA: Harvard University Press.

Latour, B. (2005) Reassembling the Social: An Introduction to Actor-Network-Theory, Oxford: Oxford University Press.

Mutlu, C. E. (2013) 'The material turn: introduction', in M. Salter and C. E. Mutlu(eds) Research Methods in Critical Security Studies: An Introduction, London and New York: Routledge.

Rudin, C. (2013) 'Predictive policing: Using machine learning to detect patterns of crime', Wired.

Sætnan, A. R. (2016) 'The Haystack Fallacy, or why big data provides little security', Powerpoint presentation at the event 'The Digital is Political, Isn't It? Critical approaches to surveillance technologies and big data', Peace Research Institute Oslo, 22 – 23 November.

Sætnan, A. R., Lomell, H. M. and Hammer, S. (2011) 'Introduction: By the very act of counting: The mutual construction of statistics and society', in A. R Sætnan, H. M. Lomell and S. Hammer(eds) The Mutual Construction of Statistics and Society, New York: Routledge.

van Otterlo, M. (2013) 'A machine-learning view on profiling', in M. Hildebrandt and K. de Vries(eds) Privacy, Due Process and the Computational Turn: The Philosophy of Law Meets the Philosophy of Technology, Abingdon: Routledge.

Williams, M. L., Burnap, P. and Sloan, L. (2016) 'Crime sensing with big data: The affordances and limitations of using open-source communications to estimate crime patterns', British Journal of Criminology.

Zedner, L. (2004) 'From criminal justice to the security society', in L. Zedner(ed.) Criminal Justice, Oxford: Oxford University Press.

第八章　灰色地带的创造力：以主动警务为例

米娅·R·哈特曼

引言

本章侧重于警务工作中灰色地带的创造力。这是指当出现官方指示和行动方式不明确或不足的情况时，警务人员创造性地临时制定新的解决方案的过程。

提出灰色地带创造力的概念并讨论其作为主动警务一个特定组成部分对预测性警务的意义，我希望引起人们对警察组织中微妙动态的关注，这些动态可能会推动某些在管理雷达之外的警察自主行为。正如我将论证的那样，这种做法是不可避免的，但这并不意味着不能尝试从这种秘密的创造中获得最大的益处。

"创新"是西方政府政策中公认的政治理想，在警方策略中也有相应内容，因此应当谨慎对待这一愿望。人们常常将"创新"狭义地（但不是始终如一地）理解为标志着新的庞大的政府计划和方法，但这种政治上合理的警务倡议似乎越来越抽象，甚至对警察而言是陌生的。

我认为，当一线警务人员与警务的政治战略表述越来越疏远时，在警务设想和警务实践之间可能会出现差距。预测性警务就是一个很好的例子，说明了现代警务的规范概念如何变得更加抽象、专业，并且其边界难以定义、模糊不清：警务是什么、能够做什么、应该做什么、应该谁来做。

在进一步探究预测性警务中,我研究了灰色地带的创造力在警务的社会和组织层面上如何发挥作用,并将讨论重点放在了基本的自治悖论上:一方面,警察充当着"国家伸长的手臂",这就是为什么警察在工作中必须遵循详细的法规和标准。另一方面,如警察自由裁量权概念所暗示的那样,没有某种程度的自治就无法成功地执行警务。但是,向日益创新的警察部队转变要求在模糊的规范和法律领域内不断创新,为在警务领域实现更大程度的自治创造条件,也加强了对灰色地带创造力的需求。

解释灰色地带创造力

我将首先解释灰色地带创造力这一概念,以及它如何成为日益重要、值得关注的警务特征。本章详细阐述了我此前在警务创新、警务创新灰色地带方面(Hartmann,2014)和警方非正式创新方面(Hartmann and Hartmann,2015)的深入研究,以我在丹麦警务部门总共 24 个月的民族志实地考察、访谈、调查为基础。

众所周知,警务工作涉及灰色地带[①]。关于警察自由裁量权的文献涉及这样一个事实,即警务通常在道德和法律的灰色地带进行,警察不得不依靠自己的判断,因为他们所面对的情况通常是无法预测的。

自由裁量空间是法律框架试图"在与事实有关的任何形式的交流中使用通用分类术语"的必然结果(Hart,1961:125)。但是在一般分类的情况下,不可避免地会出现不透明性:"由于人类语言分类不能为无数种事实情况提供清晰的答案,因此不可避免地会出现规则的不确定性。"(Greenawalt,1975:359)

因此,司法裁决在一个法律框架内涉及不同程度的创造性解释,这些解释可能过于僵化或过于笼统,无法为特定情况提供有意义的法律指导。同样,警察的

[①] 但应注意的是,其他专业领域也存在灰色地带。例如,安特比(Anteby,2008)在对一家法国航空工厂的人种学研究中,展示了工人如何在工作时间和工作材料中制造个人物品,即"家用品"。但是,经理们能够容忍这种现象,而不是将"同等的生产"视为对公司资源的盗用或滥用,因为它发生在道德的灰色地带,并且是一种微妙的机制,可以调解专业人士的身份和控制力。Anteby, M. (2008) Moral Gray Zones: Side Productions, Identity and Regulation in an Aeronautical Plant. Princeton, NJ: Princeton University Press.

自由裁量权也因此成为"在工作中警察享有从多种选择中选择的余地"(Mastrofski,2004:101)①。

尽管有关执法人员自由裁量空间的文献认为,当警察面临似乎很难或无法"照章办事"的挑战时,创造力是不可避免的(例如,Goldstein,1960;Skolnik,1966;Lipsky,1969;Bittner,1983;Brown,1988;Hawkins,1992;Berlin,1986;Kleinig,1996),警察的自由裁量权通常与决策有关。因此,关于执法自由裁量权的研究着重于通过研究情境、组织、环境和官员(个人)维度来了解警察自由裁量权行为的决定因素(如 Brooks,2015)。

在提出灰色地带创造力的概念时,我想强调的是这种模棱两可在警务工作中不同的、迄今曝光不足的生成性。虽然灰色地带的创造力来自自由裁量的模糊性,但它也可能会产生难以抉择的空间或区域。

警察不仅需要严格遵守规则,与此同时,还需要更多地进行创新才能适应不断变化的犯罪模式、新技术和社会需求。官方的警务监管框架可能会很快与实际做法脱节,在办公室所描述和授权的正确警务方式与警务人员对其理解的两者之间,形成压力和灰色地带。

灰色地带创造力与警察裁量权的不同之处在于,警察裁量权与决策过程中固有的模棱两可和不确定因素有关,而灰色地带创造力涉及警察非正式的过程和手段,是对各种正式法规、结构、程序、角色、技术、战术、方法和材料等的探索、补充和潜在增加。灰色地带的创造力不仅会影响日常决策,它还包括累计增加的独创性,这种独创性会以创新的形式进一步呈现。

此外,警察的自由裁量权通常是指人员必须在给定监管框架内的各种选择之间进行选择,而灰色地带的创造力是指他们在不违反道德的前提下扩展或创建规范性参考框架,至少从执行者角度看来是如此。灰色地带的创造力通常出现在,举例来说,普通警员和警长都"走后楼梯"时,也就是指他们绕过正式的组织结构,创建自己的网络结构以支撑他们的自主行为时。

灰色地带创造力一词源自丹麦警方关于"在灰色地带工作"的论述,这是我在

---

① 虽然没有对警察自由裁量权的单一定义,但我的理解是,它广义上指的是警务人员在表现出对公民的权威的任何情况下做出的选择(如 Schulenberg,2015)。

调查如何在整个警察等级体系中以不同方式理解和实践"创新"时发现的(Hartmann,2014)。因此,这是对"在灰色地带工作"和"创造力"的分析性缩写。与"创新"一词不同,警察能够立刻认出这两个术语是他们日常工作中会使用的词。

我从几名警察那里得到的信息是,如果我真的想知道警官如何进行创新工作,我就必须了解在那些灰色地带进行创造性工作的意义。通过观察此类活动,我了解了警察如何"低调神秘地"进行多种形式的灰色地带创造。灰色地带创造力的一个例子是非正式组织微妙的沟通渠道使普通警察及警长绕过指挥系统并互相帮助。例如,某个片区的警察非常沮丧,因为他没有通过"管理隔离墙"的许可,无法自由地与其他地区的调查人员合作解决案件,这个时候就会发生上述情况。该警察与一个朋友交谈,编写了一个简单的计算机程序使他可以与各片区的同事共享重要信息,从而促进侦查工作。其他例子包括非正式的组织工作方式,未经批准的设备、工具和衣物等——任何警务人员为了完成工作可能需要,但由于种种原因,他们认为必须自行组织起来的东西(另请参见第十一章)。

研究表明,高层管理人员声称政治正确的"创新"主要是为了确保警察机构的合法性,以与西方政府中普遍开展的新自由主义创新倡议相同步。决策者优先考虑广泛的新举措,例如警务和警务计划的新的一般概念,这些新概念广为流传,被视作自上而下的措施,在一般警员看来就是"管理层的口号"。中层管理人员忙于在上级领导眼中取得成功,并探索晋升的策略博弈:对他们而言,创新意味着创造性地将自上而下的计划转化为实践,同时规避风险。另一方面,基层警察和一些基层领导最终承担了以创造性方式完成工作的实际责任,因为他们直接面临着现实的挑战,需要在当时当地做出回应。但是,他们没有地位、制度渠道或耐心,无法让指挥系统的高层听到他们的抗议和想法。因此,他们"在灰色地带工作",这意味着他们独立、创造性地采取行动"完成任务",在整个系统中找到复杂的非正式方式推动他们的想法,或者"低调神秘地"依据原则开发新的解决方法,因为求得原谅要比求得许可更容易。

在对警察和士兵进行非正式创新,即适应和开发新的解决方案并在不告知管理人员的情况下使用和共享这些解决方案,进行比较的混合方法研究中(Hartmann and Hartmann,2015),我们发现这种隐藏创新的存在程度令人惊讶:在对现役警务人员（军警侦探和巡逻人员）和士兵（来自步兵装甲营）的调查中，有35.6%的受访者表示在过去五年中他们已在这一领域进行了一次或多次创新，其中超过一半的人向管理层隐藏了这种创新。他们的创新主要是为了改善工作（节省时间和金钱，并找到对自己、同事和公民更有效的解决方案）。其他原因是，他们不认为领导会理解他们的解决方案（以及他们需要解决方案的原因）、他们不知道在哪里提出他们的想法、他们等不及方案的正式通过、他们利用自己已经拥有的资源材料可以花费更少的时间和金钱。

但考虑到这些解决方案的"灰色"，它们可能也存在问题。灰色地带的解决方案一方面可以"把事情做好"——它们的涵盖范围从微小的实用技巧，比如使用从软饮料瓶上剪下的一小块硬塑料开门，到法律和政治上精巧的东西，比如一线指挥官没有告知任何更高的军队或警方领导的情况下，命令一个空军飞行员"低调神秘地"驾驶他的军用直升机。它们还涉及一种微妙的伦理和法律平衡。对"教科书"可接受的偏离是微妙的事情，需要经验、高度的道德正直和广阔的视野。开创性的研究已经证明，在警界中正确和错误之间的界限很容易模糊，道德和法律的界限受街头规矩影响（Hunt, 1985），例如街头警察在微妙的制度性社交中撒谎（Hunt and Manning, 1991）和实践中使用武力"正常化"。

众所周知，卧底特工（即密探）的使用和方法以及监视手法涉及灰色地带（如Marx, 1974；另见第四和第五章）。胡根邦的灰色警务概念体现了社会控制在警察权限之外如何被分散，变成"不同的社会控制机构之间非正式形式的合作，因为传统的问责机制已经过时"（Hoogenboom, 1991：18），因而导致各机构之间的交互和司法责任含糊不清。这样的非正式控制活动是由基层官员进行的，他们利用彼此的能力非正式地交换受法律保护的数据并处理"肮脏的工作"任务，这导致了不透明、不负责任的政府行为（同上）。

灰色地带创造力的驱动因素包括一系列复杂的、相互交织的微观激励机制：商业利益、各种形式的身份验证工作，或一线警察维护自己与管理层相对的影响范围的动机（参见 Punch, 1983；Reuss-Ianni and Ianni, 1983；Hunt, 2010），研究表明，荷兰和美国警官如何对领导有成见，认为他们违反了《警察守则》的行为准则（Hartmann, 2014）。我还遇到了一些基于误解或缺乏信息而导致的灰色地带创造力的例子,这些信息使警官感到他们必须将事情掌握在自己手中。一线层面的观点通常仅关注于此:此时此刻发生的事情以及响应的紧迫感,这远远比一线警察很少能直接使用的后方组织层面的渠道梳理事件更重要。

综上所述,非正式创新活动比迄今所设想的更为广泛,因此,至关重要的是,了解政府雇员在高度监管的工作环境中创造性地穿越法律和道德灰色地带时所涉及的动力。提出灰色地带创造力这一概念是将其作为一种分析方法,以更好地理解这种隐蔽创新所涉及的非正式过程中的因素。

政府创新项目的抽象化倾向

正如福柯(Foucault,1977)提醒我们的那样,政府的理想和安排,例如警察的概念和机构,总是出现在特定的社会环境和理想中:因此,它们充满了政治和文化规范,并在不断变化。这提醒我们,人们需要仔细了解警务中的理想和安排,例如警务工作中的抽象倾向,此处以理想的创新型警务——"预测性警务"为例。

警务概念和程序中抽象化的趋势至少有两种解释:对创新政府的呼吁以及将学术知识融入实践的愿望。我认为,这些都是重要的因素,我们应提高认识,意识到尽管不同的警务要素逐渐更加关注实际的工作方式、工作原理以及可以做的事情以使其变得更好,但仍然必须务实,在操作层面上可行且有意义,以与其理想意图保持同步。警察希望通过干预行动实现什么?随着这一点意识的日益复杂化,要确保警务的道德高标准,为什么以及如何最好地实现这一目标比以往任何时候都更加重要。

至于"创新",预测性警务就是其中一个例子,在过去的30年中,该术语在政府领域以及在警务和研究的管理领域中越来越重要。在战后西方社会中,政府机构受到大规模政策变革理念的指导,这种趋势似乎在金融危机时期一再重演(du Gay,2000)。"创新"已成为新政府方法和举措(如新公共管理)的抽象政治承诺,并且越来越重视公民导向的服务,公共机构的管理和控制更像私营公司(同上;另见第三章)。政府的变革应该是范式的,并且对表现的效率和质量具有可预见、可衡量的大规模影响(Hartley,2005)。

随着创新在政府中成为流行语,它被迅速地融入了言辞中,公共机构借此证明自己及其政策文件和战略议程是合理的。我采访过的丹麦警方高级官员经常声称他们肯定想要更多的创新，可以看出"创新"一词在政治上的重要程度，但是当被问及他们到底想要什么的时候，只有少数人有概念。大多数挂在嘴边的流行语，例如"更主动的警务"或"基于证据的实践"，很少在实践中被全面地遵循。

政府创新中大量抽象的趋势反映在有关警务创新的文献中，在警务创新中，它通常被表示为一般的警务计划，甚至是实用的范式，略举几例，如"问题导向警务""情报主导警务"和"社区警务"。（Weisburd and Braga, 2007; Ratcliffe, 2016）

以预测性警务为例，在行政实践中有这样一种更多地基于研究和问责制（Innes et al., 2005）的倾向，加剧了新警务概念的日益抽象化。这些概念需要转译和改编才能在警务前线发挥作用。

预测性警务的例子

一支能够在犯罪发生之前预先预测和预防犯罪的警察队伍的想法一直很有吸引力。尽管关于预测性警务的明确学术定义尚待发展，但该术语已成为"针对街头犯罪的战术方法，而非组织理念"（Ratcliffe, 2016）：它由一系列新的技术和分析驱动方法组成，主要由犯罪学家和计算机科学家开发，例如热点警务、数据挖掘、回归分析、临近重复的方法等（Perry et al., 2013；另请参见第七章）。分析性地针对警务干预、预防某些类型的犯罪是有效利用警方资源并减少犯罪的好方法，这就是为什么预测性警务是一个如此有前景的发展方向。但是，正如哈伯曼和拉特克利夫（Haberman and Ratcliffe, 2012）在费城对临近重复的武装抢劫案的研究中得出的结论所说：

> 预测性警务虽然仍未明确定义，但对于犯罪分析人员和计算科学家而言，在很大程度上仍是分析上的挑战，激发他们的好奇心。目前，它未能像问题导向警务和情报主导警务等更全面成熟的框架那样与警务运作相融合。
>
> （同上：164）

抽象有助于构建警务的总体理想、宗旨和原则，但是如果概念从未真正超出研究人员和决策者的纸上谈兵，那么它们的价值是什么？实际上，这种抽象可能导致实操警官与管理层和学术界之间的距离比现在更加遥远，因为他们感觉到基于实践的知识受到了威胁,倾向于保护这些知识。

预测性和主动性警务手段已在电影和文学中广为流行,并在许多有关警务未来的学术和管理论文中得到了赞扬,但实际工作中警员很少可以(正式地)使用它们来进行开发和掌握。

陈和本内特(Chan and Bennett,2016)在研究澳大利亚安保人员如何了解其工作领域中的大数据潜力时发现,抽象程度越高,理解的差距就越大。该研究表明,不同利益相关群体对大数据的理解和期望是如何不同的,安保人员将大数据视为识别和了解个人而不是专注于更广泛趋势的手段,这仅是传统方法的复制,而不是通过使用现有技术做出改变。对抽象概念的个体解释决定了人们的实践,尽管技术可能提供许多新的可能性,但它也带来了多种解释、实践和知识鸿沟(如Faulkner and Runde,2009;Hestehave,2013)。

现在,我们到了本章的重点:当警务工作的指导性框架和概念变得难以理解且实操警官认为它无法触及、无关紧要或无效时,他们并不会(实际上他们常常感到没有义务)避免将自己对创造性"灰色地带"的解释和调整融入他们的工作中。但是,尽管这种灰色地带的创造力可能不是理想的,但它揭示了整个警务工作中都存在的潜在自治困境。

警务在社会层面陷入困境

当代西方警察是确保民主社会中公民的安全、保障和合法权利的机构,在这种思想中,至关重要的组成部分是国家当局本身受宪法原则约束。因此,警方被期待成为(自我)约束严格的"国家延长的手臂":

> 巡逻人员不能仅凭个人信念自由行动。人们常常忘记,巡逻员的角色具有根本的双重性:他既是一名自治官员,负责回应他认为必要的社区的需求,有权决定所遇到的公民的命运,又是一名受制于行政人员强制倾向的官员。
>
> (Brown,1988:8)

个人警官和非正式的警察同事团体发明自己的亚文化警务手段,最终可能导致腐败以及对法律和人权的侵犯,但要阻止此类事件,存在监管障碍。丹麦对此进行了广泛讨论。特别巡逻队 BRAVO 于 20 世纪 90 年代初在哥本哈根打击与帮派有关的犯罪活动。BRAVO 警官在帮派界以冷藏箱(Deep Freeze)和上臂(Upper Arm)等名字而闻名,得名于他们偏爱的身体惩罚方法。媒体最终揭露了他们的残暴行径,一些警官被指控犯有过分的暴力、虐待和种族主义以及伪造报告等罪行,而其他人则被开除(Andersen and Hertz,1999;Information,1999)。尽管与美国这样的国家相比,丹麦很少有警察腐败的报道,但这些事件提醒我们要感谢民主政府机构所遵循的"法律规则"(例如 Scalia,1989)。

公平地讲,斯克兰斯基(Sklansky,2007)建议我们不要屈从于刻板印象,将警察描述为同质的"孤立""无礼"、需要受到外部或高层管理人员严格控制的形象。我们可能还会注意到,警务中灰色地带的法律界限会有所不同,这取决于给定任务的法律框架的具体或笼统程度。实际上,尽管非常精确的规则适用于警察工作的某些方面(例如,丹麦关于没收毒品的法律和程序法规),但警察工作的其他要素则受更一般的规则或道德的约束,后者是合理的警务工作的总体参考框架(Myhrer,2014)。全世界范围内,各种形式的相称原则都清楚地表明了这种担忧,指出执法人员(和军事人员)应仅在道德上合理的范围内使用武力(另请参见第六章)。但是,部门法典和特定程序指导了警察遇到的许多情况。而且,由于灰色地带的创造力涉及与标准要求和解决方案的偏差,因此这种创造力通常是意图的事后证明。在这些情况下,当警务人员违反特定规则时,最好在法庭上熟练地参考一般道德原则。在以下示例中,创造性的灰色地带倡议由一名法律专家辩护,该专家与一群警官在涉及有组织犯罪分子的案件中密切合作:

> 1995 年,丹麦警察对一群涉嫌藏有非法武器的人进行了调查。调查人员向法院下达了命令,要求在嫌疑人过去经常闲逛的车库里安装一个隐藏式摄像头,但法院以怀疑依据太少为由拒绝了他们的要求。
>
> 一周后,一辆大型轮式装载机冲破了州监狱的墙壁,13 名囚犯从该洞中逃脱,其中包括几名被侦探怀疑拥有非法武器的人。①
>
> 但是,正如负责此案的检察官所解释的那样,调查小组设法在"那堵监狱

---

① 有关囚犯逃脱的报道,请参阅 Søndberg, A. 2014: Historisk fangeflugt: Her smadrer en gummiged muren til Vridsløselille. TV2 News, 13 December 2014.

墙的最后一块砖摔倒在地面之前"采取了行动。警察像疯子一样开车到车库,他们知道非法武器藏在那里,并在逃脱的囚犯到达之前将其移走。

事实证明,侦探们违反了法院的决定,并在犯罪嫌疑人的车库里安装了一个秘密摄像机。在他们的监视下,他们知道武器在那里(他们的怀疑是对的),因此当有消息传出嫌疑人的共犯正在从监狱中逃跑时,警官们知道他们必须采取行动。此后,当法庭上审理此案时,辩护律师抗议该调查是非法的,但侦探得到了地区法院和高等法院的支持。正如检察官在一次采访中所说:"有时候,我们的检察官必须在法律方面非常有创造力。在其他犯罪领域拥有的经验越多,可以运用法律的创意就越多。逃脱的囚犯没有钱却拥有一卡车武器,谁知道他们会做什么?"

检察官所说的"在法律方面非常有创造力"意味着,尽管调查小组显然侵犯了犯罪嫌疑人及其同伙在犯罪中的合法权利,但向法官提出的获胜论点是,警官们按照整个警察部队任务的基本原则:确保公民的安全和保障。换句话说,当出于更高的道德宗旨而辩护时,即使实际上违反了法律,也可以原谅灰色地带的创造力。这可以很好地解释警官的共同信念,即寻求原谅比寻求许可更简单。

但是,警察当局总体正在朝着增加自治的领域迈进,伴随着的是法律和规范上未定义的责任和方法。这种紧张局势造就了我以前所说的"自治情结"(Hartmann,2014):警察当局如何通过加快创新来提高其反应能力和适应能力,同时又确保负责任的警务工作?由于西方政府已经采纳了商业价值观,基本社会理想正面临被侵蚀的风险,包括民主的理念、其官僚结构、过程、价值甚至宪法基础(Agamben,2005;Byrkjeflot and du Gay,2012)。因此,当社会理想和新的犯罪条件推动警察队伍"在组织的各个层面"进行创新时,随着政府创新政策趋于重复,专家警告我们说,民主政府机构最初可能从来就没有设计过创新;它们旨在保留和保护既有机构,通过官方标准保障公民的合法权益和平等待遇:"在理想的系统中,将产生差异处理、个体化司法,但前提是平等地采用了官方认可的设计标准实施官方批准的目标。"(Goldstein,1960:549)

但是,有关通过问责制确保民主警务困境的讨论(有关讨论的回顾,请参见Brogden,2010)指出,警务固有的自主权是有问题的,因为警察是"越来越模糊的边界、细微差别和规则的守护人",但从根本上讲,他们的忠诚度是在社会上协商达成的——它是假设性的,不明确,而且很少经过测试(Brogden,2010:81)。

因此,在民主嵌入的警察组织中,自治是微妙的,但不可避免地是复杂的。临场发挥、反复试验和可能失败都是创新的要素,至少与传统形式的警察系统"按设计"规避风险的做法并不十分吻合。当然,这并不是说警察不应该创新。这里的要点是,创新应该切实地局限于所有层面包容的、教育性的和可行的实践。

考虑到对大规模创新的不断追求,这变得尤为重要,因为它为增加自主权提供了理由。新的警察创新越理论化、全面化和彻底化,它们与正式警察专业人员及其现有做法的距离就越远,实际上,在街头实施时,它们将需要更多的创造性变化。换句话说,大规模创新需要通过试验来完善,其中一些涉及灰色地带的创造力,如果事先没有真正正式地定义现有的规范和法律方法,则不可避免地要中止它们。

从预测性警务中可以看出,创新可能伴随着公众的炒作,而同时改变法律和道德警务原则的速度要快于法律体系能够跟上并付诸实践的速度。

例如,有人指出,预测性警务方法对美国宪法的第四修正案提出了挑战(Ferguson,2012):是否"合理的怀疑"就足以允许政府控制个人,对这一点进行了法律讨论(Archila,2014)。令人担忧的是,并非所有的预测性警务方法都会提供有关所做预测的足够详细的信息,例如预测应用的时间长短以及所涉及的特定警务方法。这些细节存在于灰色区域,在该区域中,由于优先权益而导致的保密权可能会导致不透明的警方行为。可概括的决定因素(如足够紧迫的时间段)主要是针对特定事实的,因此"尽管迫切需要更好的限制,但可能无法有意义地限制搜索自由度"(同上:90)。

然而,尽管正在进行这样的基本讨论,但预测性警务已经以多种形式实施。一个例子就是在"911"袭击发生后,在美国各地建立的反恐情报"融合中心"。在这些中心,政府机构甚至私人利益相关者齐心协力,使用预测性警务要素共享数据,以改善对恐怖主义的主动干预。但是,正如美国公民自由联盟(ACLU)的一份报告所强调的那样,这些中心的建立没有法律框架来规范其活动(German and Stanley,2007:6)。在同一份报告中,作者认为,鉴于来自多个司法管辖区的代表面临以下风险,因此这种不受监管的联合倡议会造成模棱两可的权限:(1)合理操纵"联邦、州和地方法律中的差异以最大限度地收集信息,同时逃避问责制和监督";(2)涉及情报工作中的私营部门合作,从而"打破作为这些公司员工或客户的无辜美国人的隐私保护,并增加数据泄露的风险"(同上);(3)使军事人员以有问题的方式参与执法活动;(4)使数据融合成为可能威胁隐私的数据挖掘;(5)过度保密导致透明度降低。

胡根邦(Hoogenboom,2006)对他的"灰色情报"概念提出了类似的担忧,他将其以前的灰色警务概念扩展为"通过熟人网络进行机密信息的非正式交换"(同上:377)。灰色情报是指"情报收集、服务和市场的混合和复杂的"非正规性(同上:380),因为它们在全球范围内不断扩展,包括各种非传统参与者和专注于预防损失的合作(参见第十一章)。

阿甘本(Agamben,2005)强调了政府方法改变的后果,即军事和执法自主权的增加,认为西方的治理正在逐渐走向"例外状态"。这个词指的是他观察到的,比起过去仅在需要采取例外措施的情况下才出于民主原则被中止,原本旨在保护个人自由的法规框架现在被更为频繁地中止。军事当局的战时权力延伸到民事领域。根据民主理想,最初被认为是仅在极端情况下才发生的军事和执法干预的例外和临时案例,如今已成为一种普遍的治理方式,似乎是一种永久的例外状态,即"无限制",成为介于公共法律和政治事实之间、司法秩序和生活之间的无人监管区(同上:1)。例如,阿甘本注意到美国政府在2001年如何中止了对恐怖嫌疑人的拘留、治疗和审判的法律程序①。因此,例外状态是由于基本的"民主与专制之间的不确定性阈值"(同上:3)而产生的法律中止和无法分类的要素的灰色地带(同上:3),这也适用于警务领域以及它包含的自治与合作的不明确界线。

在社会层面上,政府关于大规模创新的言论和经过学术验证的实践,加剧了警察既要顺从又要富有创造力的要求之间的紧张关系。在预测性警务中,预测方法法律和道德灰色地带的增加,警方合作的参与者、合作的原因和方式,都使这种自治困境变得明显。

---

① 即布什在2001年11月13日发布的军事命令:在反恐战争中对某些非公民的拘留、待遇和审判。

预测性警务方法改变了传统的组织方式

预测性警务会影响官僚结构和程序。例如,哈伯曼和拉特克利夫(Haberman and Ratcliffe,2012)提出,为了使警察能够从识别统计上显著的武装抢劫的临近重复模式中受益,就分析和决策的时间响应性而言,需要进行一系列更改。鉴于预防性干预的机会持续不到一周,因此需要在警察组织中制定流程:"要抓住这一机会,就需要实时分析能力、警惕的当地中层指挥人员,或能警示指挥官打击犯罪可能性的复杂的自动化系统"(同上:162)。

但是,快速、"警惕"的分析和决策是增加自治权的因素,如果没有一系列地方和中央行动者的密切配合,就很难管理。例如,这种情况每时每刻都在发生,以至于当地警察的监视导致对个人轻微犯罪的逮捕,这可能会中断整个大规模的、由中央领导的调查。在该调查中,被捕者只是微不足道的部分。

另一方面,如果地方警察管理人员及其下属发现中央的主动行动与他们在当地实际开展工作的经验不同步,则他们可能会将事情掌握在自己手中。以下是丹麦警察的一个例子:

> 在一个丹麦警方辖区,当地警察局的领导为了"把事情做好",采取了其他手段来处理社区中与毒品有关的犯罪。他建立了一个秘密组织,称为"鼹鼠行动"。之所以发起"鼹鼠行动",是因为在当地警察秘密地渗透到犯罪环境中之后,当地警察已经"走得太远",因此高层管理人员决定应由总局集中管理街道一级的毒品交易。现在,所有紧急呼叫都通过部署巡逻人员的总站进行管理。根据当地警察局领导的说法,这意味着警官与当地毒品环境中的实际状况失去了联系:他们不再知道真正参与其中的人、原因和方式。为了重新获得这种详细的知识和"在将药物冲洗干净之前"进行干预的能力,当地警务人员在这个详细级别上有很深入的参与,据警局领导称,无论有没有他的指示,当地警察都会如此。

> "鼹鼠行动"的工作方式如下:警务人员可以自行选择在闲暇时间密切监视毒品环境的任务,也就是说,他们完成公务的速度要比计划快。当他们从一名线人那里获得情报时,他们会一直保密,直到他们执行"鼹鼠行动"的任

务,同时向当地"信息银行"报告情报活动,该"信息银行"实际上就是分析部门角落的一个纸箱。接下来的任务被打印出来放在盒子旁边的托盘中,以便下一个值班的警官执行任务,例如搜索毒品和预防案件发生等。为此,当地警察建立了一个"低调神秘"的微量分析装置,以便对当地毒品犯罪社区的非官方情报立即做出反应。一名参与"鼹鼠行动"的警官表达了他对无法在街头潜入与毒品有关的犯罪的沮丧之情:

"毒品不是很重要,他们(政客)认为我们这个地区没有问题,尽管事实上这个地方都是狗屎,但确实如此!但是可以肯定的是,如果不允许我们进行操作,就不会产生任何案例编号,然后就会说:统计数据确认我们没有问题!……但是在这里,我也考虑我自己的孩子;如果我可以阻止他们在学校院子的角落里看到瘾君子和毒贩,那么没有人能阻止我。"①

无论高层管理人员是否实际上是在轻描淡写当地社区中的某些形式的犯罪,"鼹鼠行动"都不是一个单打独斗的"低调神秘""完成的任务"的倡议。这种秘密的、独立的主动性文化很可能存在于世界各地的警察队伍(以及一般的大型组织)中,因此,预测性警务方法也可能最终将受到灰色创造力的影响。

预测性警务的另一个方面突出了灰色地带创造力的微妙工作,我们可以将其描述为使命渐变。使命渐变是指最初为特定任务或组织决定的目标范围的逐步扩大。在维持治安方面,据报道,美国特种警察及其装备的使用超出其预期目的时,会出现使命渐变的趋势。例如,美国公民自由联盟的报告显示,特警队原来的目的是用来对付防备良好的嫌疑人,但是在80%的特警队调度中,他们都带着搜查令被派遣处理毒品案件:摔坏门、投掷手榴弹、带枪闯入人们家中——以及其他过度使用武力的例子(ACLU,2014)。正如阿甘本(Agamben,2005)所指出的那样,警察队伍的这种日益军事化说明了战时权力秘密地扩展到了民用领域。

在预测性警务方面也观察到了类似的动态,在这种情况下,使用旨在预测一种犯罪类型的软件系统"渐变"到其算法无法提供充分预测的其他犯罪领域。例如,使用旨在预测财产犯罪的算法系统不能用于预测暴力犯罪,这需要精确的附

---

① 有关此案的更详细说明,请参阅 Hartmann,2014。

加数据(Ferguson,2014)。

鉴于这些"灰色地带"组织的例子,应该指出,在需要专门、高效和创新处理的任务中,需要注意警察如何正式使用更多替代性组织方法,这可以从越来越多的警察组织中看出。这些安排通常会获得额外的资源(以及进行创造性的灰色地带试验的空间)的特权,这为立法和警察实践的变革开创了先例(Hartmann,2014)。无论是否通过设计,此类组织空间都可以用作管理区域,以实现灰色地带的创造力,或者,如果你愿意的话,可以采用"强制自治",并且至少在单位组织内部致力于提高创新警务实践的透明度。例如,以特遣部队为例。这样的部门通常因政治呼吁而建立,以针对特定犯罪领域采取行动,并有明确的重点和目标。为了使工作团队有效率效力地行动,通常会给团队一定程度的官僚"松绑",因此,不仅可以容忍,而且可以期望采取更多创造性的措施。至少在丹麦,警务专业人员与法律专家和其他专家紧密合作,创造性地解决涉及微妙法律事务的任务(例如,在大规模有组织毒品交易犯罪中,就可以采用相关的监视策略)。通常,警务专业人员和法律专家是分开的,以避免法律判断过程受到律师太过情绪化地介入案件所产生的偏见的影响。但是,对于特遣部队而言,灰色地带的创造力与其说是例外,不如说是规则,因为他们被期待带来快速而有效的结果。因此,通常根据在灰色区域警务中的技能来招募工作组领队。这种结构性例外产生创造性的灰色地带活动,可能具有更大的内部透明度,因为管理层与员工的每个举动都更加紧密地协调。如果考虑到这个问题而招募经常从事高度灰色区域创新工作的领导,从而确保一线管理者至少与员工直接互动,或至少被称为"警察的警察",他/她很可能会赢得足够的信任,可以在处理微妙问题时担任员工的机密教练。这样的领导有街头执法经验,不怕冒险,同时也能保护他人免受其害。因此,显然这种管理角色(如果处理得当)对于在警务中监控灰色地带的创造力至关重要,这与故意将此类活动隐瞒管理层的情况不同。

这些只是新警务方式的一些例子,例如预测性警务,意味着快速变化以及更具适应性和创新性的警察做法,这些做法鼓励了新的组织形式,这些组织可能挑战传统价值观旨在保护的价值、道德和立法。另一方面,这种新结构是产生创造力和创新条件所必需的,并且可以提供有限且可管理的空间进行实验,以发展符

171

合宪法理想的实践。

高层管理人员要求采取主动行动的呼吁或多或少会刺激这种自主的灰色地带行动,而这种言论可能被利用以使无论如何都会进行的活动合法化。但是,从非正式渠道获取帮派成员信息的示例表明,一般警务人员如何难以理解抽象的警务概念。而更重要的是,这些警员不会停止践行自己的警务信念。

新警务概念的描述方式与实际指导警察行动的方式之间的差距越大,谁"被许可"从事此类行为(虽然管理层通常声称每个人都被许可)就越具有排他性,警察在实际行动中冒险进行的创造性灰色(也就是说,越偏离官僚和法律的规约)的程度就越深。

结论

诸如"预测性警务"之类的一般抽象概念通过使非正式的自治结构、警务人员和警务合法化,对社会和宪法准则产生了一系列影响。这种模糊的边界可能会鼓励警务人员找到他们自己的创造性灰色地带的解决方案和方法。因此,至关重要的是,学者和警务从业人员都必须认识到定义新的警务措施的概念、伦理和法律界限的重要性,以便使其与社会价值观念和基本法律原则同步制定,并防止其超越民主理想。

创造性灰色地带的条件和活动造成了困境与挑战,但本章指出,这种创造性在当代警务中是不可避免的。一旦认识到需要更多适应性警务,便应解决、讨论和更好地理解灰色地带的创造力及其产生的条件,以确保履行道德和法律责任。

警务的创新(如预测性警务)不能依靠基层民警及其一线领导简单机械地充当"先进技术的延伸臂"。需要根据警官当前的世界观来解释和协调想法,而世界观是根据多年的经验和(亚)文化细分而发展起来的。应该承认,本章中的人种志田野调查并没有特别关注预测性警务措施,而是着重于实操警察的日常工作。但是,在正式工作方式与实操警务人员所认为的最好方式之间存在差距,他们倾向于创造性地利用这一差距,这一发现可以合理地应用于预测性警务方法。根据该建议,佩里等(Perry et al., 2013)强调预测和支持预测的信息在整个指挥链中都对预测性警务的成功至关重要:"无论选择哪种干预方式,都需要把量身定制的信息提供给各级执法人员。"(同上:89)因此,谨慎的操作和各级警务人员的积极参与有助于得出预测性警务的易观察和不易观察结论。

为了将抽象概念付诸实践,需要仔细计划和跨学科合作,以便将各种形式的知识编织到有效的街头实践中。

同样重要的是,要认识到管理行为和结构对支持警务实践中的实际变化的影响,这些变化与新的警务概念所规定的行动完全一致。

当提出这样的行为通常存在于"管理雷达之外"时,有人会问管理者的行为如何影响灰色地带的创造力。正如我已经表明的那样,管理人员在建立对上级和下级的平等信任中可以发挥重要作用,以培养以专业精神为基础的创造性偏差,并导致透明地更新最佳实践。由于大量的创造力和创新直接来自实践,因此从定义上讲是非正式的,管理者对下属所面临的挑战、挫折或强烈兴奋的真正关怀和参与决定了他们是被灰色地带解决途径接纳还是排除在外。这种对挑战的密切参与式监控(如他们实际经历的和实际完成的那样)要求管理者们自己知道如何以及何时在指挥链中进行谈判,从而获得试错的空间。一个例子就是一线主副领导之间的默许协议,即一项行动需要一次性的非常规演习来增加成功的机会。本身在所监管的具体运营工作中具有丰富实践经验的领导者,可能会拥有赢得尊重的诀窍,并令下属相信他们对灰色地带的想法和解决方案可行性拥有专业的见解。我经常看到,如果正式的一线领导不了解其所在单位处理的警务工作的特殊性,或者他/她夸大了规章制度或以某种其他方式被一线民警认为在相关性或沟通上不称职,非正式的领导者就会接手并做出判断。因此,参与特定关系和实践以及灰色地带实践的相关个人经验是一项关键管理技能,很可能会疏通模棱两可、行动导向的街道级警务中出现的创造性灰色地带。

认识到管理与实践之间紧密联系的重要性,也是我提议要进行结构调整的原因。结构调整能使警务中的创造性创新变得透明和适宜。管理距离可能会导致腐败的警察行为,正如有关在纽约警察局(NYPD)实施电脑数据(CompStat)的研究所说明的那样,在该研究中,一些中层管理人员减少与巡逻人员直接接触以集中精力于会议和行政管理;他们变得过度专注于施加完成目标的压力,即专注于减少犯罪活动的统计领域。结果,一线管理者变得不堪重负,他们的管理角色被降级,他们很沮丧,未能为下属警官提供有意义的环境以说明他们为什么以及如何努力(例如逮捕)在总体上很重要。再一次,由于意义上的差距,不仅仅是一线警官感到自己沦为上位领导者数字游戏的工具(Eterno and Silverman,2010;2012)。在整个队伍中,对公民进行随机和不道德骚扰以击中目标的压力造成了一种腐败的文化,包括过激的管理沟通、疯狂的逮捕、伪造(或命令官员伪造)犯罪报告、针对纽约警察局的诉讼,以及无法忍受这种荒谬的举报人遭到内部迫害(另见 Levitt,2010;Marzulli,2015;Knafo,2016)。

尽管实施某些当代管理技术可能会使管理人员远离公共机构的核心运营惯例,但必须意识到,创造力和创新与日常运营的管理方式大不相同。关于如何在大型组织中管理创造力和创新,已经写了很多文章,这个主题太大了,本章甚至都未能简要介绍。但是,要牢记的一个关键点是,应该给警察工作中的灰色地带创造力提供可靠的支持结构,这些结构应提供必要的思想开放、试错的空间、受人尊敬的专业知识以及决策能力透明度和捷径。这样经过精心创建的形式化创造空间,如果为警察工作中遇到的最微妙(对于一些管理人员来说似乎微不足道)的问题提供高效且有用的解决方案,则可能成为警官展示其灰色创造力的平台,否则将在日常警察工作中秘密进行。我的观察清楚地表明,严格控制或制裁任何形式的灰色地带创造力的管理冲动只会将此类活动推向更深层的管理雷达之外。

在理论和实践中,在考虑警务中的创造性灰色地带对预测性警务的潜在影响时,都触及提供"良好"治理并因此实行"良好"警务以确保公民的安全和保障。我希望本章至少将提供一些指导方针,以帮助警务工作在当前和未来发展所涉及的模棱两可和富有创意的灰色地带的泥潭中前行。

参考文献

Agamben, G. (2005) State of Exception, Chicago, IL: University of Chicago Press.
Andersen, S. and Hertz, M. (1999) 'Bravo-Patruljen', Jyllands-Posten, 6 March.
American Civil Liberties Union(ACLU)(2014) 'War comes home: The excessive militarization of American policing', aclu. org, 24 June.
Arcila, F. Jr. (2014) 'Nuance, technology, and the Fourth amendment: A response to "Predictive Policing and Reasonable Suspicion"', Emory Law Journal, 63: 857–924.

Bittner, E. (1983) 'Legality and workmanship: Introduction to control in the police organization', in Maurice Punch(ed.) Control in the Police Organization, Cambridge, MA: MIT Press.

Brogden, M. (1982) The Police: Autonomy and Consent, London: Academy Press.

Brooks, L. W. (2015) 'Police discretionary behavior: A study of style', in Roger G. Dunham and G. P. Alpert(eds) Critical Issues in Policing, Long Grove, IL: Waveland Press.

Brown, M. K. (1988) Working the Street: Police Discretion and the Dilemmas of Reform, New York: Russell Sage Foundation.

Byrkjeflot, H. and du Gay, P. (2012) 'Bureaucracy: An idea whose time has come(again)?', in T. Diefenbach and B. R. Todnem(eds) Reinventing Hierarchy and Bureaucracy: From the Bureau to Network Organizations. Bingley: Emerald Group Publishing.

Chan, J. and Moses, L. B. (2016) 'Making sense of big data for security', British Journal of Criminology, 57(2): 299–319.

Du Gay, P. (2000) In Praise of Bureaucracy: Weber-Organization-Ethics, London: Sage.

Eterno, J. A. and SilvermanE. B. (2010) 'Understanding police management: A typology of the underside of compstat', Professional Issues in Criminal Justice, 5(2/3): 11–28.

Eterno, J. A. and SilvermanE. B. (2012) The Crime Numbers Game: Management by Manipulation, Boca Raton, FL: CRC Press.

Faulkner, P. and RundeJ. (2009) 'On the identity of technological objects and user innovations in function', Academy of Management Review, 34(3): 442–462.

Ferguson, A. G. (2012) 'Predictive policing and reasonable suspicion', Emory Law Journal, 62(2): 259–265.

Ferguson, A. G. (2014) 'Big data and predictive reasonable suspicion'. SSRN Electronic Journal.

Foucault, M. (1977) Discipline and Punish: The Birth of the Prison, 2nd edn, 1995, New York: Vintage Books.

German, M. and Stanley, J. (2007) 'What's wrong with fusion centers?', American Civil Liberties Union(ACLU).

Goldstein, J. (1960) 'Police discretion not to invoke the criminal process: Low-visibility decisions in the administration of justice', Yale Law School Faculty Scholarship Series, no. 2426.

Greeanwalt, K. (1975) 'Discretion and judicial decision: The elusive quest for the fetters that bind judges', Columbia Law Review, 75(2): 359–398.

Haberman, C. P. and Ratcliffe, J. H. (2012) 'The predictive policing challenges of near repeat armed street robberies', Policing, 6: 2: 151–166.

Hart, H. L. (1961) The Concept of Law, New York: Oxford University Press.

Hartley, J. (2005) 'Innovation in governance and public services: Past and present', Public Money & Management, 25(1): 27–34.

Hartmann, M. R. K. (2014) 'In the gray zone: With police in making space for creativity', PhD thesis, Copenhagen Business School.

Hartmann, M. R. K. and Hartmann, R. K. (2015) 'Informal innovation: A hidden source of improvement in work and organizations', MIT Sloan Research Paper.

Hawkins, K. (ed.)(1992) The Uses of Discretion, Oxford: Clarendon Press.

Hestehave, N. K. (2013) Proaktiv kriminalitetsbekæmpelse for politifolk, Frederiksberg: Samfundslitteratur.

Hoogenboom, B. (1991) 'Grey policing: A theoretical framework', Policing and Society, 2(1): 17–30.

Hoogenboom, B. (2006) 'Grey intelligence', Crime, Law and Social Change, 45(4/5): 373–381.

Hunt, J. and Manning, P. K. (1991) 'The social context of police lying', Symbolic Interaction, 1(1): 51–70.

Hunt, J. (1985) 'Police accounts of normal force', Journal of Contemporary Ethnography, 13(4): 315–341.

Hunt, J. (2010) Seven Shots: An NYPD Raid on a Terrorist Cell and its Aftermath, Chicago, IL: University of Chicago Press.

Information(1999) 'Lovens lammende arm', Information, 10 February.

Innes, M., Fielding, N. and Cope, N. (2005) 'The application of science? The theory and practice of crime intelligence analysis', British Journal of Criminology, 45(1): 39–57.

Kleinig, J. (1996) The Ethics of Policing, Cambridge: Cambridge University Press.

Knafo, S. (2016) 'A black police officer's fight against the N.Y.P.D.', New York Times Magazine, February 18.

Levitt, L. (2010) 'Adrian schoolcraft: Caught in the snake pit', NYPD Confidential, 9 August.

Lipsky, M. (1969) 'Towards a theory of street-level bureaucracy', paper presented at the Annual Meeting of the American Political Science Association, 2–6 September.

Marx, G. (1974) 'Thoughts on a neglected category of social movement participant: The agent provocateur and the informant', American Journal of Sociology, 80(2): 415–421.

Marzulli, J. (2015) 'Exclusive: NYPD whistleblower settles lawsuit for $150K', New York Daily News, 23 November.

Mastrofski, S. D. (2004) 'Controlling street-level police discretion', Annals of the American Academy of Political and Social Science, 593: 100–118.

Myhrer, T. (2014) Politi og rett, ch. 3 in P. Larsson, H. I. O. Gundhus and R. Granér(eds) Innføring i politivitenskap, Oslo: Cappelen Damm Akademisk.

Perry, W. L., B. McInnis, C. C. Price, S. C. Smith and J. S. Hollywood(2013) Predictive Policing: The Role of Crime Forecasting in Law Enforcement Operations, Santa Monica, CA: RAND.

Punch, M. (1983) 'Officers and men: Occupational culture, inter-rank antagonism, and the investigation of corruption', Ch. 12 in M. Punch(ed.) Control in the Police Organization, Cambridge, MA: MIT Press.

Ratcliffe, J. H. (2016) Intelligence-led Policing, London: Routledge.

Reuss-Ianni, E. and Ianni, F. A. J. (1983) 'Street cops and Mmnagement cops: The two cultures of policing', Ch. 13 in M. Punch(ed.) Control in the Police Organization, Cambridge, MA: MIT Press.

Scalia, A. (1989) 'The rule of law as a law of rules', University of Chicago Review, 56(4): 1175–1188.

Schulenberg, J. L. (2015) 'Moving beyond arrest and reconceptualizing police discretion: An investigation into the factors affecting conversation, assistance, and criminal charges', Police Quarterly, 18(3): 244–271.

Sklansky, D. A. (2007) 'Seeing blue: Police reform, occupational culture and cognitive burn-in', in M. E. Neill, M. Marks and A. Singh(eds) Police Occupational culture: New Debates and Directions, Bingley: Emerald/Elsevier Press.

Skolnick, J. H. (1966) Justice Without Trial: Law Enforcement in Democratic Society, New York: Wiley.

Weisburd, D. and Braga, A. A. (2007) Police Innovation: Contrasting Perspectives, Cambridge: Cambridge University Press.

第四部分
警务工作外包

第四部分

会计工作

第九章 多样的警务网络——揭示夜生活丰富地区执法合作和信息交换的多种形式

托马斯·弗里斯·斯加尔德 埃斯本·霍博格[①]

引言

在许多西方国家,警务工作的组织正在发生重大变化。其中最重要的是,推广以情报为主导的警务作为公共警务的主要模式(Cope,2004),以及增加警务多元化(Johnston and Shearing,2003)。近年来,前一过程激发了人们对警方内部信息共享的学术兴趣。尽管新的通信技术为信息的传播创造了新的可能性,但研究表明,人际信任的建立和竞争继续影响着警务机构内部的信息流动(Cope,2004;Brodeur and Dupont,2006;de Lint et al.,2007;Gundhus,2013;另见第十一章)。但是,关于信息交换和信任如何影响多元警务体系的形成和日常工作的研究较少(Whelan,2016)。本章旨在探讨,为了将丹麦的夜生活转变为帮派成员的禁区,警察与夜总会保镖之间形成非正式合作,他们之间的低级情报交换如何有助于实施警察推动的帮派镇压策略,从而增进了我们对信息流在警务中重要性的理解。

戴弗恩和伯格(Diphoorn and Berg,2014)在最近的一篇文章中指出,警务格局日益多元化,这引发了关于建立何种类型的人际关系和伙伴关系的重要问题。对多元化警务的研究通常采用"初级伙伴关系"(Jones and Newburn,1998)的概

[①] 这项研究获得了酒精和药物研究中心、奥尔胡斯大学文学院以及斯堪的纳维亚犯罪学研究委员会的资助。

念,以了解正式和非正式警务人员之间的关系和信息交换。然而,戴弗恩和伯格认为,开放性更高的"过程相关方法"(见 Diphoorn and Grassiani, 2016:432)有助于凸显当前公私合作模式的多样性,涉及信息流动中同步发生的合作与竞争、信任与不信任以及开放与限制过程。受到这种方法的启发,本章以人种学的案例研究为例,研究了丹麦奥尔胡斯警方与保镖合作的方式,以探讨伙伴关系和信息交换的多种形式如何影响夜生活丰富地域的执法工作,并着重强调了私人安保在维护公共秩序和警方主导的帮派镇压方面的作用。

我们并不是假定警方和保镖之间存在特定关系,例如涉及"初级伙伴"的关系,而是认为通过关注警方和保镖之间的各种交流、行动和信息流,我们可以将其用作一面分析棱镜,用以研究塑造了丹麦夜生活执法工作的复杂合作关系。我们使用"伙伴关系"的概念(Diphoorn and Berg, 2014),强调如何通过本地化网络的形成过程来最好地理解维持警务伙伴关系及其对政府的影响。这意味着,伙伴关系被视为实际社交成就,可以保证动员特定的监管目的、协调不同警务节点的资源(Dupont, 2004)。此外,我们尝试利用组合理论(DeLanda, 2006)来探索警察和保镖之间的信息交换、信任建立和权力斗争如何导致多种形式的合作,这反过来又影响了警方保护私有场所、杜绝帮派成员入内所做的努力。在我们的结论中,我们讨论了多元化警务工作中信息共享的一些伦理和法律含义。

警务伙伴关系中的信息交换:概述分析框架

研究表明,安保多元化和伙伴关系形成的并行过程产生了加强协调的需求,并带来了先前孤立的警务人员之间新的沟通渠道(Dupont, 2004)。尽管立法常常限制了国家行为者与私人行为者共享敏感信息的能力,但非正式的组织间信息交流通常是由以下认识驱动的:预防犯罪和骚乱需要在公共和私人警务实体之间进行信息的产生和交换(Lippert and O'Conner, 2006;另请参见第十章。)

现有的关于多元化警务中信息交换的研究通常表明,可以通过高级—初级合作伙伴框架来了解国家警务人员与私人安保人员之间的关系。早期的例子是埃里克森和哈格蒂(Ericson and Haggerty, 1997)对风险社会中警务工作的开创性研究。他们认为,警察执行"日常知识工作",并同时充当"知识生产者"和"知识经纪人",将信息传播给外部机构,例如私人安保公司,这些机构对信息的要求各不相同,并负责监管具体位置。在这种以国家为中心的框架内,警察被视为在各个私人警务代理人的中心进行枢纽运作的"高级伙伴",后者被认为是从事更本地化的风险管理的"初级伙伴"。结果,在信息的生产和传播方面,警察被描述为享有特权,并且假定信息仅从警方流向私人安保机构,而不是双向流动(Lippert and O'Conner,2006)。初级伙伴模式也反映在"第三方警务"研究中,在该研究中,国家行为者部分地通过传播信息来寻求动员和利用私人行为者的法律资源(Mazerolle and Ransley,2005)。在对"灰色警务"的研究中(Hoogenboom,2006),警察也被认为是高级伙伴,但他们仍然依赖于私人安保行为者提供的"灰色情报"——通常根据其作为初级合伙人的潜力来进行框架和分析,来协助警察开展"真正的"警务工作。

许多研究已经确定了公私"初级伙伴"关系在安全治理组织中的重要性(Crawford,2006;Haggerty and Ericson,1997;Jones and Newburn,1998;Mazerolle and Ransley,2005;Søgaard et al.,2016)。但是,初级伙伴关系也受到批评,因为它既以国家为中心,又不适合抓住当前公私伙伴模式中的多样性(Diphoorn and Berg,2014)。为了对多元警务信息交换建立更加细致和动态的理解,利珀特和奥康纳(Lippert and O'Conner,2006)等学者对"节点治理"(Johnston and Shearing,2003)进行了研究,认为国家是众多管制节点之一。在此框架内,节点标识为知识、能力和资源的位置,它们既可以作为授权的"预兆",也可以作为安全的"提供者"(Shearing,2004)。这种方法的主要分析优势不是假设公共节点与私有节点之间的层次结构稳定,而是其相对开放性以及认为人际关系和利用人际关系交换信息的能力是多样化、不确定的这一概念。节点可能会,也可能不会形成控制性组合,并且在形成时会不断进行重新配置(Shearing,2004)。利珀特和奥康纳(Lippert and O'Conner,2006)使用节点方法来强调私人安全行为者有时还充当知识生产者和经纪人的角色,这些知识生产者和经纪人将信息传播给警察,以便为私人客户的利益动员和引导警务资源。这样,利珀特和奥康纳指出了信息流、权力和构成多种警务复合体的各种伙伴关系的多边性质。

尽管在推动多元警务中对知识交流持更为动态的理解上,节点治理方法具有很大的价值,包括非接触的重要性,但这种方法的局限性在于它主要关注正式的和跨组织的关系,忽视了临时和非正式关系(Diphoorn and Grassiani, 2016)。为了推动在多元警务伙伴关系和信息交换研究中使用更具包容性和过程性的方法,我们使用"集合(assemblage)"的概念,将它定义为一个集合体,其内容来自组成集合体的各种成分之间的关系(DeLanda, 2006)。成分可能是公共和私人安全行为者、技术、信息、思想、人际关系、权力或司法管辖区,它们在特定时间内协同运作。在本章中,我们使用"警务集合(policing assemblage)"一词来探讨在丹麦的夜生活中,由警察发起的针对帮派相关人员禁入政策的实际制定是如何通过不同的非正式(人际)联系、多种信息流程和权力斗争而在警察和保镖之间形成的。更具体地说,我们认为尝试将三种类型的警察保镖合作伙伴关系(我们称为"初级伙伴关系""企业伙伴关系"和"竞争性伙伴关系")同时运作,才能尝试着将私人场所(重新)划分为与帮派有关个人的禁区。

语境和研究方法

语境

在丹麦,警察与保镖之间的关系传统上一直以不信任和对抗为特征。但是,近年来,紧密的合作关系已经出现。不同的结构过程推动了这一发展。例如,警察局长联盟建议警察应加强与场所所有者和保镖的联系,以提升夜生活安全(Union of Police Chiefs, 1998, 2002)。2004年,丹麦政府还针对保镖实施了一项国家执照计划,将授权警察和私人安保提供者之间的等级关系制度化,并极大地鼓励了保镖与警察建立积极的关系(另请参见 Hobbs et al., 2003)。市场机制还促进了丹麦夜生活警务的合作转变,因为今天一些安保公司的所有者热切希望与警方合作,以努力将其公司打造成潜在客户的专业安保提供商(请参见 van Liempt and van Aalst, 2016)。以丹麦独有的方式,这种合作关系的建立也受到警方实施国家帮派镇压战略(称为"压力战略")的雄心驱动(Volquartzen, 2009)。除了加强警方监视、房屋搜查和使用截停搜查外,压力战略还涉及大规模尝试将飞车党或帮派成员从夜生活场所中系统地排除在外,以期飞车党和与帮派有关的个人放弃他们的犯罪生活方式和团伙关系。压力策略可以看作警察事实上试图将帮派成员和帮派的关系定为犯罪并予以制裁,或者如国家警察局长所言,是"盯人"(Weiss,2002),而不仅是盯球,即犯罪活动。但是在丹麦,警察仅由于个人与飞车党或帮派有联系而禁止其进入私人场所是没有任何法律依据的。因此,丹麦警察依靠场所所有者和保镖行使其私人权力来开展警察本身无法从事的排他性工作。自21世纪初以来,丹麦警方一直非常热衷于与保镖建立更紧密的关系。在其他研究中,我们将这种形式的警察保镖合作伙伴描述为"第三方警务"结构(Mazerolle and Ransley,2005),在这种结构中,国家行为者通过动员并利用私人行为者的资源和权威(Søgaard et al.,2016)来加强对警方管辖权受限的区域(如私有场所)的控制。在本章中,我们将说明这种"初级伙伴"结构仅是几种竞争形式的伙伴关系中的一种,它可以确保丹麦夜生活中帮派相关人员禁止进入政策的实际执行。

研究方法和数据

本章中使用的数据来自两项人口志的研究,该研究涉及奥尔胡斯(拥有30万居民)的夜生活伙伴关系管理。两项研究在使用方法、受访者和指导性研究问题方面相似。斯加尔德在其博士期间,于2010年至2011年进行了第一项研究,探讨了保镖体现的男性气概、其监管行为与丹麦夜间经济中的安全政治经济之间的关系。与现有的关于保镖的研究相反(Hobbs et al.,2003),该研究表明,保镖与警察之间的非正式合作关系对于保镖实施监管至关重要。这一发现构成了由斯堪的纳维亚犯罪学研究委员会资助的2015-2016年新研究项目的基础,该项目旨在利用奥尔胡斯作为人种学案例研究,探索丹麦夜生活中网络化警务模式的动态和影响。在分析中,我们借鉴了2010/11和2015/16研究产生的数据,部分原因是警方决定不参加2015/16的研究。

在2010/11年的研究中,斯加尔德采访了54名保镖(受雇于不同的安保公司)、7名场所所有者、5名警察和当地"安全夜生活伙伴关系"的4名市政成员。此外,他还对保镖的夜间工作进行了163次观察。在这样的夜间观察中,他做了速记,随后用于重建现场记录,其中包含对警察和保镖的口头交流、非正式合作以及识别和排除闹事顾客（包括与帮派有关的个人）的深入描述。斯加尔德还参加了当地"安全夜生活伙伴关系"的 5 次会议，该组织由当时市政当局、警方和 22 个当地场所的所有者组成。他还参加了地方警察保镖网络的 4 次会议，以及一次大多数地方安全公司所有者与市政府代表之间的会议。

在 2015/16 年研究中，我们采访了本地"安全夜生活"伙伴关系的 14 名保镖、15 名场地所有者和 2 名市政协调员，并对参加本地"安全夜生活"伙伴关系的 6 名市政代表和 1 名警察进行了一次焦点小组访谈。此外，其中 1 位作者和 1 名研究助理还进行了 10 个晚上的观察，观察工作中的保镖。观察会持续 4—6 个小时，重点是奥尔胡斯俱乐部安保人员的活动。2010/11 年和 2015/16 年研究都还呈现了当地媒体关于夜生活监管和禁止措施使用的报道。为了保持匿名，在本章中始终使用化名。

研究结果

保镖作为初级伙伴：警察冒着危险对夜生活丰富区域进行沟通与执法

尽管实地工作表明，保镖对进入者的管制仍然受到客户至上的商业顾虑的影响（另见 Hobbs et al., 2003; Rigakos, 2008），但在下文中，我们描述了警方针对飞车党和帮派成员实施抑制性的夜生活"压力策略"是如何使保镖——作为初级伙伴——参与到新的夜生活领域执法中的。更具体地说，我们探讨了警方的信息传播如何在夜生活场所的执法中发挥重要作用，这些场所是帮派相关个人的禁忌场所，无论他们是否犯罪或扰乱秩序。

霍布斯等（Hobbs et al., 2003）描述了"黑帮"和"严重犯罪分子"成为英国夜生活的组成部分。里加科斯（Rigakos, 2008）还描述了"地狱天使"成员只要不穿夜店装束就能在哈利法克斯市的大街上频繁出没。这些描述的情况与 20 世纪 90 年代初和中期的丹麦类似。在此期间，"地狱天使"的成员经常光顾奥尔胡斯的夜生活，并且像其他付费顾客一样，能够在当地的夜总会预订餐桌。当时，许多场所所有者和保镖并不认为场所中飞车党和帮派成员的存在本身就是问题。另一方面，丹麦警方越来越渴望将非法飞车党排除在夜生活场所之外，以此作为非正式的制裁手段，尤其是当时"地狱天使"和"班尼多斯"正在进行"北欧摩托车大战"（Høyer，1999）。压力策略最初包括尝试禁止穿着帮派服装的个人入内，并防止骑摩托车的人大批出入场所（另请参见第十四章）。最终，这变成了大规模尝试，将所有与帮派相关的人排除在外，即使他们不穿戴有帮派标志的服装，也没有出现在大型帮派中，在街上参与统一行动。

在20世纪90年代，非法飞车党和帮派禁入政策主要由警察执行。当时，许多场所所有者犹豫是否要帮助警察执行这种新的区域策略，因为他们发现很难明确骑摩托车的人做错了什么——"他们只是在那里"（Madsen，2001：37）。此外，警察倾向于将保镖视为夜生活飞车党问题的一部分，而不是潜在的合作伙伴。不仅许多保镖允许骑摩托车的人进入，而且警察还怀疑飞车党实际上渗透了酒吧准入行业（Union of Police Chiefs，2002）。这在与负责监管奥尔胡斯夜生活的派出所所长的一次采访中说得很清楚：

> 我于1989年开始在奥尔胡斯工作。记得第一天进行周末巡逻，我们开车经过这些保镖，我向他们挥手致意，只是说了"你好"。我的同事（经验更丰富）纠正了我，并说："在奥尔胡斯，我们不向保镖打招呼。他们都是飞车党的人。"事实上，他说得很对。嗯，不是所有人，但很多人都是。

尽管在90年代，警察曾多次尝试使用立法，例如《餐馆法》，将并未违法的飞车党排除在私人场所之外，但由于违反了公民的自由活动权，这一尝试最终被放弃了（Høyer，1999）。在21世纪初期，在许多丹麦城市中，警方转而投向保镖，开始将他们视为解决夜生活飞车党问题的一部分。2004年，国家实施了针对保镖的执照计划，使警方能够清除与帮派或飞车党有关系的保镖。但是，警察与保镖合作关系的逐步出现，是由于警察努力将保镖作为非正式的第三方合作伙伴，他们可以利用其私人权力来执行警察无法完成的排他性工作。在其他地方，我们描述了警察如何在实施夜生活压力政策时采用不同的策略与保镖合作（Søgaard et al.，2016）。一种策略是让警察充当知识经纪人，利用官方警察局登记册向保镖和酒吧工作人员提供有关场所内未犯罪的帮派相关顾客的身份信息。奥尔胡斯的田野工作表明，警察经常在市区内巡逻，如果发现他们认为与"帮派有关"的个人，他们会例行通知保镖，如以下田野调查笔记所示：

在入口处，当两名警官步行到达时，保镖穆罕默德和肯特忙于检查客户的身份证。警官向穆罕默德和肯特问好，经过短暂的交谈，警官走进了屋子。大约5分钟后，警官们回来了，其中一名将穆罕默德带到一边。警官低声说："我知道里面有几个'白人骄傲'帮派的成员。"

穆罕默德看起来很惊讶，警官继续说道："酒吧里的那两个秃头。通常您不会让那些人进来，对吗？"

穆罕默德："当然不会。我不知道他们是'白人骄傲'帮派的成员。"

警官离开后，穆罕默德用无线电呼叫另一名叫穆罕默德的保镖，要求他到2号吧台，然后告诉他："别再让那两个来自'白人骄傲'帮的秃头进来。"

压力策略最初是针对非法骑摩托车的人而实施的，但如今在奥尔胡斯，它已被应用到更广泛的"与帮派有关的个人"类别，其中包括骑摩托车的人、组织松散的街头帮派、犯罪集团和诸如"白人骄傲"之类的流氓。作为一种政府策略，警察向酒吧分发有关帮派相关个人身份信息这一举措具有多种功能。首先，它构建了一个特殊的现实，根据某些标准，有些人被认为"与帮派有关"（见下文）。其次，它动员并利用了保镖的权力，将个人排除在夜生活场所之外，因为警察带着期望，有时甚至是要求，分发信息，如果保镖希望被视为负责任的专业人员，他们将驱逐那些人。第三，通过在保镖和警务人员之间建立信任和友好的氛围，信息共享有助于建立、维持和加强协作关系。最后，仅凭摩托车手和帮派相关个人出现就将此当作政府问题，信息共享因此也能被视为是一种联合警方和保镖各自观点的方式。这涉及一个重要的规范维度，警察试图说服保镖和场所所有者，认为与帮派有关的人是"不良"个人和"不良"顾客，应被排除在夜生活之外。通过这种方式，可以说，警察试图让保镖和场所所有者参与一种"道德警务"，在这种"道德警务"中，特定人群受到管理不是因为他们违反法律、造成混乱或令人讨厌，而是因为道德判断：他们是谁取决于他们属于特定群体。规范性判断的这种结合一直是警察—保镖会面的核心内容，但同时也是警官与保镖之间日常互动的重要方面。因此，信息不是中立的，而是构成了特定的现实和特定的道德秩序。

尽管飞车党提出官方投诉，称警察散布有关其身份的信息滥用了警方登记册，违反了警方保密性，但州检察官在2005年得出结论，"允许警察向私人行为者公布有关个人与飞车党的隶属关系,因为这种传播是出于私人和公共利益"(State Attorney,2005:71)。丹麦警方的信息共享为夜生活警务组合的形成创造了结构性条件,其中,治理的对象和空间以及保镖和警察的角色和功能通过组织间的流动而逐步重新配置信息。换句话说,尽管保镖和警察传统上是作为相对独立的治理节点来运作的(Shearing,2004),但是信息的流动和合作关系的逐步发展促进了一种新型的"第三方合作"(Mazerolle and Ransley,2005)。这似乎证实了以国家为中心的观点主导了有关人际警务和信息经纪的现有研究。但是,在下一节中,我们将说明知识经纪人和知识接受者的角色是如何在奥尔胡斯的警务组合中不断变化,以及私人企业家精神是如何影响信息流,从而产生其他形式的合作伙伴关系的。

夜生活预警系统:企业伙伴和作为知识经纪人的保镖

在下面的内容中,我们提供一些示例,说明信任(或者不信任)的本地化过程是如何成为保镖和警察之间日常信息流以及奥尔胡斯夜生活警务组织结构的一部分的。我们还说明了一些"领头保镖"(即充当场所安保人员日常管理者的保镖)如何有时作为信息掮客,向警方传播与帮派有关的个人下落的,这些人不仅出现在城市公共街道上,还出现在由相互竞争的安保公司管辖的私人空间中。这使人了解信息流如何通过传统的私人初级合作伙伴以及不属于该模型的私人企业家精神而成形。

在奥尔胡斯,警方在与保镖和场所所有者发展合作关系方面发挥了关键作用。例如,在 2005 年前后,奥尔胡斯警察局举行不定期大型会议,奥尔胡斯的大多数保镖参加会议。2008 年,当地媒体描述了如何邀请来自不同安保公司的 45 个保镖在警察局开会。据报道,警察利用这次会议告知保镖如何利用反侵入法将与帮派有关的个人排除在外,保镖讨论了在不同的安保公司之间建立基于短信的预警系统的可能性(Thusing,2008)。在实地调查时,警察不再在派出所主持此类会议。取而代之的是,警官们在当地与不同的安保公司定期举行单独会议,因为这被认为是培养基于信任关系的更有成效的举措,正如以下采访所示:

过去有一些大型会议。我去了其中的两个,但结果却不是那么好……我猜那是因为有这些市场机制。他们（保镖）只是不那么开放，也不愿意说话。有些人只是坐在那里，担心其他人会怎么想。毕竟他们（安保公司）是竞争对手，对。因此，我宁愿与公司分别会面，因为这是更诚实的谈话。

（采访，派出所所长）

对人际警务的研究认为，在官僚等级制度和竞争性市场机制失败的地方，人际关系会蓬勃发展，从而指出信任和互惠在合作关系形成中的重要性（Rhodes，2006）。与此相应，以上引用说明了当地市场机制和不信任如何导致奥尔胡斯的许多安保公司将彼此视为竞争对手而不是协作伙伴，这反过来又影响了信息流和地方警务集合体。除了相对短暂地建立由不同公司的保镖组成的私人"毒品巡逻队"这一尝试（Søgaard et al., 2017）外，不同安保公司之间的信息共享和积极协作很少。

尽管建立安保公司间基于短信的预警系统的意图从未实现，但防暴警察和来自不同安保公司的领头保镖之间的非正式信息交换系统逐渐发展起来。例如，在采访中，领头保镖解释了如果"地狱天使"当地分会主持了俱乐部聚会，他们将定期接到防暴巡逻人员的电话或短信，因为飞车党随后前往城市，尝试进入当地夜总会的可能性更高。现场观察还显示，在周末晚上，防暴巡逻人员在市中心的街道上发现一群与帮派有关的男子时，领头保镖时不时会收到短信的提示。为了促进联系，一些防暴巡逻人员为领头保镖提供了他们的私人电话号码，以便在紧急情况下使用或传达有关信息。

在周末的夜晚，不仅仅是警察在扮演信息工作者的角色。从他们在门口的位置，保镖还会发现并时不时向警察传达与帮派有关的人群下落的信息。以下田野调查笔记摘录说明了这一点：

星期六晚上两点钟左右，5名年轻人走近公爵夜总会的门。正在和两个同事一起进门的领头保镖塞巴斯蒂安走到门前说："对不起，孩子们，这里不欢迎你们。"塞巴斯蒂安说："那是AK-81（"地狱天使"帮派的青年分支），我想提前通知本特·汉森。"塞巴斯蒂安拿出电话，给本特·汉森（防暴巡逻队长）发送短信。

在周末的夜晚，巡逻人员会定期对位于市中心街道附近的与帮派有关的人员进行优先排序,以作为向他们施加压力的一部分(另请参见 Nielsen,2008)。如果他们的举止有失礼貌,他们就会被捕,这表明某些群体作为"坏蛋"的道德建构对于警官实施法律至关重要。如果他们没有表现不佳,警察会耐心地在市中心附近跟随他们,直到他们决定离开。保镖非常清楚这种警方压力策略。保镖不愿打电话给警察处理"他们的"场所内的问题,因为这被视为是软弱的迹象,并且由于他们不想引起警察的注意,一些保镖有时会发短信给选定的警官以提醒警察市中心的街道上出现一群涉嫌与帮派有关的个人。通过这种方式,保镖在维护特定的道德秩序时变成同谋,在该秩序中,与帮派有关联的个人被视为污染物,仅在市中心街道上的存在本身就构成了道德犯罪。

尽管保镖的"灰色情报"信息掮客工作(Hoogenboom,2006)属于私人初级伙伴的方面,体现在保镖充当警方的耳目,间接发挥作用,而不是直接参与公共街道上的个人监管中(van Liempt and van Aalst,2016),但是还是不能夸大他们和警方的合作。首先,非正式的基于短信的预警系统不是一个收到组织支持的交际系统,而是一种个性化、基于信任的人际网络。因此,如果收到短信的警官忙于处理另一件警情或休息一天,就没人对保镖提供的预警做出回应。此外,绝非所有(领头)保镖在夜间向警察发出预警。一些保镖认为,他们与警察的关系充满紧张和不信任,因此不愿为他们提供帮助;另一些保镖则并不总是能看到他们提醒警方的附加价值。在忙碌的夜晚,他们很高兴能确保一群与黑帮有关的个人没有进入他们的场所,从而将客户的直接安全问题放在优先位置,而不是警察和广泛的公共利益。最后,保镖的信息掮客业务也受到私人企业家精神的影响,其目的是调动警察资源以促进其自身(商业)利益。例如,现场观察表明,在一家安全性很高的大型夜总会工作的保镖,有时会向防暴警察发出与帮派有关人员下落的预警,因为他担心这些人正走向相对较小和偏僻,只有一名保镖负责的场地。利珀特和奥康纳(Lippert and O'Connor,2005)也发现,在这种情况下,信息的私人传播可被视为努力利用和引导警察资源的一部分。极少数情况下,一些领头保镖也会从事信息经纪业务,以获取市场优势。例如,当一家安保公司的一名领头保镖发短信通知防暴警官,当地知名的帮派成员刚刚进入一家有竞争关系的安保公司管理的场所时,就发生了这种情况。其背后的动机部分是通过引起警方对该公司负责场所的高度关注,破坏竞争的安保公司在其客户(即场所所有者)眼中的称职能力。与布鲁尔(Brewer,2015)的发现相似,保镖的战略信息经纪。可以看作是一种企业家精神或"企业家合作"的形式,保镖可以操纵人际关系结构、引导信息并引导警官的视线投向对他们自身有利的方面,在这种情况下就是为了获得一个新客户。

竞争性伙伴关系:质疑警方信息的可信度

警方与保镖的关系也具有竞争和权力斗争的特点。现有的许多研究都假定公民和私人行为者自然会承认警察提供的信息的正确性和可信赖性(Ericson and Haggerty,1997)。但是,在下面的文章中,我们演示了保镖和警察之间的权力斗争有时会引发关于个人参与帮派的共享信息是否可信的争论。因此,本节为在多元化的警务集合体中对(警察)"知识"作为社会建构和现实生产过程的争议性提供见解(Bergerand Luckmann,1966,转引自 Brodeur and Dupont,2006)。

与通常认为犯罪团伙由明确界限划分的普遍看法相反,许多研究表明,街头犯罪团伙通常是组织松散的,个人进入和离开犯罪团伙的特征通常是逐渐偏离的过程(Pyrooz and Decker,2011)。维护奥尔胡斯夜生活的行为者在决定某人是否实际上(仍)与帮派有关系时,有时会引起治理问题,因为这决定了是否应允许该人进入当地场所。如有疑问,一些领头保镖向防暴警察打电话,以了解一个人是否(仍)与帮派有关,或者他们使用警方—保镖会议来澄清一些事情,如以下田野调查笔记摘录所示:

> 本杰明(领头保镖):本特(防暴警察),那些曾经是一些帮派或飞车党成员,后来开始脱离组织的人该怎么处理呢?你们警方认为他们什么时候才能像其他人、其他公民一样?
>
> 本特·汉森(防暴警察):很难,这也取决于你。
>
> 本杰明(领头保镖):我知道。只是,通过我们的合作,我们不想让别人进去,然后让你[警察]生气……而且如果他们参与了我们未曾听说的案件,你们通常会知道。
>
> 本特·汉森(防暴警察):当然,我们[警察]无法告诉你他们是否涉

案……但是你会与很多人交谈,你们大多数人就居住在奥尔胡斯,而且不能仅凭一个人三个星期没和帮派一起出现就认为他脱离了帮派。以亨里克·索伦森为例,如果他和另外四个(与帮派有关系的)人一起在一辆车里,那么他当然没脱离。我不能给你一个确切的答案……只是别在他们第一次说脱离时就相信他们。我们(警察)很难分辨(一个人有没有脱离帮派),但是如果你感觉到"这个人,也许可以开始让他进入(场所)",那么你随时可以打电话给我谈谈这事。

以上说明难以准确地了解个人与帮派的关系,也说明了奥尔胡斯的警务人员在实践中通常会根据一起玩的人来将个人归类为"与帮派有关"。这一发现不足为奇,因为丹麦议会于2010年发布了新的立法,使警察能够根据"事件"或根据个人和已经登记在册、被警方列为非法飞车党或帮派成员的其他个人有"家庭、同居或其他社会关系",将个人登记为与帮派有关(2010年PED行政命令)。此后,该行政命令遭到了辩护律师的批评,辩称"其他社会关系"和"事件"的概念如此模糊不清,以至于它们赋予了警察过多的酌处权去将一个人定义为与帮派有关的个人(另请参见 Danish Legal Rights Association, 2010)。

在奥尔胡斯的夜生活中,对于何时应将某人视为"与黑帮有关"的定义存在不确定性和模糊性,这也是保镖和警察之间紧张关系的源头,他们有时对某些人应如何分类持不同意见。这种紧张状态的部分原因是,像警察工作一样,胜任看门工作需要对本地地下犯罪世界有了解(Hobbs et al., 2003),这就是为什么像警官一样,保镖喜欢将自己视为权威的信息工作者。在持不同意见时,一些持怀疑态度的保镖表示认为警察信息不完整,并且认为警察觉得某些与帮派有关的个人永远不会改过自新是一种偏见。例如,在与当地一名领头保镖的访谈中,就很明显:

本特·汉森的态度是"罪犯永远是罪犯"。以尼哈德这样的人为例,他曾经是特里贾德帮派成员,但现在他已经安定下来了,正在一些比萨店努力工作。为什么不让他出去玩得开心?但是,根据本特·汉森的说法,"不",他仍然与帮派有关。问题是,本特经常告诉我们:"当某人离开'俱乐部'时(飞车党俚语),你必须给他们一个机会(允许他们进入场地)。离开俱乐部应该要有价值。"但是涉及移民(属于组织更松散的街头帮派)时他从不这么说。你知道为什么吗？因为警察不知道哪些移民还在帮派中、哪些已脱离。我们比警察更了解情况,难道不是很奇怪吗？

上面的内容很有趣,因为它表明,保镖和警察之间的规范性判断不完全一致;有时,保镖和警官似乎在评估与帮派有关的个人时使用了不同的道德依据。尽管一些保镖指责警官将与帮派有关的人视为不可救药的坏人,但像梅苏特这样的保镖却强烈认为"并非所有犯罪分子都是坏人",并且"每个人都应有第二次机会",因此对和他一起长大的特定帮派相关个人表现出认同和同情。对于许多保镖而言,这种矛盾情绪和抵制将与帮派有关的个人视为永远的"他者"的原因,植根于他们自己的生活史,这种生活史的特征通常是,在具有强烈荣誉感和忠诚度的同龄人中偶尔发生暴力斗争和可疑活动。正如以上引述所言,一些保镖偶尔会提出质疑,认为警官对一个曾经属于某个街头帮派或者与之有联系的人做出了过于卫道士的判断。

在警察试图说服保镖允许(前)帮派成员进入"他们的"场所以奖励他决定离开帮派的情况下,有时还可能发生保镖与警察之间的竞争。例如,在当地一家夜总会外面的领头保镖本杰明与很有影响力的保镖纳齐尔之间的对话中,就可以看出这一点：

本杰明：你是否听说我们必须开始允许彼得·汤姆森进入？

纳齐尔：不可能,谁这么说？

本杰明：本特·汉森(防暴警察)。

纳齐尔：什么!

本杰明：警察认为他正在离开他的(飞车党)俱乐部,所以现在他们希望他被允许再次品尝甜蜜的生活。但是我已经告诉本特·汉森,这不可能,我们不会让他进入。

纳齐尔：……

另外,警察总是认为自己有资格告诉我们可以允许哪些人进门、不许哪些人进门,我已经厌倦了。我将对彼得·汤姆森进行一些查探,然后我们就能知道应不应该让他进门。

以上说明了奥尔胡斯的保镖和警察之间的本地合作也以竞争和争论为特征。

与戴弗恩和伯格（Diphoorn and Berg，2014）的发现相反，在奥尔胡斯的夜生活中，公共和私人安全代理人之间的竞争并没有把重点放在建立最有能力的安全提供者的公共形象上。相反，竞争和争论通常围绕着保镖企图让警察承认他们是有能力的、知识渊博的，并且在某种程度上是平等的合作者，而不仅仅是初级伙伴。

结论性讨论：多元警务知识交流的道德含义

如今，当代警务越来越多元化，布鲁尔（Brewer，2015）认为，犯罪学研究在分析信息流和警务的多元化过程中，仍然以国家为中心的观点为主导（另见第十一章）。这项工作通常描绘了警察的角色转变，从第一批政府响应者到更远距离的监管，警察在其中扮演着主要信息掮客的角色（Ericsson and Haggerty，1997），并作为与外部机构间的"警务人际关系的积极创建者"，起着关键性作用（Cherney et al.，2006，转引自 Brewer，2015：3）。通过这种方式，这一研究领域为警察机构在如何过渡到多元化的警务方式过程中，不仅没有被动，而且还为通过各种形式的"初级伙伴关系"寻求塑造和利用这些发展提供了重要的见解（参见 Jones and Newburn，1998；Crawford，2006；Mazerolle and Ransley，2005）。尽管我们承认国家是"多个节点中的其中之一"（Crawford，2006：137），但我们认为，研究人员应同样谨慎，不要在合作伙伴政策和信息经纪业务中强化国家的作用和职能。因此，通过使用奥尔胡斯的夜生活作为人种学案例研究，我们探索了当前的安全格局是如何由各种形式的公私合作和信息流构成的，强调了警察和私人安全行为者在制定切实可行的、以地区为导向的帮派镇压政策时所发挥的作用。通过强调至少三种不同形式的警察保镖合作伙伴（"初级合作伙伴""企业家合作伙伴"和"竞争性合作伙伴"）的共存，我们旨在表明开放性和循序渐进的方法对理解警察的有用性，以及多个警务集合体信息交换的复杂过程及其政府影响。我们认为，这种方法可能对情报主导警务的更广泛研究很有用，因为它敦促研究人员不仅要特别关注组织网络内部和不同组织网络之间人际关系的形成过程是如何塑造信息流的，而且还涉及由于持续的权力斗争、不信任、观点冲突、地方企业家精神，以及在不同警务角色之间作为知识经纪人和接受者的角色转移而导致信息流是如何不断变化的。此外，以人际关系为导向的观点，还可以通过揭示不同的警方行为主体有时做出的不同的评估、使用的不同的道德和解释框架,来突出国家行为者对现实的评估和主张的局限性。

知识交流与道德秩序的产生

在关于多元警务的研究中,仅对道德、透明度和问责制问题进行了有限的关注,尤其是这些问题与组织之间知识交流过程中的关系。总之,因此,我们概述了我们的案例研究如何有助于更好地理解这一点。

如上所述,警察和保镖的观点保持一致,不仅涉及对现实的特定定义达成共识(与帮派有关意味着什么),它还涉及某种或多或少已达成共识的道德秩序的构成:与帮派有关的人是"坏"顾客,即使他们没有做错任何事情,也应被排除在夜生活之外。但是,这对法治和正当程序具有重要意义。禁止没犯法的帮派成员入内没有刑法依据,但似乎是基于一种特定的道德秩序,代表了一种"道德警务",在这种情况下个人仅仅因为属于某个特定群体而受到制裁。在这种道德秩序警务活动中,要求保镖和场地所有者与警察对特定人群的主观意见保持一致,并在此基础上行使其民法权力。这是刑法和民法融合的一个明显例子,通常是多元警务的产物(Mazerolle and Ransley,2005),也是法治和正当程序严肃后果的产物。

列入和移除警方黑名单:多元监管中的知识交流和问责制

一个相关的问题是,警务多元化如何对其透明度和责任制构成挑战。学者们不仅声称由于官方问责制往往保留了制度上的重点,因此不足以应对多元化警务的模糊现实(Stenning,2009),他们还提出,提升安全人际网络和知识流有效性的雄心高于对公民权利的关注(Walby and Monaghan,2011)。在我们的研究中这很明显,例如,在州检察官的一项决定中,警察可以将有关飞车党身份的信息合法地传递给私人行为者,因为这种"公共利益"超过了公民享有警方保密的权利。除了可能涉及的法律权利问题外,在实践中还产生了监管透明性问题,因为州检察官从未定义应如何解释"属于飞车党团体",从而为警察提供了很大的自由裁量空间。2010年发布的《PED执行命令》授权行使这种警察酌处权。

由于许多街头帮派和更广泛的飞车党团体之间的界限远比通常假定的要宽

松得多,因此在奥尔胡斯市,这造成了一种情况,即"与之一起出去玩"或"在同一辆车上",似乎在警官将个人归类为与帮派有关时起着关键的标准作用。这一发现,加上缺乏对警方帮派登记册的内部和外部检查,部分解释了警方在2016年为何将警方登记为"团伙相关"但不是"团伙成员"的人数增加到了41 861 人(Ministry of Justice,2016),当时只有1 396 人在丹麦登记为正式帮派成员(Pedersen and Ribe,2016)。正如表明的那样,在确定谁实际与帮派相关这件事上存在很大的错误可能性。尽管可能会提出一种更好的评估方法,那就是让警察在决定是否应将某人加入"帮派名单"时放开其定义性垄断并考虑私人伙伴的观点,但我们担心,这种做法可能导致更大程度地侵犯公民权利。相反,我们认为,更有效的途径是更加开放对警察在评估团伙隶属关系时所使用的知识类型和标准,并在登记"事件"、使用"与帮派相关"这一词条时提倡强烈的谨慎态度。在当前情况下,错误和滥用的可能性也很大,因为警官向保镖等私人伙伴散布不正确的"信息"可能会限制年轻人外出和与朋友相处的能力,对他们产生重大影响。同样,研究表明,国家行为者向外部合作伙伴传播信息不可避免地会导致失去对信息的存储、流向以及随后如何使用的控制。一个明显的例子是加拿大公民马尔·阿拉尔的案件,根据加拿大当局提供的不完整信息,他被美国当局逮捕,被确定为恐怖分子,被送往叙利亚,在叙利亚遭受一年的酷刑;一直以来,加拿大当局都承认他们的情报不正确,而阿拉尔是清白的(Murphy,2007)。我们的研究还提供了一些见解,尽管规模要小得多,但可以了解多元警务中的信息共享如何造成这样的情况,即没有一个参与者可以完全控制,也没有确定的"被禁名单"。这会使个人很难脱离"名单"、抛下他们的帮派身份并重新开始。因此,似乎需要更全面的关于治理中问责制(参见 Stenning,2009)以及多元警务知识交流含义的概念。正如斯坦宁所建议的那样,尽可能减少此类问题的一种方法可能是重组现有的问责制,将传统的警察委员会替换为涵盖更广的警务委员会,全面负责警务问责制和整个警务人际网络之间的信息交换。

参考文献

Berger, P. L. and Luckmann, T. (1966) The Social Construction of Reality: A Treatise in the

Sociology of Knowledge, Garden City, NY: Doubleday.

Brewer, R. (2015) 'The malleable character of brokerage and crime control: A study of policing, security and network entrepreneurialism on Melbourne's waterfront', Policing and Society. Online. DOI: 10.1080/10439463.2015.1051047.

Brodeur, J.-P. and Dupont, B. (2006) 'Knowledge workers or "knowledge" workers?' Policing and Society, 16(1): 7–26.

Cherney, A., O'Reilly, J. and Grabosky, P. (2006) 'Networks and meta-regulation: Strategies aimed at governing illicit synthetic drugs', Policing & Society, 16(4): 370–385.

Cope, N. (2004) 'Intelligence-led policing or policing-led intelligence?' British Journal of Criminology, 44(2): 188–203.

Crawford, A. (2006) 'Policing and security as "club goods": The new enclosures?', in J. Wood and B. Dupont (ed.) Democracy, Society and the Governance of Security, Cambridge: Cambridge University Press.

Danish Legal Rights Association (Retspolitisk forening) (2010) 'Høringssvar fra Retspolitisk Forening vedrørende udkast til bekendtgørelse om behandling af personoplysninger i PolitietsEfterforskningsstøtte Database (PED)', Justitsministeriets sagsnummer 2005–1112–0002, København.

DeLanda, M. (2006) A New Philosophy of Society: Assemblage Theory and Social Complexity, London: Continuum.

de Lint, W., O'Connor, D. and Cotter, R. (2007) 'Controlling the flow: Security, exclusivity, and criminal intelligence in Ontario', International Journal of the Sociology of Law, 35(1): 41–58.

Diphoorn, T. and Berg, J. (2014) 'Typologies of partnership policing: Case studies from urban South Africa', Policing & Society, 24(4): 425–442.

Diphoorn, T. and Grassiani, E. (2016) 'Securitizing capital: A processual-relational approach to pluralized security', Theoretical Criminology, 20(4): 430–445.

Dupont, B. (2004) 'Security in the age of networks', Policing & Society, 14: 76–91.

Ericson, R. V. and Haggerty, K. D. (1997) Policing the Risk Society, Oxford: Oxford University Press.

Executive Order on PED (Bekendtgørelse om behandling af personoplysninger i Politiets Efterforskningsstøtte Database PED) (2010) Danish Ministry of Justice, 2 July.

Gundhus, H. I. (2013) 'Experience or knowledge? Perspectives on new knowledge regimes and control of police professionalism', Policing, 7(2): 176–192.

Hobbs, D., Hadfield, P., Lister, S. and Winlow, S. (2003) Bouncers: Violence and Governance in the Night-time Economy, Oxford: Oxford University Press.

Hoogenboom, B. (2006) 'Grey intelligence', Crime, Law and Social Change, 45(4/5): 373–381.

Høyer, T. (1999) Den Store Nordiske Rockerkrig, København: Gyldendal.

Johnston, L. and Shearing, C. D. (2003) Governing Security: Explorations in Policing and Justice, London: Routledge.

Jones, T. and Newburn, T. (1998) Private Security and Public Policing, Oxford: Clarendon Press.

Lippert, R. and O'Connor, D. (2006) 'Security intelligence networks and the transformation of contract private security', Policing & Society, 16(1): 50 - 66.

Madsen, H. (2001) Kriminelle betjente, København: Politikens Forlag A/S.

Mazerolle, L. and Ransley, J. (2005) Third Party Policing, Cambridge: Cambridge University Press.

Ministry of Justice(Justitsministeriet)(2016) Retsudvalget 2015 – 16 REU Alm. del Bilag 289. Offentligt, København: Justitsministeriet.

Murphy, C. (2007) '"Securitizing" Canadian policing: A new policing paradigm for the post 9/11 security state?' Canadian Journal of Sociology, 32(4): 449 - 475.

Nielsen, M. (2008) 'Restauratører siger nej til rockere', Aarhus Stiftstidende, 21 January. Online.

Pedersen, M. L. and Ribe, M. Ø. (2016) Flowet i rocker/bandemiljøerne, København: Justitsministeriets Forskningskontor.

Pyrooz, D. C. and Decker, S. H. (2011) 'Motives and methods for leaving the gang: Understanding the process of gang desistance', Journal of Criminal Justice, 39(5): 417 - 425.

Rigakos, G. (2008) Nightclub: Bouncers, Risk, and the Spectacle of Consumption, Montreal and London: McGill-Queen's University Press.

Rhodes, R. A. W. (2006) 'The sour laws of network governance', in J. Fleming and J. Wood (ed.) Fighting Crime Together: The Challenges of Policing and Security Networks, Kensington: University of New South Wales Press.

Shearing, C. (2004) 'Thoughts on sovereignty', Policing & Society, 14(1): 5 - 12.

State Attorney(Rigsadvokatens beretning)(2005) 'Behandling af klager over politiet', Online.

Stenning, P. (2009) 'Governance and accountability in a plural policing environment: The story so far', Policing, 3(1): 22 - 33.

Søgaard, T. F., Houborg, E. and Pedersen, M. M. (2017) 'Drug policing assemblages: Repressive drug policies and the zonal banning of drug users in Denmark's club land', International Journal of Drug Policy, 41: 118 - 125.

Søgaard, T. F., Houborg, E. and Tutenges, S. (2016) 'Nightlife partnership policing: (Dis)trust building between bouncers and the police in the war on gangs', Nordic Journal of Studies in Policing, 3: 132 - 153.

Thusing, B. (2008) '45 dørmænd til kaffe hos politiet', Århus Stiftstidende, 18 September. Online.

Union of Police Chiefs(Politimesterforeningen)(1998) Alkohol- og narkokontrol: En rapport fra Politimesterforeningens, København: En arbejdsgruppe vedrørende Politiets Indsats på Beværterområdet.

Union of Police Chiefs(Politimesterforeningen)(2002) Beretning: Vedrørende politiets forhold til dørmandsvirksomhed, København: En arbejdsgruppe nedsat af politiets personaleorganisationer.

van Liempt, I. and van Aalst, I. (2016) 'Whose responsibility? The role of bouncers in policing the public spaces of nightlife districts', International Journal of Urban and Regional Research, 39: 1251–1262.

Volquartzen, M. (2009) I tryghedens navn: Politiets rolle i det senmoderne samfund, Frederiksberg: Frydenlund og CeRePo.

Walby, K. and Monaghan, J. (2011) 'Private eyes and public order: Policing and surveillance in the suppression of animal rights activists in Canada', Social Movement Studies, 10(1): 21–37.

Weiss, J. (2002) 'Skærpet jagt på rockere', Berlingske Tidende, 26 September. Online.

Whelan, C. (2016) 'Informal social networks within and between organisations: On the properties of interpersonal ties and trust', Policing: An International Journal of Police Strategies & Management, 39(1): 145–158.

第十章 情报主导的警务私域化：从事法务工作的审计员[①]

嘉尼·弗莱赫德

引言

40年前，尼尔·克里斯特发表了文章《作为资产的冲突》(Christie, 1977)。克里斯特在其中描述了国家如何通过采用刑事司法制度来将潜在冲突从直接参与冲突的人们，特别是犯罪受害者以及某些程度上的犯罪者身上带走。刑事案件的底线是，该过程已从特定当事方之间的冲突转变为当事方之一与国家之间的冲突。克里斯特认为，这可能以多种不同的方式发生："冲突被消除、分散、融化或变得不可见。"(Christie, 1977: 7)本章将主要关注被"带走"的同时也因而消失的冲突。

公司和组织一直都可以内部处理冲突。但是，我的论点是，由于外部私营部门对各种风险和冲突局势的解决方案迅速出现，就带来了质和量的转变。我选择关注安全产业的一个相对较新的领域——审计公司。我将基于情报主导警务阐述三家瑞典审计公司——普华永道(PWC)、安永(以前的安永会计师事务所)和毕马威会计师事务所(KPMG)——提供的所谓"法务服务"。审计师已成为情报主导的警务领域的新参与者。

当公司和组织面临各种类型的问题(包括犯罪)时，为什么要转向私人冲突管理

[①] 这项研究是在瑞典研究委员会资助的"新风险和新参与者：多元警务领域的恐怖主义和有组织犯罪"项目的背景下进行的。作者要感谢大卫·香农对文本的翻译。

服务而不是司法系统？他们现在聘请私人行为者从事情报主导的警务工作,这对克里斯特所说的冲突管理来说意味着什么？我要回到的一个问题是,这种私域化是否导致了冲突被重新归给克里斯特所描述的原始当事方。克里斯特觉得受害最重的一方,即犯罪受害者,在这种情况下通常是一家私营公司。

新的安全格局？

马克·舒伦伯格在他的《社会的安全化》一书中对公私二分法提出了质疑,因此：

> 当公共和私人之间的选择权被极端放大时,诸如政府、刑法、定罪、镇压、人口和非营利组织等要素在公共执法方面将发挥作用。另一方面,私域警务的特点是合同、风险、预防、集团和利润目标。这种二分法可能会受到严重质疑。……的确,在当前的安全形势下,公共和私人之间的区别似乎正在逐渐消失,以便为"混合"联系让路,在这种联系中,参与方的参与和责任被重新改造、制定和认定。

(Schuilenburg,2015:15)

舒伦伯格关于公私区别瓦解的论点可能与关于安全和不安全以及相关风险心态如何影响警务的广泛辩论有关(Ericson and Haggerty,1997;Zedner,2009)。可以看出,在20世纪90年代初发生的两次广泛的政治变化对一般警务特别是情报主导警务产生了重大影响。这些也进一步影响了公私关系。第一次政变涉及扩大的安全概念,该概念在冷战结束后不久出现,并提出了一种全新的风险思维方式(Flyghed,2005;Zedner,2009)。第二次政变涉及随着新自由主义趋势而出现的私域化浪潮,其重点是新公共管理(NPM)以及公共资产的出售和私有化(参见White,2016,另见第三章)。在以下部分中,我将简要介绍这些变化中的第一个,然后回到第二个。接下来是描述私营咨询活动的总体扩张以及这对审计公司的工作及其在警务领域的地位的影响。

扩展的安全概念的出现

苏联解体后,军事入侵不再被视作是威胁。然而,冷战结束后,人们并没有为之欢欣鼓舞,而是将讨论转向了"扩大的威胁"。对非军事性质的威胁和危险的讨论变得越来越普遍。国际安全政策发生了重大变化,因为它基于比以前更大范围的威胁和风险。"从纯粹的军事角度看待安全性现在已成为一种过时的方法"(Prop. 1995/96:12:8)。负责这些事务的不再是军事防御部门:整个社会都必须参与。安全概念因此被扩展为包括"可能影响我们国家安全的所有事物"(同上),现在包括较为传统的国家安全威胁、冷战后趋于爆发的新冲突,以及全球发展趋势和现代社会的脆弱性所伴随的威胁和风险(同上:83)。在列出的具体风险中却没有任何进一步定义的有:"恐怖主义""国际有组织犯罪""严重破坏基础设施系统""大规模毁灭性武器"和"危害环境的犯罪"。扩大的安全概念使得很难清楚地区分构成传统性安全政策威胁的因素和构成和平时期风险的因素。因此,"不希望在一般层面上划分明确的界线,对可能在和平时期给社会带来严重压力事件与不会对社会造成严重压力的事件之间进行区分"(Ds 1998:32),这是一个值得注意的声明。

对安全威胁的这种扩展看法为各种形式的警务的广泛私域化创造了条件。在冷战成为历史之后,新的威胁心态和风险情景确立,仅仅几年后,私人安保行业就开始快速发展(例如,参见 Abrahamsen and Williams, 2011; White, 2016)。这种发展也不仅限于以监视和实体安全措施为形式的传统警务。如今,情报管理也由包括审计公司在内的私营行为者来进行(另请参阅第九章)。面临需要解决的风险和冲突的公司和组织越来越多地参与安全行业。由于各种原因,人们选择的是私营公司行为者,而不是警察和检察官。

常态化、私域化和顾问

安全行业已经发展到了巨大的规模。它似乎无法满足守护我们安全的这一诉求。从控制和安全行业广泛的新监视和分析技术中可以看出这一点。人们可能会问,将先进技术与安全行业的情报工作联系起来会发生什么。[1] 尽管对公共安全和情报服务的控制已在很大程度上表明自身是不充分的,[2]但几乎没有针对

---

[1] 有关讨论,请参见基南 2014 年和施耐尔 2015 年。
[2] 见 SOU,2003:87;Flyghed,2011。

私营安全公司的控制。按照国际标准,这些私营安全公司是非常大的公司。例如,G4S(Group 4 Securicor)是最大的国际私营安全公司,在100多个国家和地区拥有61万名员工。塞科利达是该领域另一个最大参与者之一,在53个国家和地区拥有业务并拥有33万名员工。在瑞典,G4S和塞科利达分别拥有约4 000和9 000名员工(Berndtsson and Stern,2013:64)。随着时间的流逝,安全公司在各个领域也变得越来越专业化(Abrahamsen and Williams,2011)。①

那么如何解释私营安全行业的这种扩张呢?哪些行为者曾经参与过该过程?从扩大风险角度来看,私营安全公司是监视和控制领域发展中的五个重要角色之一。不同行为者的动机和利益影响着扩张过程,在这一过程中,异常威胁和异常反应逐渐趋于正常。我将这一过程描述为例外的常态化(Flyghed,2003)。表10.1是这些不同行为者的外部(显性)基本原理与其内部(潜在)基本原理之间的关系以及它们与诚信问题之间关系的理想类型表述。② 这主要是五个行为者有助于异常情况常态化的过程的内部基本原理,这一过程有利于私营安全行业的发展。

在这种情况下,安全行业是利益的中心。该行业的外部基本原理是提供有效控制,从而提高公共安全。但是,这些公司还希望最大化其市场份额并增加利润。为此,他们对影响我们对重要威胁的认识有着浓厚的兴趣。他们这样做的部分原因是基于风险观点,认为越来越多的社会领域需要监视和控制。该业务理念是从个人和机构对所遭受犯罪的恐惧中获利。对这种担忧的利用是控制和监视扩展背后的强大动力。安全行业一直在不断提出新的解决方案和产品,它们希望能够解决冲突,无论冲突是否涉及非法活动。

表10.1 五个行为者与受控制的扩张间关系的理想类型表述

行为者	外部基本原理	内部基本原理
安全行业	对犯罪和罪犯的有效控制	增加行业影响力,使收益最大化
警方	打击犯罪	扩大组织,获得增加的资源

---

① 在直接军事行动中向州或其他行为者提供支持的私人公司、私人军事公司(PMC)不在本章范围之内。
② 当然,理想的类型介绍不能排除不同行为者之间重叠和互动的可能性。

续表

行为者	外部基本原理	内部基本原理
政治家	打击犯罪	将新的立法作为政绩象征
媒体	传递信息	增加发行量,使收益最大化
专家	提供知识	受到关注,被引用,职业生涯更进一步

　　警察的主要任务包括控制犯罪以及维护公共秩序和安全。这构成了他们的外部理由。他们的内部理由是,出于组织和利己的原因,他们一直渴望扩大活动并获得更多的资源。为了使组织的持续存在合法化,发现新的威胁。这种类型的理由绝不是警察独有的:它是所有官僚机构的特征。

　　政治家的明确目标是打击犯罪。他们宣称的目标是减少犯罪并改善公共安全。但是政客们也利用立法的象征性功能,向选民展示其效率。控制策略是提供此类演示所需条件的舞台。

　　媒体的外部原理是传达信息。但是,它渴望增加发行量并吸引大量观众,从而增加广告和订阅收入,导致人们将注意力集中在戏剧性和特殊事件上。由于媒体专注于极端情况,它对威胁和风险的感知被扭曲了。

　　专家的外部原理是提供相关知识。与组织和公共部门机构签约的很大程度上是学者,他们可以提供作为决策依据的信息。安全公司和其他工商业部门也非常需要专家:通常是与各种类型的智囊团相关的专家。媒体也一直需要愿意被引用的专家。这些专家的内在理由是引起人们的注意,这在他们进行研究应用并帮助他们发展事业时可能是有利的。在最近的几十年中,这五个行为者的内部基本原理不仅促进了异常威胁的常态化,而且也推动了异常控制方法的常态化。风险评估的使用有所增加,其重点已经扩大:不安全领域不断扩大,并为私营部门行为者开辟了新的市场。

扩大咨询业务

　　审计公司已经在扩展的安全市场中找到了一席之地。与传统的审计工作相比,他们的业务现在不仅涵盖更广,而且涉及的不仅仅是每年检查一次或两次公司账目(Arwinge,2015)。一个新的领域是对可疑犯罪活动的调查:较大的审计公司已经建立了专门从事这一活动的部门。普华永道、安永、毕马威和德勤等大公司已投资开发调查专业知识，并建立了风险分析和冲突管理专业部门。在他们的网站上，此类活动通常显示在"法务服务"标题下。

一种可能的解释是近几十年来新公共管理的扩展。这导致了广泛的放松管制和私域化，并为整个咨询行业的快速扩张提供了强大的动力，咨询行业的数量和规模都在增长，并且变得更加多样化。在所谓的"管理咨询行业"内，新专业知识发展迅速。研究文献称之为管理咨询服务（MAS）（参见 Furusten and Werr，2005:2）。造成这种趋势的因素之一是风险管理理念的快速发展，这反过来又引发了或多或少具体的不安全场景。这种不安全的心态是新专业知识的命脉，新专业知识的经营理念是风险："风险的词汇和技术……为 MAS 供应商、教育者和风险管理者开辟了新的角色。组织可以使用新的语言和技术，这使它们的未来看起来更加可控。"（Furusten and Garsten，2005:24）在"传统服务组合中增加了新的咨询服务"的意义上，与其他专门提供这些服务的公司相比，审计公司脱颖而出（Furusten and Werr，2005:1）。这些新服务之一是其法务部门承接的以情报为主导的警务。

自 20 世纪 60 年代以来，审计师的咨询活动发生了重大变化，并已扩展到与传统的审计账目工作相距甚远的领域。现在，对每条验证进行详细检查的操作模型已过时，而中心思想已变成内部控制的思想，内部控制涵盖了公司经营的更广阔领域（Wallerstedt，2009:177-178；Arwinge，2010:21ff）。70 年代初，全球主要的审计公司开始扩展其咨询业务，包括公司开发、生产、营销、财务规划和控制以及信息处理和管理系统。私营部门日益国际化是这一趋势的主要推动因素。它产生了对涉及专业能力的新服务的需求，这些能力与传统审计活动没有直接联系。还应牢记欧盟的成立对审计行业具有重要意义（Wallerstedt，2009:268ff；Arwinge，2010:95-96）。随着内部市场的建立，公司面临着需要特殊能力的全新问题，其中一些审计公司已经能够提供这些能力。国际因素对专业关注的影响也体现在瑞典最大的审计公司被安永、普华永道和毕马威等国际巨头接管上。

审计专业知识新领域的出现

詹姆斯·威廉姆斯发表了许多有关法务会计和公司调查行业的文章。他研究了加拿大的情况,并侧重于经济犯罪,特别是欺诈和其他金融违规行为。在20世纪70年代和80年代上半期,警察开始利用审计公司的专业知识,在他们必须处理的通常非常复杂的案件中,对财务文件和交易进行调查和分析。这是因为警察本身缺乏"这类案件所需的财务专业知识,其中许多案件极其复杂,并且需要依靠对文件、数千笔金融交易的分析、理解和合法陈述"(Williams,2004:6)。一个新的市场正在开放,但它仍然主要基于私人行为者的审计能力,主要是协助警方工作。直到80年代中期,审计公司才开始将其活动范围扩展到传统审计工作之外,并建立自己的部门来提供风险分析和先进的调查业务。根据迈克尔·鲍尔的观点,审计专业人士开始识别不同类型的风险,这导致他们的咨询和顾问活动显著扩大(Power,2007:43ff.)。下一阶段始于90年代初,当时主要公司成立了法务部门:这意味着他们将ILP纳入其投资组合。从以前审计师开展的活动相当有限,到现在已经"转向了广泛的调查和咨询服务,专门针对企业社区的财务安全需求"(Williams,2004:7)。下一节非常简要地介绍了这三家公司(安永、普华永道和毕马威)在瑞典的活动。

审计公司和情报主导的警务

审计公司的法务部门雇用审计师、律师、前检察官和警察、经济学家和IT专家。因此,其中许多人以前曾在政府部门工作过。在这方面,可以说是专业扩展,即现有专业知识扩展到新领域(Furusten and Werr,2012:274)。一些观察者认为,这两个部门之间似乎已经打开了一扇旋转门,有时会导致公共行政部门与私营公司之间的共生(O'Reilly and Ellison,2006:654)。国家和公司安全部门之间的交叉提供了一个清晰的例子,说明了在安全领域区分公共服务和私人服务的难度越来越大。这些发展与上文所述的舒伦堡对公私二分法的质疑相吻合。

埃里克森和哈格蒂描述了公共部门和私营部门之间这种转移的另一个方面,涉及警方长期以来如何聘请具有审计能力的公司顾问来担任复杂的刑事调查专家(参见第九章)。随着时间的流逝,这些顾问了解了警方如何处理此类案件所涉及的法律问题:"有了这些知识,他们便能够专门从事法务会计工作,他们的工作是使公司犯罪案例避开警方和刑事审判制度。"(Ericson and Haggerty,1997:206)

这样，私营部门行为者进入市场显著影响了冲突的管理。

这三家审计公司的共同做法是与全球范围内的公司同事紧密广泛地合作。这个国际网络意味着他们可以获得包括 ILP 在内的大量专业知识。举几个例子，普华永道在 157 个国家和地区拥有 20.8 万多名员工，其中 3 600 名在瑞典工作。在全球范围内，公司近 3 000 名员工从事法务服务。安永全球员工总数 23 万多人，其中有 3 800 名在公司的欺诈调查和争议服务（FIDS）部门工作，这批人遍布 70 个国家（EY, 2016:5）。在描述这一业务领域时，安永特别提到对欺诈的刑事调查，并提供与冲突（争端）有关的帮助。在国际范围内，毕马威（KPMG）拥有法务部门已有 15 年之久，但该公司在这一领域的瑞典业务相对较新。但是，由于公司在全球设有办事处，因此拥有大量可获取的专业知识。他们在瑞典相对较小规模的法务部门可以利用如毕马威荷兰公司总部的权限。

审计公司通常受委托为大型公司工作，他们在该领域的工作并不总是与犯罪活动有关：它可能针对违反公司行为守则或特定行业道德规范的行为。但是，在大多数情况下，工作重点是数据泄露、腐败、挪用公款、金融市场违法行为，例如内部交易和使用虚假发票或反垄断违法行为。他们的职责是修补损失、保护资产并防止某些事情再次发生。这可能涉及风险分析，以便可以避免这些风险，例如通过引入良好的报告结构，或确保付款授权流程足够。审计公司还从志愿组织和公共部门机构那里获得佣金：例如，他们调查了地方和县议会部门中的几起腐败、贿赂案件。普华永道还支持警方和检察官进行刑事调查。过去，他们曾协助过当时的经侦支队。瑞典警方没有像美国、英国和加拿大的警方那样将选定的刑事调查职能外包。但是，根据 PWC 法务负责人所说，我们可能会在不久的将来看到变化。

普华永道已经完成了各种由情报主导的传统警察工作。他们甚至有能力进行 DNA 分析以进行调查。在瑞典，他们拥有"自己的内部法证实验室，在复制硬盘驱动器和手机内容方面具有很高的专业知识"。IT 取证是公司内部强大的增长领域，据普华永道称，他们具有独特的技术专长。这使瑞典普华永道能够吸引大量外国公司作为客户。如果公司的员工被怀疑有可疑的行为，例如违反道德守则、贪污、信息泄露或其他某种犯罪行为，他们可以复制犯罪嫌疑人的工作电话和计算机上的所有内容，包括电子邮件。他们还主要根据公共信息进行个人背景调查,例如,通过检查个人收入并将"生活方式"与主要支出项目进行比较。在某些情况下,他们会对受到怀疑的雇员进行讯问。他们还会绘制广泛亲友关系的社会关系图谱,以查找指向如其他公司的个人。他们可以使用的全部技术都可以用来收集信息并绘制受委托进行调查的个人的生活。该公司的分析部门将对这些材料进行分析,并为客户(犯罪嫌疑人所在的公司)撰写报告。在某些情况下,这种以情报为主导的私人监管措施可能导致雇员突然被解雇。

是犯罪还是"商业问题"?

警察和私人行为者之间的一个重要区别是,前者将违反规范视为犯罪,而后者则将其视为商业问题(Williams,2004:12)。谢林指出,在商业中,"正义的既定概念意义不大",而对于这些公司而言,"惩罚不是治理的中心做法"(Shearing,2001:211)。私人安全"对维护法治几乎没有兴趣"(Zedner,2009:91)。最重要的不是看到有人受到法院的制裁,而是要阻止泄密、收回资产损失或将损失降到最低,并防止再次发生类似事件(同上:108,另见 Schuilenburg,2015:164)。"预见商业风险并最小化由此带来的损失是商业安全实践的本质"(Johnston,2000:30)。私人保安公司是否将情报报告移交给刑事司法系统完全取决于客户公司的意愿。[①] 客户公司拥有如何处理案件的决定权。这是审计公司和其他安全公司的业务概念中的重要元素,尤其是当它们进行情报主导的警务时。因此,并非总是将由私营公司处理的可疑刑事罪行报告给警察。国际经验表明,公司仅在特殊情况下选择对雇员提起法律诉讼。"私营部门通常安静地解决内部问题"(Dorn and Levi,2007:224)。它们对此更深的顾虑是,事实上通常需要很长时间才能通过司法系统起诉此类案件。仅有少数几个案例是出于象征性的原因,而不是出于经济方面的原因。威廉姆斯认为,以这种方式起诉加拿大和美国的案件不超过1%或2%(Williams,2005:198)。这意味着我们正在面临一种可能被视为具有巨大潜在自由裁量权的潜在平行私人司法系统。

[①] 有一个例外,涉及有洗钱嫌疑的案件。在这种情况下,审计公司必须向警方报告这些嫌疑。

警务领域的审计师

作为在警务领域中定位审计公司的法务业务的一种方法,我们可以基于对传统警务工作的图解性描述继续进行研究(表10.2)。"主动型警务工作"一词是指在犯罪发生之前进行的行动,而"被动型"措施是在犯罪后采取的。

表 10.2　私人行为者活动示意图

	主动	被动
镇压型 (违反诚信)	1 出于预防目的收集、编译和分析信息。 初步、非特定的调查活动。 以情报为主导的行动。	2 收集、汇总和分析有关涉嫌违规行为、犯罪的信息。 刑事调查。
非镇压型 (不违法诚信)	3 预防、创建安全例程。 培训和信息提供。	4 调查和报告。 传统审计。

审计公司的法务工作在表格的第 2 格中:镇压性质的被动型警务活动,以情报主导的刑事调查工作为形式;以及在表格第 3 格中:非镇压性质的主动型警务活动,以对风险评估的培训和信息提供为形式。表格第 4 格包含标准审计活动。除了与雇用员工有关的背景控制外,没有迹象表明本章中讨论的公司当前正在瑞典进行任何主动镇压类型的活动(第 1 格)。但是,安全公司已经为瑞典的海外公司进行了咨询工作。例如,2013 年,瑞典斯堪斯卡公司和其他建筑公司根据咨询公司提供的情报将活跃的工会成员列入黑名单(Green,2013)。但是,在美国、加拿大和英国,安全公司或审计公司进行主动镇压型警务工作并不少见。大公司有时会雇用安全公司,有时会与警方合作,以渗透对他们持批评态度的激进组织。这些秘密行动的主要目的是收集信息并抹杀批评的声音(参见 Lubbers,2012:156ff.;Evans and Lewis,2013:294ff.)。

有效的自由裁量权:坏的商业信誉和好的商业信誉

一份针对瑞典情况的问卷调查表明,在本章讨论的情况下,公司求助于审计公司和安全公司而不是警方,主要原因有两个(Flyghed,2014)①。一个是效率,另一个是自由裁量权。效率这一动机来自这样一个观点:这些安全公司在许多领域具有比警察更高的专业知识水平,并且比警察能够更快地工作。许多调查参与者称警方和诉讼的途径缓慢。但是,雇用私人公司的最重要原因是可以自由裁量。那些为安全顾问交付的产品付费的人可以控制如何使用收集到的信息以及是否将其公开。从对审计公司安全人员的采访中可以看出,客户公司选择私人解决方案是为了保留冲突的所有权。调查完成后,公司自己可以决定是否将此案移交给警察和检察官。如果他们判断这会导致负面宣传,则可以将信息保留在公司内部。如果案件转交给警察,你将永远无法确定将会公开什么、公开多少:"一旦警方接手,你将无法控制。"(Williams,2004:13)因此,对客户公司而言,自由裁量权和保密性是至关重要的,或者,正如威廉姆斯采访的公司之一所说的那样,"你要做的就是购买自由裁量权"(同上:14)。这种自由裁量权的结果是,即使在犯罪案件中,也可以使以情报为主导的警务变得无形。

假定在审计公司进入法务专业领域前,公司出现问题就内部自行处理,这种假设是不无道理的。公司和其他组织显然对降低成本感兴趣,如果事实证明,聘用外部专家比在内部培养这种能力要便宜,那么他们自然应该聘请审计公司的顾问。但是,无论分析和调查是由公司内部进行还是外包给审计公司,客户都将控制权握在手中。如果评估表明将案件移交给警察可能会导致商誉败坏,那么公司极有可能永远不会公开犯罪或非犯罪方面的违规行为。"企业高管渴望避免与此类事件相关的尴尬和负面宣传"(Williams,2004:13)。

讨论

在这个国际化时代,一个经常出现的问题是,国家的作用是否改变,如果改变,又改变了多少(参见第十一章)。关于这个问题的许多讨论都集中在国家主权

---

① 该研究包括对四家公司工作负责人的访谈。还与审计公司专业组织的代表、瑞典授权公共会计师协会(FAR),以及瑞典企业联合会负责安全问题的个人进行了其他采访。另一个相对较小的调查问卷研究是与60家瑞典公司和组织的安全人员一起进行的。为了补充调查表数据,我还采访了其中四个公司、一个组织和一家大型医院的安全人员。

及其主要任务之一：警务上。亚伯拉罕森和威廉姆斯得出结论说："换句话说，安全已越来越超出国家范围。"（Abrahamsen and Williams, 2011:217; 又见 Johnston, 1992; White, 2016）。这种说法对吗？显然，国家的控制职能已被削弱，部分原因是像欧盟这样的国际组织现在正在影响国家警务，部分原因是安全公司进入控制领域。但是，国家仍然扮演着重要角色：如果公司未能在内部解决问题，则冲突最终会转移到国家司法机构。这种可能性也是公司与希望摆脱的员工进行谈判时施加压力的有效形式。将冲突移交给警察和检察官的威胁可能会有助于接受公司提出的冲突解决方案。在这种情况下，作为最后手段，国家显然仍然发挥着重要作用。

但是，在这些问题上，私人和公共之间存在重大差异。私营公司从严格的经济角度考虑成本效益和利润最大化：使用咨询服务的安全公司和客户公司都是如此。这与国家考虑公民安全的方式不同：在这里，没有私营企业所驱动的那种利润动机。在国家的主持下进行的活动中，至少从理论上讲，委托人是公民，作为纳税人，他们的安全理应受到保护。国家的安全和情报服务对他们负责。但是，承包公司和审计公司对完全不同的人员负责：股东和公司董事会，他们的兴趣是增加市场份额并实现利润最大化。有时警察决策的透明度可能会有所不足，原则上完全将私人公司的董事会视线挡住了。缺乏法律和政治控制是私人安全行业经常出现的问题，尤其是情报主导的警务（Pütter, 2010）。与警察相反，"私营部门是完全不受控制和约束的"（Evans and Lewis, 2013:295）。安全公司的获利动机（其内部原理）也意味着它们对影响公共部门感知的威胁本质，并因此对参与"塑造保护政策"具有浓厚兴趣（Berndtsson, 2012:2）。利安德和斯皮尔林指出，私营承包商"在欧洲越来越多地参与确定优先事项"（Leander and Spearin, 2013:211）。这些通常实力强大的公司使用"军事或安全专业人员的正式和非正式人际网络"将他们的想法付诸实践（同上）。根据费利的说法，促进创新的主要是私营企业家，尤其是在涉及新型社会控制形式时。从历史上看，这些私人行为者一直是"创新的最重要的单一来源"（Feeley, 2002:322）。通过这种方式，"安全商业化改变了确定国家优先事项的倡议类型"（Leander and Spearin, 2013:2010）。因此，它们对什么可以被认为是最大威胁、什么是最合适的对策都有影响。

回到尼尔·克里斯特的讨论，我认为私营安全公司的警务工作标志着私人与公共关系的新变化，这次是从公共转向私人。对于那些拥有足够资源来消除国家控制中的冲突并将其管理权转移到完全私有领域的公司和组织来说，出现了新的机遇。这可以看作是将冲突交还给当事方，但其重要区别在于，其中一个当事方由于对私人冲突解决领域的无知而与冲突大为疏远；冲突已变得不可见，这是与克里斯特的原意相反的。实力较强的一方（"受害者"）有效地购买了对该流程的控制权，因此实力较弱的一方（在本例中为"犯罪者"）影响问题处理方式的能力降低了。与国家处理冲突时相比，潜在的受害者和犯罪者之间的权力关系变得更加不平等。然后至少要有正式机构的参与：警察、检察官、法院和嫌疑人的法律代理。根据克里斯特的观点，通常隐形的是受害者，因此保护看不见的受害者很重要（Christie, 1977: 7）。但是在这里提到的案例中，潜在的受害者（客户公司）试图使冲突不可见。如果冲突公开化会带来负面宣传的风险，这可能会破坏其活动，则公司将确保冲突仍在组织内部。由于完全看不见这种私人程序，因此购买服务的公司将接管整个司法程序——取代警察、检察官和法院。嫌疑人没有法律代表。如果员工选择不同意公司提出的解决方案（例如无偿解雇），则公司总是有可能以刑事司法制度威胁个人。克里斯特认为，在过去，冲突是直接参与其中的当事方的问题，但后来由国家接管，并在国家与肇事者之间引起争端。随着私营部门行为者的进入，国家再次脱离了冲突的舞台，冲突又退还给有关各方。可以认为，结果就产生一个几乎是平行的私有化的司法系统：一个正义被商品化的系统（Zedner, 2006: 88）。私人程序被隐藏起来的这一事实也引起了人们对公司内部疑似有不当行为的个人可以享有的法律确定性和完整性的质疑。人们还可能会问，没有任何授权或审查机构会如何影响方法的选择。

在这种情况下，另一个重要的问题是哪些雇员面临上述内部调查类型的风险。正是由公司内部的高级职位人员来确定哪些冲突会带来形成恶意的风险，从而确定应如何处理给定的冲突。

有充分的理由认为，只有在非常特殊的情况下，这些高级人员才有可能遭受这种形式的调查。当这些人意外发现自己被怀疑犯下诸如环境犯罪或违反国际法之类的刑事犯罪时，他们通过提及某种更高的利益来捍卫自己的情况并不少见,例如他们的行为能为公司盈利(Schoultz and Flyghed,2016)。换句话说,依旧是生意。

自 20 世纪 90 年代初以来,安全和解决冲突已成为安全行业能够向负担得起费用的公司和组织推销的服务。因此,企业能够求助于私营部门行为者,避免陷入他们认为具有风险的冲突局势中。他们希望自己掌控流程,因为这使他们能够以最适合公司的方式来管理冲突。这种情况下的犯罪不是由强势方犯下的,但是是由强势方掌控的。作为结果,风险和不安全性出现广泛商业化。

参考文献

Abrahamsen, R. and Williams, M. (2011) Security Beyond the State: Private Security in International Politics, Cambridge: Cambridge University Press.

Arwinge, O. (2010) Internal Control: A Study of the Concept and Themes of Internal Control, Licentiate dissertation: Linköping University.

Arwinge, O. (2015) En introduktion till intern styrning och kontroll, Riga: Sonoma.

Berndtsson, J. (2012) 'Security professionals for hire: Exploring the many faces of private security expertise', Millennium-Journal of International Studies, 40(2): 1-18.

Berndtsson, J. and Stern, M. (2013) 'Sweden: Public servants from the private sector', in A. Leander(ed.) Commercialising Security in Europe: Political Consequences for Peace Operations, London: Routledge.

Christie, N. (1977) 'Conflict as property', British Journal of Criminology, 7(1): 1-15.

Dorn, N. and Levi, M. (2007) 'European private security, corporate investigation and military services: Collective security, market regulation and structuring the public sphere', Policing and Society, 17(3): 213-238.

Ds 1998: 32 Skyldigheter och befogenheter vid svåra påfrestningar på samhället i fred [Obligations and powers in the context of severe stresses on society in peacetime], Stockholm: Justitiedepartementet.

Ericson, R. and Haggerty, K. (1997) Policing the Risk Society, Toronto: University of Toronto Press.

Evans, R. and Lewis, P. (2013) Undercover: The True Story of Britain's Secret Police, Croydon: Guardian Books.

EY(2016) 'Forensic analysis with leading technology: the intelligent connection', EYGM Fraud Investigation and Dispute Services.

Feeley, M. (2002) 'Entrepreneurs of punishment: The legacy of privatization', Punishment and Society, 3(4): 321-344.

Flyghed, J. (2003) 'Normalising the exceptional: The case of political violence', Policing and Society, 13(1): 23 – 41.

Flyghed, J. (2005) 'Crime-control in the post-wall era: The menace of security', Journal of Scandinavian Studies in Criminology and Crime Prevention, 6(2): 165 – 182.

Flyghed, J. (2011) 'Cover up or dig up? Inquiries into security services in welfare states: The cases of Norway, Sweden and Denmark', in Stuart Farson and Mark Phythian(eds) Commissions of Inquiry and National Security: Comparative Approaches, Santa Barbara, CA: Praeger/ABC-CLIO.

Flyghed, J. (2014) 'Privat område? Revisionsbyråers och säkerhetsföretags polisarbete', in L. Finstad and M. Lomell(eds) Motmæle: En antologi til Kjersti Ericsson, Cecilie Høigård og Gurli Larsen, Oslo: Novus förlag.

Furusten, S. and Garsten, C. (2005) 'New Professionalism', in S. Furusten and A. Werr (eds) Dealing with Confidence: The Construction of Need and Trust in Management Advisory Services, Holbæck: Copenhagen Business School Press.

Furusten, S. and Werr, A. (2005) 'Bringing in managerial expertise from external markets', in S. Furusten and A. Werr(eds) Dealing with Confidence: The Construction of Need and Trust in Management Advisory Services, Holbæck: Copenhagen Business School Press.

Furusten, S. and Werr, A. (2012) 'Expertsamhällets organisering: Okunskapens triumf?', in S. Furusten and A. Werr(eds) Expertsamhällets organisering, Lund: Studentlitteratur.

Green, A. (2013) 'Skanskas ursäkt pr-strategi', Arbetaren, 42: 6.

Johnston, L. (1992) The Rebirth of Private Policing, London: Routledge.

Johnston, L. (2000) 'Transnational private policing: The impact of global commercial security', in J. Sheptycki(ed.) Issues in Transnational Policing, London: Routledge.

Keenan, T. P. (2014) Technocreep: The Surrender of Privacy and the Capitalization of Intimacy, Vancouver: Greystone.

Leander, A. and Spearin, C. (2013) 'Conclusion', in A. Leander(ed.) Commercialising Security in Europe, London: Routledge.

Lubbers, E. (2012) Secret Manoeuvres in the Dark: Corporate and Police Spying on Activists, London: Pluto Press.

O'Reilly, C. and Ellison, G. (2006) '"Eye spy private high": Re-conceptualizing high policing theory', British Journal of Criminology, 46(4): 641 – 660.

Power, M. (2007) Organized Uncertainty: Designing a World of Risk Management, Oxford: Oxford University Press.

Prop. 1995/96: 12 Totalförsvar i förnyelse [Total defence in renewal], Stockholm: Sveriges Riksdag.

Pütter, N. (2010) 'TSC, FACI, TCS: Privatisierte Sicherheit im globalen Kontext', Bürgerrecht und Polizei, 3: 53 – 60.

Schneier, B. (2015) Data and Goliath: The Hidden Battles to Collect Your Data and Control

Your World, New York: Norton & Co.

Schoultz, I. and Flyghed, J. (2016) 'Doing business for a "higher loyalty"? How Swedish transnational corporations neutralize allegations of crime', Crime, Law and Social Change, 65(3): 203-220.

Schuilenburg, M. (2015) The Securitization of Society: Crime, Risk, and Social Order, New York: New York University Press.

Shearing, C. (2001) 'Punishment and the changing of the governance', Punishment and Society, 3(2): 203-220.

SOU(Swedish Government Official Reports)(2002: 87) 'Rikets säkerhet och den personliga integriteten. Betänkande av säkerhetstjänstkommissionen' [National Security and Personal Integrity. Report from the Commission of Inquiry into the Security Service]. Fritzes, Stockholm.

Wallerstedt, E. (2009) Revisorsbranschen i Sverige under 100 år, Stockholm: SNS förlag.

White, A. (2016) 'The market for global policing', in B. Bradford, B. Jauregui, I. Loader and J. Steinberg(eds) The SAGE Handbook of Global Policing, London: Sage.

Williams, J. W. (2004) 'Reflections on the private versus public policing of economic crime', British Journal of Criminology, 45(3): 316-339.

Williams, J. W. (2005) 'Governability matters: The private policing of economic crime and the challenge of democratic governance', Policing & Society, 15(2): 187-211.

Zedner, L. (2006) 'Policing before and after the police', British Journal of Criminology, 46(1): 78-96.

Zedner, L. (2009) Security, London: Routledge.

第五部分
联合力量

第十一章 权衡风险与威胁：通过情报手段确保边境安全

海伦娜·O·I·冈杜斯[①]

引言

欧洲刑警组织在其网站上列出了最大的安全威胁，包括恐怖主义、国际毒品走私、人口走私和洗钱活动（Europol, 2017a）。欧洲反犯罪威胁多学科平台（EMPACT）最近也将引渡非法移民放在第一位，该平台旨在"打击利用伪造文件滥用合法移民渠道"（Europol, 2017b）。欧洲刑警组织已针对这一优先事项启动了战略计划、项目和行动计划。在意大利和希腊建立了"热点地区"[②]，欧洲刑警组织与欧盟边防局、欧洲边境和海岸警卫队以及欧洲庇护支持办公室（EASO）等组织合作，打击非法移民和其他跨境犯罪，目的是迅速找出并遣返那些不必庇护的人。

正如范德沃德、巴克和范德良（Van der Woude, Barker and Van der Leun，

[①] 本章各节基于本人与项目负责人、奥斯陆大学卡佳·弗兰科共同研究的"欧洲边疆的犯罪控制"项目（由欧洲研究理事会资助，2016年完成）以及由挪威研究委员会资助的在研项目"现代警务新趋势"子项目"跨国警务：平凡全球背景下的警务方法"的经验发现。我非常感谢与卡佳·弗兰科的合作。我也非常感谢我的合著者尼克·费菲和基拉·维斯特罗恩的评论，并衷心感谢约翰·伊特·里达尔、辛尼夫·扬森、埃伦德·帕斯切、詹姆斯·谢普蒂基和安妮特·维斯特比对本章先前版本的建设性评论。

[②] 其他机构是欧洲检察官组织（Eurojust）和负责自由、安全与司法领域的大型IT系统维运管理的欧盟机构EULisa。热点在欧盟边防局网站上的定义如下："热点是欧盟外部边境的一部分，或者是移民压力极高且流量混合的地区，需要欧盟机构对受影响的地区通过提供强有力的协调支持，由欧盟区域专案组（EU-RTF）执行。"（欧盟边防局，2017）

2017)指出的那样,移民在欧洲和国家层面都变得越来越安全,"导致了针对成员国移民的一系列政策和立法改革"。将当前的大规模移民浪潮描绘成一场危机,不仅使申根协定国家之外和之间增加的控制合法化,而且使犯罪控制与移民控制的日益融合合法化:将移民与跨境犯罪战略结合在一起。但是,越来越多的文献探讨逃离时对移民的安全威胁(例如参见 Weber and Pickering, 2011)。就像指出如何将人权和人道主义话语用于反驳边境军事化的研究一样(Andersson, 2014; Aas and Gundhus, 2014),这一系列文献提出的风险和安全问题,要比对边境和国家安全的狭隘关注更为广泛(Loader and Walker, 2007)。

因此,为了记录跨境情报主导的警务(ILP)中犯罪、威胁和安全的交织,我将探讨欧洲内部的数据收集、信息交换和安全治理如何受到与流动人口管理带来的全球威胁的影响。根据对欧洲和挪威边境警务经验研究的结果,[1]我将探索这种特殊的背景如何提供构架风险指标的概念,以及哪些手段适合实现目标和生产情报产品。欧盟边防局将成为审视这些问题的渠道,它宣称的目标是"协调欧盟层面的情报驱动型业务合作以增强外部边界的安全性"(Frontex, 2017)。情报和风险分析用于提高效率,减少不必要的控制并产生安全性(也请参见第一章和第七章)。欧盟边防局(2016d)在运营、战术和战略层面上进行风险分析,以帮助"决策者针对最有可能对外部边境的管理以及最终欧盟内部安全产生可持续影响的共同和一致行动做出明智的决策"。识别风险是实现此目标的一种手段,与 ILP 相关的决策过程旨在提供这种支持。本章的目的是概述 ILP 如何与全球警务相关的道德挑战互相影响。将通过观察如何选择风险和危险、正式和非正式风险沟通系统在此类过程中的作用,来分析情报循环。

我将借鉴一些研究风险和危险选择的理论方法,特别是犯罪学和文化风险理论交叉方法(Hannah-Moffatt, 1999; Lianos and Douglas, 2000; McCullough and

---

[1] 由欧洲研究委员会资助的由卡佳·弗兰科领导的团队进行了总共 68 次采访。采访可以分为八类与边境和外国公民维持治安有关的案件。欧洲边境和海岸警卫队机构、欧盟边防局和挪威公共警察是主要数据来源。研究中包括的机构是挪威国家刑事调查局(KRIPOS)、警察局、国际处和移民或外国人项目、挪威国家警察移民局、司法和公共安全部、欧盟边防局国家专家库和欧盟边防局华沙人员。我们的数据还包括奥斯陆警区的三起案件,这些案件的重点是与罗马尼亚的合作(由安妮特·维斯特比进行)、西非人际网络和驱逐出境(由辛尼夫·扬森进行),以及挪威警察大学的培训和教育。

Wilson,2016;Mythen,2014;Zedner,2009),以及与批评安全研究交叉的方法(Amoore,2013;Huysmans,2006)。有观点认为,将风险选择更好地概念化为基本的道德和政治过程,与将ILP框架化为警察内部决策的客观专业化形成鲜明对比。通过审视移民与犯罪控制的交叉点,本章有助于在全球性落差的背景下讨论ILP,并质疑跨境警务只是对全球威胁和风险的机械反应。全球化引起了人们对内部和外部安全、国家和国际刑法、警察和军队以及刑法和移民法之间既定区别的质疑(Aas,2013b)。潜在的目的是调查ILP的全球背景对于理解"犯罪移民"和"危险身份"意味着什么。从经验的角度来看,它表明ILP受现有全球层次结构的影响,同时又对其产生影响。因此,本章对相对有限的全球威胁和风险警务的实证研究做出贡献。

本章分为两个部分。在介绍了欧盟边防局及其情报活动之后,它首先检查了该机构"通用综合风险分析模型"的风险指标,并探讨了其对风险和威胁的定义如何受到国家安全而不是公民安全的影响。第二部分着眼于联合作战中的实地决策过程,并探索援助警官如何通过在联合作战中和在国内收集不同类型的信息来协商他们使用的数据的协同产生。研究情报如何采集、采用和运用于跨境警务可能会为监视和安全实践关键方面的讨论开辟道路,包括警察在社会中与政治有关的角色以及与民主有关的问题问责制。它还描述了将基本不确定的数据带入实现阶段的过程。以自我预防干预为目标的风险识别使社会脱离风险阶段(Phythian,2012:190)。

欧盟边防局——情报活动

自从2004年成立以来,欧盟边防局一直以情报主导和风险驱动的机构形象示人。该机构在华沙的总部拥有约300名员工,其状况中心和风险分析部门也以此为基地。该机构宣布,其目的是预防、侦查和制止跨境犯罪和非法移民,情报部门将为如何实现这一目标提供支持。风险分析将构成所有欧盟边防局活动的基础——从用于高级战略决策的战略分析到支持运营活动的计划和实施的运营分析。因此,至关重要的是,探索这种分析如何在确保边界安全的目标与机构日益认识到其确保基本权利的责任之间取得平衡。正如其他地方所观察到的那样,

"貌似欧盟边防局的目标是与边境警务的'最高标准'一道,系统地实现更有效的边境管制"(Aas and Gundhus,2014:4)。

管理外部边境的协调与责任一直是该机构对侵犯人权行为的回应的持续讨论的一部分。自2004年成立以来,非政府组织、①欧盟机构、②国际组织③和民间社会等各种行为者都提出了批评,并提出了关于核心基本权利(尤其是)在欧洲国家外部边境是否以及如何获得保障的质疑,尤其是生命权、尊重权、获得有效救助的权利,以及不被送回遭受折磨迫害和不人道待遇的权利(即不推回原则④)(尤其参见FRA,2013a)。例如,人权观察这一组织将欧盟边防局描述为"欧盟的脏手"。另一方面,该机构面临着很高的公众和政治期望,这将有助于提升边境的警务标准,这也是其职权范围的一部分。

2014年5月15日修订的欧盟边防局法规,明确规定了该机构在其所有活动中监督和尊重基本人权这些职责方面的独立作用(第26a条)。这意味着它有责任查明对基本权利的威胁,并在运营战略和实践中实施有效的机制来保护基本权利,并与绩效衡量相结合。因此,欧盟边防局应该建立避免侵犯基本权利的机制,员工和援助官员有责任在日常实践中促进基本权利(FRA,2013a,2013b)。因此,2015年的欧盟边防局(2016b)总体报告包括一项基本权利进度报告。鉴于基本权利的重要性,人们期望这些权利能够扎根于该机构的知识生产机制中,更具体地说,是风险指标制定中。

集体分析风险

接下来,我将探讨在机构的正式风险分析模型——通用集成风险分析模型(Common Integaated Risk Analysis Mode,CIRAM)中,什么是负责任的可见风险、威胁和不确定性。哪种类型的知识对于数据收集有价值,然后被当成风险进

---

① 大赦国际(2008,2010,2012a,2012b);人权观察(2009,2012);支持难民(2007)。
② 例如,参见欧洲委员会议会大会(PACE,2012)、欧洲防止酷刑委员会关于意大利的报告(CPT,2010)和欧盟基本权利机构(FRA,2013)。
③ 尤其参见国际移民组织(IOM,2010)和联合国毒品和犯罪问题办公室(UNODC,2010,2011)。
④ ECtHR在Hirsi案中阐明了这一原则,请参见ECtHR,Hirsi Jamaa等诉意大利[GC],第27765/09号,2012年2月23日。

行交流？从成员国、欧盟各个机构①、第三方国家和组织（如 UNCHR 和 IOM）以及开放来源收集了大量数据（Frontex,2016d）。

欧盟边防局风险分析旨在创建外部边境情况的全貌，以及影响当前情况的关键因素、趋势和模式。通过分析收集到的数据，它有助于产生欧盟外边界非正常移民和跨境犯罪活动的全局。目的为应采取的行动提供建议："一旦确定了与欧盟外部边界管理相关的薄弱环节，欧盟边防局将就如何弥补这一薄弱环节提供建议。"（Frontex,2016c）风险分析部门将为决策者提供战略建议，其基础是理性决策模型，该模型受意料之外的事态发展和不可避免的偏见所困扰（Handel,2003:8）。该机构有一个名为 Analytics（分析）的专家级专家组，负责监督收集数据的管理，并为分析师提供数据和分析服务。分析的风险分析方法主要以人为中心：

> 人们在收集到的数据背后对其进行分析，并根据数据做出决策。识别数据中的模式，通过分析提高分析人员的经验以及将地理环境与所获得的知识相集成，旨在帮助决策者理解其关键业务决策。Analytics 支持识别有助于管理人员提高决策质量的其他信息。
>
> （Frontex,2016d）

欧盟边防局基于标准的通用集成风险分析模型，以结构化方式定期与其合作伙伴交换信息。该信息交换模型基于已建立的协作风险分析网络。当前，在战略风险分析领域中有 6 个活跃的欧盟边防局风险分析网络（FRAN），它们与欧盟边防局风险分析部门连接，该部门由风险分析和成员国的情报专家组成。② 用来进行风险分析的方法似乎非常有力，解决了经常针对此类分析的若干批评（Frontex,2016b）。它被介绍为风险分析方法的最前沿，并清楚地考虑了情报循

---

① 为了提供战略风险分析产品，欧盟边防局汇集了来自各种来源的信息，包括成员国和非欧盟国家的边境当局、欧盟合作伙伴（例如欧盟委员会、欧洲庇护支持办公室、欧洲刑警组织、欧盟对外行动署、欧盟卫星中心和欧盟统计局）、国际组织（例如难民署、国际移民组织、国际刑警组织）和开放源（监督部门、智囊团、学术界和媒体）。

② 有趣的是，欧盟边防局目前还与非欧盟国家管理着四个类似于 FRAN 的区域情报共享社区，这些包括：西部巴尔干风险分析网络（WB-RAN）、东欧边界风险分析网络（EB-RAN）、土耳其欧盟边防局风险分析网络（TU-RAN）和非洲前沿情报界（AFIC）。

环中众所周知的缺陷,例如仅分析过去的事件和反复出现的问题,从而无法识别新的或正在出现的威胁(Sheptycki,2013)。该方法既包括用于构建未来方案的复杂技术支持,又包括对所收集数据的人工解释。该模型还通过建立通用标准、定义和指标,在数据处理中吸纳开放来源的信息,以及建立对话和人类互动的人际网络和场所,明确尝试减少因远程警务而造成的各种障碍。但是,正如我们将看到的那样,这些标准不是中立和客观的,而是基于威胁和不安全的理论和(政治)概念(另请参见第十三章)。

CIRAM 威胁和漏洞

现在,我将研究这个正式的风险评估系统如何定义威胁。问题是什么被视为不稳定的生活,以及这种生活如何与全球多样性的增长联系在一起。CIRAM 的目的通过以下方式描述:

> CIRAM 的目的是建立一种清晰、透明的风险分析方法,该方法应作为分析活动的基准,从而成为促进协调一致和边境安全领域有效信息交换与合作的前提。……寻求增进对风险分析的共识,同时解释该工具如何增加外部边境管理工作的连贯性。
>
> (Frontex,2012a:12)

CIRAM 旨在最大限度地减少 CIRAM 指南中称为"非法"的边境所造成的威胁,同时最大限度地提高真实旅行者的行动自由。风险分析模型是与他们所谓的"合作伙伴"紧密合作而建立的:"随着时间的流逝,这项工作已经建立了一个模型,这是外部边境中优势、劣势、机会和威胁的模型,从而使欧盟边防局能够平衡资源和风险,恰到好处地保护边境。"(Frontex,2012:9)与该机构关注基本权利相反,CIRAM 风险分析模型仅针对边境而不是针对移民来定义威胁和脆弱性:

> 脆弱性:由系统缓解威胁的能力决定。脆弱性被理解为是边境或欧盟内可能增加或减少威胁的程度或可能性的因素。
>
> (Frontex,2012b:109)

在这种方法中,脆弱性是指边界的脆弱性,而不是人类越过边界的脆弱性

(Aas and Gundhus,2014)。它涉及边境的地理属性、边境控制措施的存在和有效性、遣返协定的存在和侨居社区的存在,这可能是吸引移民的拉动因素。因此,非正规移民,包括那些有合法保护需求的移民,主要是根据其风险质量(即威胁)而不是其脆弱性来定义的。该模型将威胁定义为"作用于外部边境的力量或压力"(同上:20)。它是根据一系列统计指标来衡量的,例如在边境被拒绝入境的人数、在边境被捕的第三国国民人数以及被拦截的帮凶人数。因此,欧盟边防局中风险话语的结构揭示了国家安全与人类安全之间的脱节。风险分析显然是用国家安全的语言来构成的,因此,即使在解说移民的脆弱性时,风险分析也倾向于使用国家安全和有组织犯罪的语言(Aas and Gundhus,2014)。

这与更普遍的趋势相一致,在这种趋势中,将移民控制和驱逐出境作为调查人员衡量警察成功与否的新标准(Gundhus and Franko,2016;Gundhus,2017;参见第十四章)被添加到调查和量刑中。更有效地确保边境安全可能会重新确立国家主权,并且正如上述风险指标所暗示的那样,移民的脆弱性和人身安全并未得到解决。最近对热点模式在希腊和意大利的实施方式进行的评估清楚地表明,从人权的角度来看,热点模式将带来重大风险:在进行身份识别和信息登记时,以及由于预先识别措施和接收能力不足导致庇护程序的获取受到阻碍时,都记录了侵犯基本权利的情况(请参阅 Amnesty International,2016;ECRE,2016)。我将在本章后面进一步讨论这些评估。

正如其他地方所言,尽管欧盟边防局承认生命权的重要性和"尽管有先进的技术监控系统"、成员国每月的统计报告、对信息提供者的深入采访、与第三国的信息交流"(Aas and Gundhus,2014:10),矛盾的是,该机构还是未系统地收集有关边境移民流动性或死亡的信息。该机构广泛的数据收集手段及其绩效指标均未旨在收集信息,使成员国能够采取预防措施和其他适当步骤来保护其管辖范围内的人们的生命(FRA,2013a:29)。尽管就救助遇险船只的义务以及欧盟边防局搜救行动的充分性和时机性对生命权进行了广泛的辩论,但正如其他地方所指出的,情况确实如此:

> 权利如何在扎根于机构的绩效指标及其知识产生机制方面很少受到关注。然而,正是由于缺乏对移民死亡率的"了解意愿",人道主义和安全考虑

225

之间的差异才变得最明显。

(Aas and Gundhus,2014:10)

因此,风险分析部门谈到了"不可能"计算边境死亡和人员伤亡的事实,这是事实。他们认为这很重要,并且有机会做到这一点,但正如受访者所言,显然对此有所保留:

> 我们曾在一段时间前考虑过应该开始(收集有关人员伤亡的信息),但那时还为时过早。但是,尤其是由于现在的欧洲边界监视系统正在成为……而欧洲边界监视系统的主要目的之一是防止人员伤亡,我们认为我们也许应该建立一些更系统的方法。当然,欧洲边界监视系统本身应为此提供一个机会,这很重要,当然,在一定程度上也与陆地边界有关。有的地区是山区,在目前的情况下,我们可以看到人们正在死亡,或者有时会有洪水等等,所以这很重要。但是我们目前还没有系统地进行此操作,但是我们的意图是开始对此采取行动。

(FR3,负责风险分析,2013 年 3 月)

未能系统地记录信息,确实意味着该信息在政策框架和机构知识实践中被认为是微不足道的(Andreas and Greenhill,2010:1)。这可能表明,该政策将人们分为需要保护的人群和不需要保护的人群。因此,通过分析指导实践的关键风险指标,可以发现法律或政策和风险工具之间存在明显差距,而欧洲边境监控系统(Eurosur)的实施方式也表明了这一差距。该计划于 2014 年启动,不仅通过减少跨境犯罪的发生,减少了未被发现的进入欧盟的非法移民的数量,提高了整个欧盟的内部安全,还通过挽救更多的海上生命减少了非法移民的死亡人数。但是,欧洲边境监控系统不包括系统记录边境上的移民死亡人数,而是旨在追踪危险的流动人口,借以阐明移民流动压力的差异并灌输分担责任的意识。

如前所述,基本权利也被宣布为欧盟边防局总体边境局势监测活动的核心关注点(Frontex,2016b:58)。但是,没有任何工具或数据收集例程和实践可以证明这一点。我们可以看到,移民控制和犯罪控制的安全目标是用人类安全和挽救生命的语言精心提出的,但是如果人们检查组织绩效指标、风险分析模型方法和监控系统,对基本权利的强调就很难辨认(Aas and Gundhus,2014)。因此,该机构的知识生产会影响其对移民死亡率监控系统的响应,以及在欧盟外部边境保护生命权的结构性条件。如上所述,国家与人类安全之间的二分法在欧盟边防局这个机构中是可见的,而欧盟对非常规移民的反应则更为普遍,这将在下一部分中详细介绍。

实地风险

在本节中,我将研究挪威援助警察在访谈中对他们认为有实地价值信息的论述,并询问该数据在多大程度上揭示了政策与实践之间的进一步差距和矛盾,特别是在信息交流方面。国家安全和人类安全之间的二分法如何在地方层面体现出来?涉及运营风险分析和决策流程的工作如何在现场进行管理和协商?

根据修订后的2011年法规,欧盟边防局可以创建欧洲边防警卫队,以部署在联合行动和所谓的快速边境干预中。有关如何以及何时启动此类操作的决定取决于风险情报。自2009年以来,挪威警察就参与了欧盟边防局联合行动。2015年,挪威参与者达到47名,在欧盟边防局可以组建欧洲边防警卫队(欧盟边防局)的欧盟成员国约2 900名警官中,所占比例很小(2016a:18)。这个警卫队由13种不同专业的人士组成,包括边境管制各种专家中的第一战线和第二战线(Frontex,2016a)。部署的警官是边界管理不同领域的专家,包括陆地和海洋边界监视和控制、警犬管理和假证件的识别,以及第二战线活动,例如建立和登记在边境发现的移民的国籍(筛查人员)的情况,并就移民路线和移民问题与移民进行面谈,以收集有关走私路线、运输方式等方面的情报(汇报员)。欧盟边防局在部署联合行动之前,还会为援助官员提供特定的培训(Frontex,2016a)。在47位挪威人中,有25位是汇报专家,随后有6位二线访谈专家和5位筛选专家。

汇报和筛选工作的核心是收集数据以产生情报和上述风险分析。筛查人员协助有关成员国进行信息登记、国籍筛查、指纹识别和欧洲边境监控系统注册,并帮助筛选出缺少身份或身份不安全的人。汇报员为欧盟边防局收集有关移民流动、走私路线和跨境犯罪的情报。这些信息被输入CIRAM并进行分析,以用于战略、战术和运营决策。在2014年之前,欧盟边防局人员仅为成员国收集个人数据。但是,从那时起,欧盟边防局被允许出于情报目的收集个人数据。2016年,欧盟边防局开始在意大利、西班牙和希腊收集有关涉嫌恐怖主义、走私人口和其他可能越境犯罪的人的个人数据。这是运营项目 PeDRA(用于风险分析的个人数据处理)的一部分。如网站上所述：

> 它代表了欧盟打击受协助非正常移民和其他跨境犯罪的重要里程碑,因为它表明欧盟边防局联合行动可以用作一个有效平台,用于在欧盟层面收集和后续分析可疑犯罪分子的个人数据。

(Frontex,2016b)

PeDRA 必须确保对包含个人数据的信息进行有效管理,并从操作区域向国家和欧盟级别进行报告。欧盟边防局将数据用于风险分析(根据数据保护原则),并每天传输给欧洲刑警组织,以支持成员国的调查并为该机构提供新的调查领域。到 2016 年 11 月,共收到 2 000 份报告,并对涉嫌参与非法移民、人口贩卖或其他跨境犯罪活动的人进行了 1 400 篇描述(Frontex,2016b)。毫无疑问,这一数据收集实践将产生新的信息,这些信息将影响 2016 年的风险分析和情况描绘,包括与跨境犯罪有关的更多细节。

真实性和权威数据

我们在 2014 年的采访是在收集与跨境犯罪有关的数据之前进行的。援助警官通过充当筛选者来收集成员国的个人数据。大多数警官报告说,他们被"行动的地点"并建立个人联系和网络的机会所吸引,这将对他们在国内的日常工作很有用。联合行动使不同国家的同事之间建立了牢固的非正式联系,受访者说,当他们回到日常工作后,这非常有用(Franko and Gundhus,2015)。

与(国内)警察文化的传统说法相一致,(亲身)参与行动和直接体验事物的能力,从具体的角度来说,被认为对于执行警官看来真实而适当的警察工作至关重要。以行动为导向的任务的价值、现场经验和兴奋(Loftus,2009)也影响了受访者对于什么样的数据有价值的看法。正如先前有关警察内部知识产生的研究中发现的那样,视为有用数据的是真实的或权威的信息,这些信息是新鲜的并且基于个人经验(Gundhus,2013)。与移民进行面对面的交流被认为可以确保信息的准确性。这种将知识视为个人经验的观点与 ILP 理想形成了鲜明对比,ILP 理想强调方法论和对科学方法的信任。正如受访者所揭示的那样,他们认为从自己的经验中获得的实地知识比为决策制定的风险分析更有价值。受访者强烈认为,警察同事之间的信息交流比通过 ICT 系统进行正式情报共享更为重要。这与其他针对警察的怀疑主义和对通过 ICT 共享知识的矛盾心理的研究相一致(参见例如 Cotter,2015;Whelan,2015,2016;另见第八章)。但是,重要的是要质疑这种基于经验的数据的质量以及可以从中得出的结论。

在调查访谈模型(PEACE 模型)中,通过建立信任和所谓的"融洽关系"(Bull,2014),可以更加轻松地确定移民账户的真实性和理解其旅程的协助者。警官说,在实践中,他们在了解移民来历时需要调和同理心、专业距离和怀疑——他们称之为"做一份正确的工作"。

更重要的是,与传统的警务精神相一致,警务人员的工作性质似乎将他们的重点放在确定移民来历的真实性上,而不是看到他们的脆弱性。移民受到"筛查"和"盘问",以了解其身份、其旅途的协助者、其旅行路线、虚假证件等。在这种情况下,移民主要被视为识别走私者和其他犯罪分子的信息来源,而不是应受保护的人。这样,移民成为获取信息的工具,这些信息将被传递到情报循环中。实施 PeDRA 确实可以加强同情心和功利主义思想的这种模糊并置。例如,被采访者说的人道主义援助,像是给移民水、药品和衣服,并不是出于本身目的而提供的,而是为了维持警务特派团的总体目标而建立信任并确保合作(Aas and Gundhus,2014)。该任务现在还包括识别嫌疑人,并更加强调帮助"抓捕罪犯"。

非正式人际网络

受访者还透露,回国后,他们常常觉得自己现在可以与其他国家的同事直接联系,而不必依靠官方渠道进行国际合作。这也有利于进一步交换非正式的个人数据,否则这些数据将很难获得。主要交换的是用于验证一个人真实身份的所有类型的信息。这与之前关于跨国警务合作的研究相一致,在该研究中,警方行为者明确表示倾向于非正式人际网络(见 Boer,2010)。一次采访显示,尽管警员意识到这种交流方式违反了规则,但他们仍然非常喜欢非正式的互动和个人知识。由于可以使用非正式的交流渠道,因此正式的合作规则变得次要。正如一位警官所说:

我们每天晚上的晚餐时间互相打招呼,大家聚在一起,玩得很开心。我们交流了经验,交换了电话号码,以便我至少可以打通法国或奥地利的电话并在那里获得信息,而无须通过挪威国家刑事调查局(Kripos)服务台。如果他们打电话,他们也希望我应答。

　　我看到在边境的人一直在打电话给其他国家,也就是其他人。部分原因是他们的数据衔接不上,并且需要花费一些时间才能通过正式渠道获得该信息。……然后还有一个问题是,这是否是一个合法的灰色区域。那是另一回事,但是你需要打电话给认识的人。

(FRN 5)

　　因此,在国际警务行动期间建立的非正式人际网络,既创造了求助的机会,又创造了返还互惠的义务。个人数据情报,例如犯罪记录或国籍,需要时间才能通过正规渠道获得,但从同事那里获取信息并不能始终保证信息的准确性和可靠性。用于管理未经验证的情报的国家系统差异很大,并且如前所述,情报始终包含不确定的数据。与上述讨论相一致,有用信息是被认为对短期警务工作切实可行且有用的数据,最终却是最不安全的数据,质量保证最低(Gundhus,2009,2013)。因此,对及时和基于经验的知识的关注会贬低总体知识以及对深度和因果关系的理解,而这在长期流程中很有用。非正式人际联系对于共享情报(尤其是个人信息)至关重要。根据移民警务受访者(PU1)的说法,身份证和身份证检查的验证使非正式的协作、网络和外交技巧绝对必要。但是,从官方渠道获取信息越困难,数据的不可信性和不确定性就越大。与其他国家的同事进行合作也可能意味着与具有不同专业和职业道德标准的人们进行合作:例如,人们与私人行为者之间的联系更加紧密,形成了不同的警务团体,他们可能为不同的目的而工作(Abrahamsen and Williams,2011)。

　　与警官和国家高级管理人员表示倾向于非正式联系相比,有力迹象表明,欧盟边防局作为一个组织,一直在系统地寻求提高法律和专业标准(Franko and Gundhus,2015)。我们的受访者经常认为该机构是官僚机构,与实际情况有距离。它依赖正式的沟通渠道和程序标准,并且偏爱以复杂英语撰写的标准化报告,这使得警官很难在个人层面上与该机构建立联系,进一步增加了他们对非正式社交渠道的需求。

我们关于如何在现场进行情报谈判的发现突出了几个问题。一种是非正式人际网络广泛用于获取情报，特别是有关与身份检查有关的个人数据的情报。另一个是执法逻辑掩盖移民的脆弱性和任务的人道主义方面。收集情报程序数据的目标掩盖了移民的脆弱性，并强调了真实信息作为情报循环所需原始数据的重要性。关于用于执法的个人数据收集的最新变化可能会加强这种趋势。例如，警方的资源和分类过程可能更多地集中在使用强制措施上，而不是确定弱势群体的需求及其保护。

犯罪预防和强制性措施

实地执法和自上而下的知识产出都表明国家安全应获得优先地位，凌驾于移民的脆弱性和任务的人道主义方面(Aas and Gundhus，2014)。受访者谈到了做援助警官所面临的挑战：需要采取外交态度，并在对违反道德和人权的行为的批评与对东道主的尊重之间找到适当的平衡。一位警官描述了由于"我们在协助希腊警方的同时，我不同意他们的方法和他们与人交谈的方式"(FRN 2，Frontex screener)而产生了不可避免的矛盾。但是，正如已经说过的那样，工作人员和援助警察被期待着通过积极的正式和非正式社会控制和法规履行其促进基本权利的职责(FRA，2013a，2013b)。这也意味着，挪威援助警察已经举报了警察违反基本权利的行为和侵犯人权行为，正如在其他地方描述的那样(Franko and Gundhus，2015)。

如情报机构的目标所述，情报主导警务的另一个目标是根据实际威胁分配武力和资源的使用。使用情报背后的想法是减少不确定性并更合理地分配资源。但是，始终存在与风险和威胁的警告和预测相关的不确定性。尽管通常将情报过程描述为中立和科学的，但文献强调这一事实，即情报产生的类别反映了道德和政治类别(Hannah-Moffat，1999；Ericson and Doyle，2003)。特别是在移民控制的背景下，人们的兴趣已转移到犯罪集团和人际网络的潜力上，而不是个人所犯的实际犯罪行为上——采用了前瞻性方法。这伴随着关注点的改变，从某人已经做过的事情、动用惩罚性话语和刑事犯罪的道德考量，到他或她是谁（即他们的公民身份、国籍、身份和道德行为）。如果将不确定的身份视为危险，则在一定程度上为使用更多强制性方法确定身份开辟了道路,这一过程被称为将身份有罪化(Aas,2013b)。将移民作为未来的风险加以控制,还将犯罪和恐怖主义联系起来,这些方式可能使移民和寻求庇护者成为潜在的罪犯或恐怖分子。

正如费西安(2012:190)所指出的那样,"根据定义,风险发生在未来"。把犯罪控制变为接近风险的这一明显变化可以用几种方式来批评——例如,缺乏限制警察权力使用的核心要素,或用于放弃法治。总体情况是,朝着先发制人、预测和预防逻辑的转变明显地降低了刑法的保障原则,不管是在任何此类犯罪行为发生之前将其行为重新定义为犯罪行为(另见第二章和第四章),还是通过在预防或制止犯罪的各种行政工作过程中尽早干预(另请参见第九章和 McCulloch and Pickering,2009)。

自引入热点方法以来,没有什么比在强制使用身份识别方法的登记中越来越多地使用强制措施更为明显了,该方法将欧洲刑警组织、欧洲庇护支持办公室和欧盟边防局整合在一起。2015 年引入了热点方法,通过更快地识别、筛查和过滤所有新到的男人、女人和儿童,改善了对难民和移民的接待(European Commission,2015b)。在研究热点方法时发现,人们主要关注边境压力、边境脆弱性以及缺乏对特殊需求和保护的风险识别,这给移民带来了重大风险,并且"有必要为了确保其完全遵守国际人权法和欧盟庇护所规定的义务而对移民采取额外的保障措施、进行严格的监控"(ECRE,2016:9)。例如,国际特赦组织(Amnesty International,2016)声称,这一政策正在导致意大利的移民遭受虐待和酷刑。他们的研究包括意大利警察用来获取指纹的强制方法,包括殴打、电击和性屈辱的指控(Amnesty International,2016:17)。的确,大赦国际的报告表明,在意大利,有时不是"识别、筛选和过滤"的情况,而是"滥用、误导和驱逐"的情况。尽管其目的是为了找出有保护需求的人员,但根据 ECRE(2016:17)的热点警务研究,在流程的所有部分都可见违规行为:

> 侵犯基本权利的行为包括实施身份查验和登记做法,包括出于拍照、提取指纹的目的使用任意拘留和强制措施;入境后警察立即采取预先查验措施,在没有提供充分资料的情况下阻碍进入庇护程序;根据国籍区别对待和遣返;接收能力不足,特别是对于需要专门庇护的弱势群体而言;最后,缓慢

而有限的迁移工作对缓解意大利的压力几乎没有帮助。

据报道，移民被立即拘留，没有任何机会申请庇护：他们得到的信息不正确或"过快地"回复。这些观察显然证明使用了不合理的权力手段，这可能与为了情报和控制收集数据的道德方面的讨论有关（请参阅第六章）。可以提出的道德问题是，这种强制性做法在多大程度上是合理的。关于这种做法的其他道德问题也与指纹的实用性以及获取指纹的危害和成本有关：如果要尊重人权，可以在多远的距离内强制提取指纹以及将拒绝被提取指纹的人在希腊和意大利热点地区拘留多长时间？

因此，已经普遍转向在登记、身份验证以及生物特征数据的获取方面使用更具强制性的措施。热点地区已采取强制性措施，以阻止经过意大利和希腊的难民和移民在其他国家寻求庇护，而不是在抵达国确认。因此，似乎将强制措施的使用扩展到生物特征数据收集与边境安全趋势有关，也与对移民未在像希腊和意大利这样的主要抵达国登记就转移到北欧国家的担忧增加有关。

从风险指标到道德类别

被欧洲刑警组织列为第一的威胁可能是大规模移民引起恐慌，从而使非法入境成为国家安全机构、警方和移民当局的主要威胁（Altheide，2002；Anderson，2013）。

流动人口监管的主要特征是交换有关个人"犯罪"身份的情报信息。录入数据库的内容将身份、风险和犯罪联系在一起。在上述热点地区，最近的一个例证是，包括执法和情报部门在内的各个机构之间的现场合作，旨在向国家当局提供急需的帮助，以进行登记、身份识别和庇护。这凸显了实践中情报和可疑身份是如何紧密交织在一起的（McCulloch and Pickering，2009）。对身份的关注是各种干预措施结合的基础，并且也越来越多地被定义为与移民相关的犯罪（Aliverti，2013）。在最近没有警察权的援助警官为欧洲刑警组织这一执法机构收集个人数据的趋势中，这一点尤其明显。这可能进一步加剧模糊传统警务方法（如情报、执法和预防）之间的区分。除此之外，在人道主义边缘的警务表明警察执法和保护义务之间的交织越来越紧密，最明显的是在欧盟边防局海上救援行动中。

对报告、风险指标和运营文件的分析，揭示了国家安全目标与对移民脆弱性的关注之间的矛盾和分离（Aas and Gundhus，2014）。正如我们所论证的那样，由于警方在人道主义边缘的办事方式，这一趋势也蔓延到陆地上的警务实践中。这使得很难确定移民脆弱性方面的风险，例如，人口贩运受害者、健康问题人群或无成人陪伴的未成年人的脆弱性。从脆弱性到有组织犯罪的话题跳跃类似于买卖话语中经常观察到的那种跃迁（Aas and Gundhus，2014）。正如皮克林（Pickering，2011）指出的那样，打击犯罪的目的与受害者的需求背道而驰，最终可能导致人们对受害者的脆弱性的关注度降低。

奥斯（Aas，2013a）询问如何重新思考违法行为的建构与全球等级秩序之间的关系。通过将分类过程颠倒过来，研究行动自由、免遭驱逐等如何基于预先建立的全球性国家等级秩序，人们清楚地看到，不巧出生在南半球是那些国家国民的法定不利条件。某些国家的公民被统称为潜在的安全风险——可以通过政府间合作予以消除。因此，偏差国家产生异常身份，并帮助对异常身份进行分类和定罪。目的是不对实际已经发生的不当行为进行执法。世界各地风险社区的情报和风险指标可以由国籍等集体风险指标来确定，就像在热点地区一样，可以根据偏差国家的全球等级来划分。这决定了谁是危险、犯罪和有威胁的人，谁不是。如前所述，尽管风险评估被描述为中立和客观的，但是道德被嵌入风险技术风险管理的标准和体系中（Ericson and Haggerty，1997：123），例如，可以从风险和威胁如何被定义看出。因此，本章对费利和西蒙（1998）认为是被规范管理的，是异常程度而并非人的论点提出质疑。两者都被规范管理了。

警务一直关乎社会秩序，关乎将"成员"与"非成员""我们"与"他们"以及内部人员和外部人员分开（Bradford and Loader，2016）。米莉（Millie，2014）强调了风险分析和风险治理如何导致社会问题的政治化或犯罪化，并指出这是警察采取预防措施和面向未来的意外结果。在一定程度上，这也扩大了警察在社会中的作用："对风险的关注导致其他领域警务职责的扩展，即使这种扩展引起了这些角色与传统情报收集之间的冲突。"（Millie，2014：57）此外，移民控制已成为这一扩展角色一部分这一事实表明，在警务工作中公民身份的重要性日益提高。正如巴克（2012：118）所说：

正如露西娅·泽德纳(Zedner,2010)所解释的那样,随着警察(刑事司法人员)越来越多地进入移民控制、检查和校准身份领域,公民身份本身已成为维持治安和犯罪控制的关键。当我们意识到只有非公民才能被驱逐出境,被像国家敌人一样对待,意识到这种会影响甚至损害其人权的机制时,公民身份和国家归属在全球或后民族世界中的中心地位就变得显而易见。

在情报研究中,人们还广泛认为情报是一种社会建构,它是根据不确定的数据得出事实的(参见 Gill and Phythian,2012)。最终记录为情报的信息被存储起来以用于决策,并且正如我们所看到的那样,此过程涉及定义谁被认为是易受攻击者并应获得安全保护。正如吉尔和费西安(Gill and Phythian,2012:44)指出的那样,收集、分析和传播数据的过程(可能采取行动,也可能不采取行动)也涉及行使权力,即"知识"与"权力"(或"情报"与"政策")之间的关键联系。这意味着全球化世界中的情报受到偏差国家的全球等级制度的污染,反过来又塑造了我们对异常身份和道德范畴的理解。被认为是重要的并负责的行为能被警察看见,并对此采取行动。全球治理的性质还意味着,许多实践超出了民主控制的范围(Bowling,2009;Bowling and Sheptycki,2012)。从更广泛的角度来看,这反映出缺乏对"实地"警务实践进行官僚主义控制可能会产生各种后果,并使个人的道德和道德原则变得尤为重要(请参阅第六章)。正如阿诺迪(Arnoldi,2009,转引自 Phythian,2012:204)更笼统地表述风险:

> 确定哪种程度足够安全,最终是一个政治过程;实际上,可以说它更多地依赖于价值(和道德)而不是事实。尽管科学可以告知我们发生问题的可能性,但是科学无法决定为了使人们在道德上可以接受,需要的可能性有多低。

生物特征数据的收集受到政治压力,这在很大程度上取决于有关确保边境安全的想法以及用于评估风险和威胁的标准。我们在现场对欧盟边防局官员的采访揭示了更复杂和矛盾的情况。接近现场可以带来其他有关变化和抵制的知识。这样,对数据收集、信息交换和报告的道德怀疑就成为个人道德考虑的一部分,而不是组织方面的考虑。人权和人道主义话语在欧洲边境警务中当然可以做某种表演性的政治"工作",但在某种程度上,它们似乎也被当地行动者内部化和挪用了。因此,我们采访的欧盟边防局官员在帮助和控制之间,在以人道方式对待移民和怀疑他们之间陷入了困境，这可能导致自我怀疑和自我反省。驻希腊的一名挪威军官对此困境表示如下：

> 我们是在为美好的事情做贡献还是在帮助希腊做错事？……我希望我的子孙后代可以回顾一下他们的父亲和祖父所做的事，认为这是对的，他做得很好；这不会成为我所贡献的欧洲历史的阴影。我真的希望如此。

如在其他地方所指出的那样，他的反思揭示了一种认识，即仅仅在极度不人道的情况下拥有良好的意愿可能还不够，而且历史可能会对当前的边境管制措施做出严厉的判断(Franko and Gundhus, 2016)。这些也许是道德问题，我们所有人，包括移民控制解决方案的政策制定者和架构师，都应该问自己。

结论

一方面，欧盟边防局是欧盟委员会旨在加强边境安全的雄心勃勃计划中的核心要素(European Commission, 2015a)；另一方面，它似乎旨在系统地实现更有效的边境管制和以"最高标准"来开展边境警务(Aas and Gundhus, 2014)。这对风险评估做法有影响，并表明，在移民控制范围内，人们的兴趣已转移到潜在的群体和网络犯罪上，而不是关注个人过去的犯罪行为。与本书中的论点一致，警务的目的已变得更加主动。

正如本章所指出的那样，可以提出一个问题，即未能记录和处理移民的脆弱性是否会导致某些形式的不作为，如果是，后果是什么。该机构的知识生产对其对移民死亡率的反应以及在欧盟外部边境保护生命权的结构性条件都有影响。国家与人类安全之间的二分法标志着欧盟边防局是一个机构，也更为笼统地标志着欧盟对非常规移民的反应。关于如何在现场进行情报谈判的调查结果也突出了几个问题。其中之一是广泛使用非正式人际网络来获取情报，尤其是有关身份检查的个人数据的情报。另一个是执法逻辑如何掩盖移民的脆弱性和任务的人道主义方面。为情报程序收集数据比移民的脆弱性更重要。在这种情况下，移民主要被视为帮助发现走私和其他犯罪活动的信息来源，而不是应受保护的人。有关用于执法的个人数据收集的最新更改可能会增加这种趋势。

因此，以复杂的技术和方法为基础的 ILP 可能无法实现机构更一般和矛盾的目标。通过邀请各种参与者决定风险指标来实现更客观的决策过程的尝试，可能无法解决以下问题：风险指标与政治进程和全球性落差纠缠在一起，并受到关于谁、谁的安全需要被保护的概念的影响。在描述为移民危机的政治紧张局势中，重要的是指出基于预测的警务所造成的危害。风险的选择永远不会是中立的，必须被视为带有内在偏见。只有了解风险指标的产生方式并对其进行明确的讨论，才能在一定程度上减少这些固有的偏见。

参考文献

Aas, K. F. (2013a) 'The ordered and the bordered society: Migration control, citizenship and the northern penal state', in K. F. Aas and M. Bosworth(eds) The Borders of Punishment: Migration, Citizenship, and Social Exclusion, Oxford: Oxford University Press.

Aas, K. F. (2013b) Globalisation and Crime, London: Sage.

Aas, K. F. and Gundhus, H. O. I. (2014) 'Policing humanitarian borderlands: 欧盟边防局, human rights and the precariousness of life', British Journal of Criminology, 55(1): 1-18.

Abrahamsen, R. and Williams, M. C. (2011) Security Beyond the State: Private Security in International Politics, Cambridge: Cambridge University Press.

Aliverti, A. (2013) Crimes of Mobility: Criminal Law and the Regulation of Immigration, London: Routledge.

Altheide, D. (2002) Creating Fear: News and the Construction of a Crises, New York: Aldine de Gruyter.

Amnesty International(2008) 'Nobody wants to have anything to do with us: Arrests and collective expulsions of migrants denied entry into Europe, London, 1 July.

Amnesty International(2010) 'Greece: Irregular migrants and asylum-seekers routinely detained in substandard conditions', London.

Amnesty International(2012a) 'We are foreigners, we have no rights: The plight of refugees, asylum-seekers and migrants in Libya, London, 13 November.

Amnesty International(2012b) 'S. O. S. Europe human rights and migration control, London, 13 June.

Amnesty International(2016) 'Hotspots Italy: How EU's flagship approach leads to violations of refugee and migrant rights', London.

Amoore, L. (2013) The Politics of Possibility: Risk and Security Beyond Probability, Durham, NC: Duke University Press.

Anderson, B. (2013) Us and Them: The Dangerous Politics of Immigration Control, Oxford: Oxford University Press.

Andersson, R. (2014) Illegality, Inc. : Clandestine Migration and the Business of Bordering Europe, Oakland: University of California Press.

Andreas, P. and K. M. Greenhill(2010) 'Introduction: The politics of numbers', in P. Andreas, and K. M. Greenhill(eds) Sex, Drugs, and Body Counts: The Politics of Numbers in Global Crime and Conflict, Ithaca, NY and London: Cornell University Press.

Arnoldi, J. (2009) Risk, Cambridge: Polity Press.

Barker, V. (2012) 'Global mobility and penal order: Criminalizing, migration, a view from Europe', Sociology Compass, 6(2): 113 – 121.

Boer, M. den(2010) 'Towards a governance model of police cooperation in Europe: The twist between network and bureaucracies', in F. Lemieux(ed.) International Police Cooperation: Emerging Issues, Theory and Practice, London: Routledge.

Bowling, B. (2009) 'Transnational policing: The globalization thesis, a typology and a research agenda', Policing: Journal of theory and practice, 3(2): 149 – 160.

Bowling, B. and Sheptycki, J. (2012) Global Policing, London: Sage.

Bradford, B. and Loader, I. (2016) 'Police, crime and order: The case of stop and search', in B. Bradford, B. Jauregui, I. Loader and J. Steinberg(eds) Handbook of Global Policing, London: Sage.

Bull, R. (ed)(2014) Investigative Interviewing, New York: Springer.

Cotter, R. S. (2015) 'Police intelligence: Connecting-the-dots in a network society', Policing and Society, 27(2): 173 – 187.

CPT(Council of Europe, Committee for the Prevention of Torture)(2010) 'Report to the Italian government on the visit to Italy carried out by the European Committee for the Prevention of Torture and Inhuman or Degrading Treatment or Punishment(CPT) from 27 to 31 July 2009', CPT/Inf(2010) 14, 28 April.

ECRE(The European Council for Refugees and Exiles) (2016) 'The implementation of the hotspots in Italy and Greece: A study'.

Ericson, R. V. and Haggerty, K. D. (1997) Policing the Risk Society, Toronto: University of Toronto Press.

Ericson, R. V. and Doyle, A. (eds)(2003) Risk and Morality, Toronto: University of Toronto Press.

European Commission(2015a) 'A European Border and Coast Guard to protect Europe's external borders', press release, 15 December.

European Commission(2015b) 'A European agenda on migration', COM(2015) 240 final, 13 May, communication from the Commission to the European Parliament and the Council. Brussels.

Europol(2017a) 'About Europol', The Hague.

Europol(2017b) 'EU policy cycle: EMPACT', The Hague.

Feely, M. and Simon, J. (1998) 'Actuarial justice: The emergence of new criminal law', in Pat O'Malley(ed.) Crime and the Risk Society, Dartmouth: Ashgate: 375 – 403.

FRA (European Union Agency for Fundamental Rights) (2013a) 'Fundamental rights at Europe's southern sea border', FRA, Vienna.

FRA(European Union Agency for Fundamental Rights)(2013b) 'EU solidarity and 欧盟边防局: Fundamental rights challenges', FRA, Vienna.

Franko, K. and Gundhus, H. O. I. (2015) 'A divided fraternity: Transnational police cultures, proximity, and loyalty', European Journal of Policing Studies, 3(2): 162 – 183.

Franko, K. and Gundhus, H. O. I. (2016) 'Human rights and the(in)humanity at EU's borders', OUPblog.

Europol(2012a) 'Common integrated risk analysis(2012): A comprehensive update'.

Europol(2012b) 'Guidelines for risk analysis units: Structure and tools for the application of CIRAM version 2.0', Frontex, Warsaw.

Europol(2014a) 'General information'.

Europol(2016a) 'Annual information on the commitments of the member states to the European Border Guard Teams and the Technical Equipment Pool: Report 2015'.

Europol(2016b) 'General report 2012', Frontex, Warsaw.

Europol(2016c) 'Intelligence'.

Europol(2016d) 'Risk analysis for 2016'.

Europol(2017) 'Mission statement'.

Gill, P. and Phythian, M. (2012) Intelligence in an Insecure World, Cambridge: Polity Press.

Gundhus, H. O. I. (2009) 'For sikkerhets skyld': IKT, kunnskapsarbeid og yrkeskulturer i politiet, Oslo: Unipub.

Gundhus, H. O. I. (2013) 'Experience or knowledge? Perspectives on new knowledge regimes and control of police professionalism', Policing: Journal of Theory and Practice, 7(2): 178 – 194.

Gundhus, H. O. I. (2017) 'Discretion as an obstacle: Police culture, change, and governance in a Norwegian context', Policing: Journal of Theory and Practice, 11(1)(online first).

Gundhus, H. O. I. and Franko, K. (2016) 'Global policing and mobility, identity, territory, sovereignty', in B. Bradford, B. Jauregui, I. Loader and J. Steinberg, SAGE Handbook of Global Policing, London: Sage.

Handel, M. I. (2003) 'Intelligence and the problem of strategic surprise', in R. K. Betts and T. G. Mahnken(eds) Paradoxes of Strategic Intelligence: Essays in Honor of Michael I. Handel, London: Frank Crass Publishers.

Hannah-Moffat, K. (1999) 'Moral agent or actuarial subject: Risk and Canadian women's imprisonment', Theoretical criminology, 3(1): 71 – 94

Human Rights Watch(2009) 'No refuge: Migrants in Greece', 1 November.

Human Rights Watch(2012) 'Boat ride to detention: Adult and child migrants in Malta', 18 July.

Huysmans, J. (2006) The Politics of Insecurity: Fear, Migration and Asylum in the EU, London: Routledge.

IOM(International Organization for Migration)(2010) International Migration Law and Policies: Responding to Migration Challenges in Western and Northern Africa, Geneva: IOM.

Lianos, M. and Douglas, M. (2000) 'Dangerization and the end of deviance: The institutional environment', British Journal of Criminology, 40(2): 261–278.

Loader, I. and Walker, N. (2007) Civilizing Security, Cambridge: Cambridge University Press.

Loftus, B. (2009) Police Culture in a Changing World, Oxford: Oxford University Press.

McCulloch, J. and Pickering, S. (2009) 'Pre-crime and counter-terrorism: Imagining future crime in the "War on Terror"', British Journal of Criminology, 49(5): 628–645.

McCulloch, J. and Wilson, D. (2016) Pre-crime: Pre-emption, Precaution and the Future, Abingdon: Routledge.

Millie, A. (2014) 'What are the police for? Re-thinking policing post-austerity', in J. M. Brown(ed.) The Future of Policing, Abingdon: Routledge.

Mythen, G. B. (2014) Understanding the Risk Society, Basingstoke: Palgrave Macmillan.

PACE(Council of Europe Parliamentary Assembly)(2012) 'Lives lost in the Mediterranean sea: Who is responsible?', Doc. 12895, 5 April.

Phythian, M. (2012) 'Policing uncertainty: Intelligence, security and risk', Intelligence and National Security', 27(2): 187–205.

Pickering, S. (2011) Women, Borders and Violence: Current Issues in Asylum, Forced Migration, and Trafficking, New York: Springer.

ProAsyl(2007) '"The truth may be bitter, but it must be told": The situation of refugees in the Aegean and the practices of the Greek Coast Guard', 4 October.

Sheptycki, J. (2013) 'To go beyond the cycle of intelligence-led policing', in M. Phytian(ed.) Understanding the Intelligence Cycle, Abingdon: Routledge.

United Nations(UN) Office of Drug and Crime(UNODC)(2010) 'Smuggling of migrants into, through and from North Africa: A thematic review and annotated bibliography of recent publications'.

UNODC(United Nations Office of Drugs and Crime)(2011) 'The role of organized crime in the smuggling of migrants from West Africa to the European Union'.

Van der Woude, M., Barker, V. and Van der Leun, J. (2017) 'Crimmigration in Europe', European Journal of Criminology, 14(1): 3–6.

Weber, L. and Pickering, S. (2011) Globalization and Borders: Death at the Global Frontier, Basingstoke: Palgrave Macmillan.

Whelan, C. (2015) 'Security networks and occupational culture: Understanding culture within and between organisations', Policing and Society, 27(2): 113–135.

Whelan, C. (2016) 'Informal social networks within and between organisations: On the properties of interpersonal ties and trust', Policing: An International Journal of Police Strategies & Management, 39(1): 145-158.

Zedner, L. (2009) Security, London: Routledge.

第十二章　不断变化的警务生态和公平：在警务改革时代重新设定边界的一些启示

尼古拉斯·R·费菲[①]

引言

2013年6月，苏格兰新的国家警察部队成立两个多月之后，对爱丁堡的桑拿浴室进行了一系列搜捕。苏格兰警方的这一情报主导行动涉及约150名警官，立即引发了抗议风暴。苏格兰议会议员、妇女团体和桑拿房老板共同表达了他们的关切，因为在苏格兰警方合并之前，这种突袭是之前洛锡安区和边境警方对城市的性交易采取措施的一部分，此前得到容忍。性工作者说感到被警方做法"贬低"（BBC News，2013）。根据苏格兰议会司法委员会召集人的说法，这些突袭"提供了一个生动的例子表明人们担心地方警务——似乎在不同地方以不同的方式取得了成功——被来自上层的国家态度所取代"（同上）。苏格兰警察最高级官员之一认可了这一观点，他在一篇题为"爱丁堡的桑拿袭击突显了警察文化冲突"的新闻中指出：

> 在爱丁堡的桑拿突袭挑战了一种警务方式，这种方式在风格和方法上已经存在了十多年。苏格兰警方推行的新政策对警察采取的有关宽容和危害

[①] 本章的各部分使用由苏格兰政府资助的在苏格兰对警察和消防改革进行评估的过程中收集的数据，我非常感谢评估小组的其他成员——西蒙·安德森、尼克·布兰德、艾米·古尔丁、詹姆斯·米切尔、苏珊·雷德和迈克·伍尔文——提供的所有帮助。本章表达的观点属于我本人。

最小化的方法提出了挑战。

(The Scotsman,2014)

两年后,警察撤销了对在突袭行动中被捕的许多人的指控。从某种意义上说,这种警方行动是常规的。但是,在苏格兰地区8支警察力量合并的背景下,它的出现使它具有更广泛的意义。它例证了贾科姆安东尼奥(Giacomantonio,2015:149)所说的整合动力和加强警务协调的方式通常与情报主导的价值日益制度化有关,包括更加关注破坏和积极干预。但是,这一行动也突显了同一警察组织内不同部门和级别之间的紧张关系,这导致需要引入全国协调的资源来解决当地问题,而这显然没有考虑到当地警务团队的工作。在本章中,我想进一步探讨这些发展,重点是在2013年国家警察部队成立之后,重新调整苏格兰警务的组织结构。从概念上讲,很多方面的研究都来自贾科姆安东尼奥(Giacomantonio,2014,2015)的警察整合与协调,他将注意力集中在公共警察组织不同单位和级别内部、之间的隔离、协调和相互联系的动态关系上。这是警务的一个方面,受到了较少的研究审查。但是,在北欧和西欧越来越多地致力于"集中力量"的背景下(Fyfe,Terpstra and Tops,2013),这涉及对警察组织结构的宏观改革,从而将地区和地方部门合并成更大的领土以及组织部门,这是警务的一个方面,其意义日益重要(另请参见Edwards and Ponsaers,2017)。通过合并8支地区警务力量于2013年在苏格兰成立了一支国家警察部队,这提供了一个独特的机会,可以研究在警察组织内部建立新的机构架构的早期影响。特别是,在获取这些资源和继续提供社区情报的能力方面,它着重关注在国家和区域两级巩固专家调查资源以支持情报主导的警务的动力及其对当地的意义之间的紧张关系。

本章的第一部分阐述了苏格兰警察改革的背景和概要以及与之相关的早期冲突,着重介绍了整合8支独立的地区警察力量所面临的一些组织挑战。接下来是对国家组织内部专家调查资源重新配置的概述。这种新的警务生态包括苏格兰刑事园地中的共同办公机构、国家专业犯罪部门以及一系列区域专业知识中心。这些安排的主要目的是实现苏格兰政府的战略改革目标之一:更加公平地获得调查技能和情报资源。尽管有一些证据表明这种新的组织格局会带来好处,但从当地警察的角度来看,这些变化带来了重大挑战。有新的组织边界需要解决,将资源重新分配给调查和执行工作给传统面向社区的警务方法带来了压力。这些问题将在本章的第三部分进行探讨。这导致了结论部分提出了有关警务中组织变革的透明度、公平性和问责制的更广泛的问题。

"社区不在乎边界":苏格兰警务改革的背景、概要和冲突

2013年4月1日,英国警务发展掀开了新篇章,在苏格兰成立了国家警察部队。对于任何希望通过刑事司法改革来最清楚地说明苏格兰与英国其他地区之间存在差异的人来说,此次警务改革就是一个很好的例子。虽然英格兰和威尔士仍然依靠本地化,依靠43支主要自治警务力量,但苏格兰8个地区警察部队合并,创建了一个"单一警察部门",这标志着非常不同的轨迹(Fyfe,2014;Fyfe and Henry,2012)。确实,苏格兰的变化与北欧和西欧一些国家的发展更加紧密地吻合。2013年,荷兰合并了其地区警察部队,以创建一个单一的国家组织,而在挪威、瑞典、丹麦和芬兰,国家警察部队都经历了逐步集权的过程,在该过程中,各警区合并为较少数量的较大地区警察部门(请参阅 Fyfe,Terpstra and Tops,2013)。

环境

这些警察组织的宏观改革背后有多种原因。在某些司法管辖区,改革似乎是由新公共管理部门围绕提高效率和效力的思想驱动的(另请参见第三章)。在其他国家,改革更多地被视为对警察合法性下降或试图重新配置警察与国家之间的权力关系的回应(参见 Terpstra and Fyfe,2013)。在苏格兰,贾科姆安东尼奥(Giacomantonio,2015:110)称其为"进化主题",这充分说明了改革的政治叙事:"警察周围的世界正在变化,警察必须随之变化。"出于对2007—2008年经济危机以及随之而来的公共支出削减的担忧,苏格兰政府的司法部长于2010年6月宣布了一个确定"可持续警务模式"的项目。2011年3月发布的"可持续警务项目"报告对国家警察部队的支持是明确的,它宣称"提供了最大的机会来管理变更、提高效率并在变更完成后维持高效",而当前的8种力量模型"代表相反"(Scottish Government,2011a:5)。该论点在《概要商业案例》中得到了加强,该案例声称,国家机构

每年将节省超过1亿英镑(或每年警务预算的10%),而无须减少官员人数。

因此,苏格兰的警务改革需要新的公共管理机构、效率和效力来支撑。正如贾科姆安东尼奥(Giacomantonio,2015:28)所观察到的那样,"这些术语都假定了单向的和功利的结果——以最低的成本获得最大的好处"。然而,有趣的是,关于警务改革方案的公众咨询结果表明,公众舆论远不支持组建一支国家警察部队(少于10%的政府咨询受访者赞成这种方案),大多数答复都支持区域结构(Scottish Government,2011b)。咨询还强调了对国家结构公平性的担忧,包括担心它将资源从更多的农村和偏远地区抽离并将其集中在爱丁堡和格拉斯哥(苏格兰城市化程度最高的地区,被称为中央带)。

尽管存在这些担忧,苏格兰政府还是继续努力建立一支国家警察部队,并提出了三项战略改革目标:尽管受到财政削减,还是要保护和改善当地的警务服务;创造更多平等获得专家支持和国家能力的机会;并加强警务与社区之间的联系。它否决了保留地区力量的选择,因为这使双方都深受其害,认为"社区不在乎边界,而是希望服务能够富有成效地运作"(Scottish Government,2011c)。

概要

在改革的概要方面,2012年《警察与消防改革(苏格兰)法》(以下称《警察改革法》)对苏格兰的警务进行了四项重大变革(参见 Fyfe and Scott,2013)。首先,它在一名警察局长的领导和控制下建立了一支国家警察部队,负责管理、分配和部署资源以及提供信息。其次,它成立了苏格兰警察局(SPA),负责为警察部门提供资源,支持持续改进并要求警察局长负责。第三,该法案已将32个行政区域的地方警务作为一项法定要求。每个地区都有一名当地指挥官,负责制定当地警务计划并就此与当地议会协商。地方议会还必须建立对地方警务进行审查的安排,但该法案并未规定这种审查应采取的形式。第四,该法以一系列"原则"(与1829年为大都会警察制定的皮埃尔式警务原则相呼应)形式提出了警务的规范性愿景,该规范提供了基于伙伴关系、社区福祉和减少伤害的警务叙事:

> 警务的主要目的是改善苏格兰人、地方和社区的安全和福祉,并且警务部门应与其他人在适当的情况下合作,通过如下警务方式来实现这一主要目

的:(i)与当地社区来往和互动;(ii)促进能够预防犯罪、伤害和骚乱的措施。

(2012年《警察和消防改革(苏格兰)法》,第32段)

根据这些原则,重新规定了警务人员的职责,不仅包括预防和侦查犯罪、维持秩序、保护生命和财产,而且还应以公正、正直和不偏不倚的态度行事,维护基本人权,并对所有人依法给予"平等的尊重"。

冲突

苏格兰警察局的创立引发了关于当代苏格兰警察、政治与社区之间关系性质的重要辩论。苏格兰政府宣布,这是提高效率和效力并加强警察与当地社区之间联系的一种方式,改革的建筑师们还强调了从获得专业警务资源的角度出发,结束"邮码彩票"的好处。相反,批评者们认为,我们现在所看到的警务环境以地方民主明显不足、对执法高度重视,以及对在全苏格兰采取"千篇一律"警务方式为明显特征。但是,在政治领域中的这些冲突,不应掩盖由于整合了8支高度自治的地区警察部队而出现的另一组冲突。正如贾科姆安东尼奥(Giacomantonio, 2015:2)指出的那样,"警察部队不仅在不同辖区之间规模、结构和技术复杂程度不同,而且在指导思想、组织历史和制度文化方面也有重要区别",并且8支部队在苏格兰融合使冲突成为焦点。改革前对部队的组织文化进行的研究强调了其价值观的重要差异,包括等级制度的重要性、解决问题的方法以及对竞争绩效文化的承诺(Elliot and Tatnell, 2013)。这项工作还表明,各个部队在采用情报警务的程度上存在差异,其中一些部队在分析能力和解决问题的能力上的投入比其他部队更大。

在创建"苏格兰警察"之后的几个月中,随着围绕"警务策略化"的媒体和政治话题的发展,这些文化差异很快开始浮出水面。评论员开始以斯特拉斯克莱德警察局(迄今为止最大的遗留部队)的"接管"而不是8支部队的"合并"来描述苏格兰警方。这主要归因于斯特拉斯克莱德警察局前局长斯蒂芬·豪斯爵士的任命,他被任命为苏格兰警察局局长。用于支持该论点的其他证据包括在苏格兰引入了一种用于警务的绩效管理系统,该系统以在斯特拉斯克莱德警察局中运行的系统为基础,范围从街头截查的数量目标到因超速或打电话被抓住的汽车驾驶员数量。其他被用来支持新安排是"扩大了的斯特拉斯克莱德警察局"这个说法(苏格兰警务委员会司法委员会,2013年10月31日,第266页)的观点关注积极警务措施,以本章开始时提到的爱丁堡桑拿浴突袭为例,也关注在苏格兰越来越多地采用的"街头截查"的策略。改革前,尽管斯特拉斯克莱德的人口仅占苏格兰人口的43%,但斯特拉斯克莱德部队仍负责苏格兰80%以上的记录搜查。在苏格兰警察局成立后的9个月中,全国三分之二以上的地方行政区域(在某些地方)记录的截查次数增加了400%以上,引发了关于如此大规模使用警务力量合法性的激烈的政治辩论(参见Murray and Harkin,2016;Murray and Lennon,2016)。针对这些担忧,新成立的苏格兰警察局对这一问题自己进行了审查。他们承认,尽管街头截查使用得当可以帮助发现和预防犯罪,但存在着风险,可能导致"社区内失去信任,这有可能破坏经同意的警务原则,并损害警方与社区合作共同打击犯罪的能力"。(Police Scotland,2014:4)。正如费菲(Fyfe,2016)借鉴加兰(Garland,2001)所观察到的那样,该策略的广泛使用也表明在"控制文化"方面发生很大变化,从改革前预防和伙伴关系为主的"适应策略"变为改革后越来越多的以强化执法为焦点的犯罪控制"主权国家"策略。苏格兰警察局局长在担任新职务6个月后的一次公开演讲中详细说明了这一点:"我将坚持要求我们记住自己的独特领域,我们应该拥有的独特卖点是我们是执法机构。"(House,2013:9)

专家和调查资源的新生态

这些冲突体现了贾科姆安东尼奥(Giacomantonio,2015:4)的论点,即警察部队"在没有重大推拉力的前提下,警察的工作概念仍将在运营决策中占主导地位,并不一定能相互协调或联网"。苏格兰刑事司法机构的代表清楚地意识到,改革不仅带来了决定性的转变,朝着更加积极、以执法为重点的警务形式转变,而且整个苏格兰地区的整合和更好的警务协调已大大减少了地方差异的范围(SIPR et al.,2016)。

尽管"街头截查"可能是向这种更以破坏为导向、以执法为重点和积极主动的警务方式转变的最公开可见的体现,但通过专家生态环境的不断变化,情报主导价值观也可以通过其他方式,伴随变化的专家和调查资源生态,在新整合的国家警察部队中被制度化。最重要的象征性和实质性发展之一是,2014年在格拉斯哥郊外加特科什的一家前钢铁厂所在地开设了苏格兰刑事园地。刑事园地位于一栋新的专用大楼中,将来自5个主要机构的官员和职员安置其中:苏格兰警察局、英国国家犯罪局、英国税务海关总署、官方检察官财政办公室和法证服务处。刑事园地工作人员的主要工作重点是打击恐怖主义和严重的有组织犯罪,共同的办公地点被视为是加强业务合作的关键推动力:

> 苏格兰刑事园地(SCC)使该国处于犯罪调查和起诉的国际前列,为合作、情报共享、业务活动、证据收集和法医科学方面的卓越成就提供了一个中心,结合并加强合作以反恐和打击严重的有组织犯罪。
>
> (Police Scotland,2014:47)

然而,除了建立刑事园地外,由于警察改革,苏格兰的专家和调查警务资源的重组方式也发生了一系列鲜为人知的变化,其中最重要的是在国家一级成立了新的专家反犯罪部门。该部门设有主要调查团队(MIT),"专门的调查和情报资源,用于调查凶杀案和其他严重和系列犯罪"(Police Scotland,2014:68),并提供可以部署到当地警察部门的专业知识;国家反强奸工作队,由一个调查和审查小组组成,提供专门资源与当地强奸调查单位合作;一个全国性的家庭暴力专案组,针对最危险的肇事者并解决反复受害的问题;以及一个国家许可和暴力减少部门,其重点是解决地方警察部门中暴力犯罪及其与酗酒的联系。还成立了一个新的国家行动支持部门,负责各种资源(例如枪支、海军陆战队和警犬部队以及苏格兰警察直升机),这些资源可用于支持地方警务计划和情报主导的行动。在地方一级,还要求14个地区警察部门中的每一个都按照国家模板建立自己的新专家组。在整个苏格兰,现在有分别的家庭虐待调查部门、强奸调查部门、社区调查部门(旨在确定重复的受害者和连环肇事者)、情报部门和犯罪预防部门,重点关注最严重的20%当地有组织犯罪集团。

这些组织变革的驱动因素是来自关键个人警察行为者的外部、机构压力和内部影响的结合。在机构层面上,苏格兰警察局的主要关注点是达到苏格兰政府为他们制定的战略改革目标,该目标是创造更平等的机会来获得专家支持和国家能力。因此,在国家和区域两级重新配置调查资源的部分原因是人们担心解决以前的地方警务安排中存在的专家资源提供不均的问题,并通过地方警察的能力创造更平等地利用国家和地方能力的部门。因此,这些组织变革部分是关于处理特定犯罪问题的效率和效力,但也涉及警察应根据政府设定的更广泛的改革议程,确保一定程度的政治合法性。但是,已经发生的变化的确切特征不仅是外部环境的产物,而且还与新组织中的关键角色或"政策企业家"紧密相关。苏格兰警察局局长一直是这种新组织格局的主要设计师,并明确表示,当他被任命时,他首先要做的事之一是将以执法和情报主导的方式来应对暴力,尤其是针对女性的暴力。因此,在国家和部门两级建立强奸和家庭暴力部门以及与此同时废除处理诸如财产犯罪之类当地问题的其他部门,与此议程密切相关(Edwards et al.,2017)。

迄今为止,对这种新的专家和调查资源重新配置的影响和意义评估大多仅限于内部警务报告,这些报告追踪了这些变化对改革带来的好处。这些报告产生自"效益实现"(Police Scotland,2014)工作,用以宣告组织变革带来的效率、效力和公平性的提高。例如,关于苏格兰刑事园地,报告的重点是改进协作工作以及使用共同办公带来的情报共享机会:

> 在一个组织中,工作人员将首次使用跨组织的独立数据库保存的信息和情报。主体将受到所有数据库的详细分析,从而可以生产出更好的情报产品并确定犯罪情况。……多机构信息以及联合参与任务和协调将使人们能够确定共同的目标和目的,并利用一切法律手段破坏犯罪网络。
>
> (Police Scotland,2014:48)

但是,对刑事园地的其他研究表明,虽然将警务活动置于同一地点可以带来明显的好处,但也存在着重大挑战。例如,位于那里的机构之间在组织文化上存在重大差异,尤其是在解决问题和绩效管理的方法方面。一些机构还对维持各组织之间的界限的必要性表示关切,以免损害其在刑事司法程序中的独立作用。那些在法医学和检察机关工作的人尤其坚持认为,为了他们的合法性和法治,他们必须(并且应该被视为)独立于警方(见Elliot,Tatnell and Fyfe,2016)。

更普遍地,在关于改革的警务叙事中,专家和调查资源的重新配置已经被认为更多地体现了整个苏格兰获得使用资源的公平性。在改革前,针对严重和复杂犯罪的专家可用性非常不稳定,这一情况被视为已经通过新的安排而得以改变,这些新安排允许在全国范围内采取一致和协调的对策:"单一组织的引入使苏格兰警察局更具地理上的可移动性,从而根据需要部署资源,以支持在苏格兰的任何位置按计划进行或自发活动。"(Police Scotland,2014:67)。在采访中,苏格兰警察局的高级官员也强调了他们的观点,即在改革的所有目标中,获得专家支持和国家能力的更平等机会是最大的进步(SIPR et al.,2016)。

"我不知道它们的界限在哪里":地方警察在寻找和协商新的组织格局方面的观点

对新组织格局的这种积极评估得到了一些在地方工作的警官的回应。地方警务团队现在可以利用以前本来很少或根本无法获得的资源、专业知识和情报(SIPR et al.,2016 and 2017)。尽管如此,这些事态发展也使苏格兰警察内部组织内部联系的重要性成为人们关注的焦点。在对国家、地方专家和调查单位进行新的配置,和对社区活动负责并回应日常警务服务需求的当地警务团队工作之间,出现了巨大分歧。正如贾科姆安东尼奥(Giacomantonio,2015:144)所指出的那样,这一点很重要,是因为"警务参与者合作起来协调跨边界资源和信息成功与否,对行动效率、社区联系以及最终警察行动的合法性产生了影响"。

与苏格兰各地的地方警务团队进行的访谈(见 SIPR et al.,2017)揭示了在国家层面重新配置资源如何带来了一系列挑战,因为地方官员试图越界,协商新的组织边界。这些挑战中的一部分是关于警官对一些专家团队的角色、目的和职权缺乏了解:

> ……实际上,每个可能的工作领域都有一种专长,它们之间的界限很模糊,以至于大多数警察……包括我在内,都不知道很多部门的工作是什么。(警察—当地警务团队)

> 我们不知道它们在做什么。可能与它们没有交流……我不知道它们的界限在哪里。(警察—当地警务团队)

然而,其他挑战反映了国家专家部门与地方警务团队之间新引入的区别意味着"边界跨越"活动具有更高的重要性,并创建了一个全新的"边界行为者"基础结构,他们连接不同层次的组织(见 Giacomantonio,2015:101-102)。实际上,从地方警务团队的角度来看,那些在行动支持部门和特种犯罪部门中,在国家层面开展活动的人越来越被视为"边界警卫",他们建立了新的官僚机构来管理对其资源的需求:

> 你曾经可以直接拨打电话说你今天需要一条警犬,他们会答应。现在有一张表格,你必须在当天申请使用警犬,并且需要走一些程序才能要到警犬。(警务人员——当地警务团队)

> 五年前,你想要一个现场勘察警官勘察入室行窃——没问题。你打个电话,他们就会来。现在,你遇到了同样的入室行窃,"哦。我们已要求你直接与他们联系"……你必须对他们说明情况……然后告诉他们,他们可以进行评估:"哦,好吧,我可能不会从中得到任何司法鉴定证据。它一直被丢在一边,暴露在空气中。"(警察——当地警务团队)

那些在执行专家调查工作的人员与在当地警务团队工作的人员之间的关系围绕着官僚化产生的紧张关系,部分原因是资源分配或贾科姆安东尼奥(Giacomantonio,2015:105)所称的"稀缺边界":

> 当发生自发事件时,你会遇到像我这样的中士或督察,试图获取这些资源,有时甚至无法获取这些资源。你需要自己处理。(警察——本地警务团队)

> 过去,你可以给现场勘察警官打电话,他们会设法安排下来,照相、打印……现在,我们被要求自己照相。我们被告知:"你可以自己提取指纹吗?"而且……我们很少见到他们,除非是严重的事件。(警察——当地警务团队)

除了这些"稀缺边界"之外,专家团队在新的地方中心或苏格兰刑事园地内的实际位置也给他们与当地警务团队的关系带来了困难,后者现在必须协商"邻近边界"(Giacomantonio,2015:110-112)。这里的问题不仅是专家团队在部署解决本地问题时需要走的地理距离,还包括他们带来的本地知识有限以及他们缺乏解决本地问题的决心:

> ……当我们需要专业资源时,他们必须跨越50英里。你明白吗?他们必须跨越50英里才能到达这里,到达他们不知道的地方,见到他们不了解的

人,你明白吗?这就是行不通的。(警务人员——当地警务团队)

我们不应该有来自[区域 A]或[区域 B]或[区域 C]的专家资源来尝试解决本地问题……他们对解决当地事物的渴望与本地警察不同。(警务人员——当地警务团队)

……他们可能会刚到这里就走,而不是实际处理。(警察——当地警务团队)

正如当地官员的这些反映所表明的那样,建立新的国家部门的意外后果是,地方警务团队越来越意识到"他们"(指在区域和国家级别从事主动警务和处理破坏活动的专家)和"我们"(指更多面向社区的地方警务团队)之间的划分(SIPR et al.,2017)。越来越多的调查活动被视为专家的责任,而非本地警务团队的责任,这不仅抑制了当地官员与专家部门之间的信息交流,而且还引起一些当地官员的担忧:

在过去,工作中会建立联系,这些联系会带来线索。现在没了那些。完全没有了,因为你们失去了……和那些部门的日常接触。

我们永远也没有机会参与(重大调查),也没有机会进行调查以提高我的技能并真正经受考验。(警察——当地警务团队)

尽管有更多获得国家资源的好处的机会,但也有一种明显的感觉,即一些地方官员因新的组织格局而"在制度上丧失了权力",这加剧了"巡逻人员和专家之间警务工作的典型不对称关系"(Giacomantonio,2015:131-2)。

这种新的组织格局进一步引起的潜在关注和意想不到的后果是,它对面向社区的治安和社区情报流动的影响。建立新的专家部门的国家级决策涉及将当地官员重新部署到远离当地警务团队的专家团队中,而没有替换他们:

我们需要的是工作人员,因为苏格兰警察来了,这里有我们以前从未有过的专业部门,将一线警官安置在别处,再也不换班。(警察——当地警务团队)

重新分配的过程以及由此导致的地方警务团队资源的减少,加上决定关闭一些警察局或限制其开放时间以应对财务压力的方法,被地方官员和社区团体视为比改革前的社区警务方法更落后。这使社区与其当地警官之间的交流更加困难，并在可向警察举报犯罪、分享信息这方面向社区发出了负面信息。地方官员还感到，在国家一级，高级管理层对他们的期望是希望他们更加注重应对和执法，而不是参与活动。对于当地官员而言，这种发展导致他们在社区中的知名度降低，并减少了收集当地情报的机会(SIPR et al., 2017)：

> 有时很困难，因为我们虽然是社区官员，但是很多时候我们并不总是履行社区官员职责，因为接线警察的人数很少，以至于很多时候我们都错过了社区会议。我们不会……突然去学校——我们应该每两周去一次学校。（警务人员—当地警务团队）

苏格兰引入了一个非紧急电话号码(101)，这种情况被进一步加剧，限制了公众与其当地警察之间直接电话通信的机会。一些警官对此表达了担忧，即公众现在不太可能举报低级事件或可疑行为，因此警方从社区那里获得的关于他们所在地区情况的信息也较少：

> 然后他们会告诉你类似这个家伙在卖毒品，或者这个家伙在做毒品之类的事情。嗯……他们说啊，是的，这是两个星期前，但是我无法让前台人员告诉警察，而且我也不会打扰101……（警察—当地警务团队）

结论

本章在有关公共警察组织融合与协调动态的广泛辩论的背景下，探讨了苏格兰警察改革的一些影响和含义。苏格兰政府内部的期望是，在将8支地区部队纳入一个国家警察部门的基础上进行的改革将带来一系列好处，包括更公平地获得专业知识和国家资源。虽然现在就对是否实现这一目标进行确切评估还为时过早，但从目前的证据来看，很明显，尽管地方警察部队已从能够利用国家资源中受益，但这并非没有重大挑战。重新配置国家和地区各级警察资源的组织方式，意味着当地警官必须寻找和协商新的组织边界。正如贾科姆安东尼奥(Giacomantonio, 2015)提出的跨警务部门整合与协调的概念突显出的那样，人们特别关注"稀缺"和"邻近"边界以及新的"边界行为者"现在扮演的角色。人们对地方官员丧失技能感到无力和焦虑;而且,"他们"(国家专业调查团队)和"我们"(本地面向社区的官员)之间的文化鸿沟越来越大。此外,很明显,苏格兰的警察改革与不断变化的"控制文化"有关,在这种文化中,积极主动、以执法为重点和以破坏为导向的警务方法日益受到重视,而牺牲了更多以社区为中心的活动(参见第一、二和三章)。从这个角度来看,苏格兰的经验充分证明了贾科姆安东尼奥(Giacomantonio,2015:150)的观点,即"整合计划为我们提供了一个窗口,通过它可以观察到以情报为主导的警务心态的兴起和以社区为导向的方法的减少"。鉴于本章所述的许多组织变革对外部审查机构的可见度相对较低,尽管这对公民产生了重大影响,但在改革时代,这引发了关于治安管理和问责制的更广泛的问题。例如,在苏格兰刑事园地,位于同一地点的机构均受制于个人问责制,但是对于这些机构之间更大程度的整合与协调所产生的集体后果,没有正式的独立监督。同样,在苏格兰各地建立的负责监督当地警务安排的地方审查机构,也没有足够的余地来审查围绕资源部署方式变化而做出的国家级决策,这对当地产生了重大影响(Fyfe,2016:175)。

在这种背景下,重要的是公共警察组织内部发生的融合和加强协调过程必须受到适当形式的治理。鉴于在欧洲许多地方,警察集中化的方式似乎有正在发展的势头(Fyfe,Terpstra and Tops,2013;Devroe,Edwards and Ponsaers,2017),这是特别紧迫的,因为政府接受了"资源协调整合以减少支出和增加价值这一合理神话"(Giacomantonio,2015:55)。根据琼斯(Jones,2008)的民主标准框架——该框架应支持有关警务治理的规范性主张,这意味着着眼于参与、响应能力和公平性等关键问题。在参与方面,公民应有机会参与有关资源部署和决策的讨论,这些决策会影响地方警务的执行方式。警察还需要回应地方和国家代表机构关于在不同警务目标之间分配资源以及警务方法选择的观点。在公平方面,应在地理区域、群体和个人之间公平分配不同类型的警务服务和方法。目前,在警察组织内部就其活动的更大程度的整合和协调,以及由此产生的以情报为主导的警务价值的制度化所做出的决定中,几乎没有任何一项受制于琼斯所设想的治理和问责制。在苏格兰,对这些问题的日益关注导致在新部队成立不到两年的时间里对警察治理进行了全面审查(Scottish Police Authority,2016)。这次审查提出了一些基本问题,这些问题涉及地方代表是否有能力参与有关国家政策的讨论,审查国家专家单位的作用以及质疑违背地方观点的国家政策决定。随着其他司法管辖区的警察组织开始着手进行类似的集中和整合计划,这些问题将变得越来越紧迫。正如贾科姆安东尼奥(Giacomantonio,2015:4)所观察到的那样,"警务一体化"的治理和问责制仍相对未知,"然而,需要复杂协调的那种警务活动通常也是最不可见的,也是对自由民主价值观的最大威胁。"

参考文献

BBC News(2013)'Edinburgh sex workers degraded by police sauna raids', 13 August.

Devroe, E., Edwards, A. and Ponsaers, P. (eds)(2017) Policing European Metropolises: The Politics of Security in City Regions, London: Routledge.

Edwards, A., Chambers, S., Fyfe, N. R. and Henry, A. (2017) 'Britain: Metropolitan policing agendas in Britain: Divergent tendencies in a fragmenting state?' In E. Devroe, A. Edwards, and P. Ponsaers, (eds)(2017) Policing European Metropolises: The politics of security in city regions, London: Routledge, pp. 201-228.

Elliot, G. and Tatnell, A. (2013) 'Mapping organisational culture: Evidence from a study of Scottish policing', Scottish Institute for Policing Research Annual Report 2012: 37-38.

Elliot, G., Tatnell, A. and Fyfe, N. R. (2016) From Co-location to Collaboration: Organisational Cultures and the Scottish Crime Campus, Dundee: Scottish Institute for Policing Research.

Fyfe, N. R. (2014) 'A different and divergent trajectory? Reforming the structure, governance and narrative of policing in Scotland', in J. Brown(ed.) The Future of Policing, London: Routledge, pp. 493-506.

Fyfe, N. R. (2016) 'Policing Scotland post-reform: Towards a shifting "culture of control" and a new politics of policing?', in H. Croall, G. Mooney and M. Munro(eds) Crime, Justice and Society in Scotland, London: Routledge, pp. 167-181.

Fyfe, N. R. and Henry, A. (2012) 'Negotiating divergent tides of police reform within the United Kingdom', Journal of Police Studies: 25(4): 171-190.

Fyfe, N. R. and Scott, K. (2013) 'In search of sustainable policing? Police reform in Scotland', in N. R. Fyfe, J. Terpstra and P. Tops(eds) Centralizing Forces: Comparative Perspectives on Contemporary Police Reform in Northern and Western Europe, The Hague: Eleven Publishing, pp. 119-136.

Fyfe, N. R., Terpstra, J. and Tops, P. (eds)(2013) Centralizing Forces: Comparative Perspectives on Contemporary Police Reform in Northern and Western Europe, The Hague: Eleven Publishing.

Garland, D. (2001) The Culture of Control, Oxford: Oxford University Press.

Giacomantonio, C. (2014) 'A typology of police organizational boundaries', Policing and Society, 24(5): 545 – 565.

Giacomantonio, C. (2015) Policing Integration: The Sociology of Police Coordination Work, London: Palgrave Macmillan.

House, S. (2013) 'Collaborative working and shrinking budgets: Can we get better value by behaving smarter?', Apex annual lecture.

Jones, T. (2008) 'The accountability of policing', in T. Newburn(ed.) Handbook of Policing, Cullompton: Willan Publishing.

Murray, K. and Harkin, D. (2016) 'Policing in cool and hot climates: legitimacy, power and the rise and fall of mass stop and search in Scotland', British Journal of Criminology. Online.

Murray, K. and Lennon, G. (2016) 'Under-regulated and unaccountable? Explaining variations in stop and search rates in Scotland, England and Wales', Policing and Society: An International Journal of Research and Policy. Online.

Police Scotland(2014) 'Post-Implementation Benefits Review', Glasgow: Police Scotland.

Scottish Government(2011a) Sustainable Policing Project Phase Two Report: Options for Reform, Edinburgh: Scottish Government.

Scottish Government(2011b) Research Support for a Consultation on the Future of Policing in Scotland, Edinburgh: Scottish Government.

Scottish Police Authority(2014) Scrutiny Review: Police Scotland's Stop and Search Policy and Practice, Glasgow: Scottish Police Authority.

Scottish Police Authority(2016) Review of Governance in Policing, Glasgow: Scottish Police Authority.

SIPR(Scottish Institute for Policing Research), ScotCen and What Works Scotland(2016) Police and Fire Reform Evaluation: Year 1 Summary Report, Edinburgh: Scottish Government.

SIPR(Scottish Institute for Policing Research), ScotCen and What Works Scotland(2017) Police and Fire Reform Evaluation: Year 2 Summary Report, Edinburgh: Scottish Government.

Terpstra, J. and Fyfe, N. R(2013) 'Introduction: A transformative moment in policing', in N. R. Fyfe, J. Terpstra, J. and P. Tops(eds) Centralizing forces? Comparative perspectives on contemporary police reform in northern and western Europe, The Hague: Boom Legal Publishers Eleven.

The Scotsman(2014) 'Edinburgh sauna raids show police "culture clash"', 30 May.

第六部分
旧罪新方

第十三章 不受政治影响的政策制定：情报主导警务夸大了的客观性

安妮特·维斯特比

引言

情报主导的警务（ILP）模型倾向于假设完美执行可以产生客观结果（Ratcliffe,2016）。已显示出情报工作的社会和技术环境会影响收集何种信息以及如何解释信息。虽然这可以看作是获得客观结果的技术挑战，但它提出了一个更基本的问题：如果情报分析是一种解释性的努力，客观性是否是评估其质量的有用概念？

战略分析旨在支持有关警察未来应遵循的长期目标以及如何实现这些目标的决策。与行动或战术情报相比，战略分析显然是在关于警察应该做什么和应该是什么的政治问题上切题。人们认为战略情报越客观，就可以将更多情报留给该领域的专家。本章认为，情报分析的非客观性质以及 ILP 策略在各级警务中的日益普及，应提高透明度，并应与警方以外的参与者就战略情报产品进行合作。罗恩（Rønn,2013）批评有组织犯罪威胁评估中的客观性主张，主张采取参与式方法来应对她认为是有价值的考虑。随着 ILP 在主流日常警务中越来越受欢迎，确定专业警务分析师对警察应该是什么和做什么的判断与其他专家和非专家意见之间的正确关系变得越来越迫切。

本章基于对两个挪威案例的主题分析：国家警察局的情报学说（作为迄今为

止最新改革的一部分,于 2014 年在整个挪威警方中开始实施)以及奥斯陆警察局的战略情报产品设计方法论。这些文件都具有关于情报的规范性方面,并且其表达的客观性观点、他们如何看待预测的潜力以及如何传达不确定性已被分析。

背景

以情报为主导的警务已经成为进行警务工作的一种实用方法。它基于数据分析确定优先级和资源分配的决策(另请参见第三章)。ILP 已被用于针对累犯、有组织犯罪网络和犯罪热点。情报的使用主要集中于执法(Tilley,2008),可以帮助提高警务的成本效益(Innes and Sheptycki,2004)。在紧缩时期,它被用作财政问责制的框架,并在有限的资源范围内记录优先次序(Sanders, Weston and Schott,2015)。在警务方面,与其他治理领域一样,系统和严格的分析是基于证据的实践的基石(Lum and Koper,2014)。在关于警察应该做什么的辩论中,每个人都有自己的见解。分析产品基于对科学的公正和客观的理解,这在尊重"理性修辞"(Ericson and Haggerty, Innes, Fielding and Cope,2005:39)的文化中增加了其作为论证的价值(见第七章)。客观的基石权威可以用来为未来的决策打下基础,ILP 则提供了这样的权威:"如果正确实践,以情报为主导的警务将为制定战略警务优先事项提供客观的机制。"(Ratcliffe,2016:5)情报为决策者提供客观评估的这种观点与情报研究中所谓的标准模型一致(Phythian,2012)。

在本章中,重点仍然放在战略分析上,与战术和行动水平不同,因为战略分析与组织的总体计划和目标有关,解决在"描述风险、威胁和风险所必需的广度和细节水平上的任何问题,提出有助于确定计划和政策的任何机会"(McDowell,2008:5)。战略分析师的业务是提供专家意见(Rønn and Høffding,2013)以支持决策。

在情报的标准模型中,客观性被认为是可以实现的,但由于数据质量和分析不佳以及组织障碍而受到挑战。有关警察组织中知识工作的学术文献揭示了从收集者到分析人员的信息流中的问题(另请参见第三章)。科佩(Cope,2004)发现,由于那种需要进行了解的职业文化,分析人员对敏感信息不信任,因此只能利用不完整的数据集。警察在很大程度上是被有关犯罪问题和犯罪者性质的无事实证明的经验知识所指导(2004:199)。韦斯顿(Weston,2015)指出了当分析员不为人知或被认为对警察任务没有多大意义时,存在类似的问题。如果没有记录和传播信息的传统,知识也可能成为组织内部力量的来源。因此,充当信息中心和协调者的分析人员可以基于对特定资源的特权访问来挑战现有的层次结构(Gundhus,2009:88),这可能会阻碍官员通过指定系统进行报告。来源对于情报分析很重要,警务人员更喜欢情报员和监视人员的情报,人际信任有助于信息共享(Whelan,2016)。如果记录信息有助于成功起诉,则可以激励记录信息(Sheptycki,2004:318)。桑德斯、韦斯顿和斯科特(Sanders,Weston and Schott,2015)在对加拿大情报主导的警务研究中发现报告有选择性,数据质量差。对于寻求实施ILP框架的警察组织而言,这些都是问题。但是,系统地歪曲收集也是一个道德问题,因为只要是警察上报的内容就会成为警察所了解的,然后构成了分析的基础,将警察资源用于某些犯罪问题和违法者,而不是其他犯罪者。由于有关已知犯罪的数据用于指导警务方向,因此,犯罪黑数不仅具有学术上的意义。警方的报告行为掩盖了观察到的犯罪如何与全部犯罪联系的问题。

潜在的认识论

比起从技术角度质疑,客观性的主张更可以从根本上质疑。文档和信息共享方面的问题质疑了战略情报产品的有效性。情报的产生环境是否以及如何影响情报是一个略有不同的问题,并且是从不同的认识论角度提出的。警察如何知道自己所知道的东西(Brodeur and Dupont,2006)在道德上是相关的,因为警察所知道的东西成为他们未来干预的基础。在情报研究领域,政治和文化的影响被认为是情报过程中的一个重要因素,尽管"少数人会否认识别威胁的过程与政治选择和假设密不可分"(Scott and Jackson,2004:144)。

进入情报过程的自我反思程度是在与情报有关的不同认识论立场之间的界限。根据密斯恩的说法,风险分析传统的研究受到现实主义认识论的影响,并且主要侧重于认知,而不是像作为风险管理工作一部分情报那样受到社会背景和过程的影响(Mythen,2014:25)。相比之下,风险理论的立场则强调社会和背景因素,由此"通过归因的社会过程"将风险归因于现象(Douglas in Mythen,2014:40)。根据潜在的认识论,情报被认为能够或多或少地达到客观性。关于这一点

261

的看法还将影响非警务专家、其他平民或有关社区的其他成员是否可以在决定警察组织的战略优先事项中发挥作用。假定"隐性警察犯罪学"(Innes et al.,2005:54)会影响给数据赋予的含义,这使得对警察的解释应单方面享有特权变得不那么明显。吉尔和费西安(Gill and Phythian,2012:34)对实证主义提出了批评,认为一种潜在的理论"在确定哪些是相关事实方面起着作用"。英尼斯和谢普蒂基写道:关键是,情报的含义并不存在于信息本身中,而是取决于信息使用者如何理解和定义情报,这些使用者本身位于组织环境中(Innes and Sheptycki,2004:10)。迪尔思(转引自 Rathmell,2002:89)强调,"情报是一门依靠评估和解释的艺术"。因此,产品受"政治"影响。可能的政治影响力也许"包括组织、官僚和政党的政治压力,以及个人或机构的认知过滤"(同上)。

夸大客观性是道德问题吗?

英尼斯和谢普蒂基(Innes and Sheptycki,2004:20)借鉴吉尔关于"围捕常规犯罪嫌疑人"的讨论,讨论了"以情报为主导的警务实践如何通过将警察的工作重点放在容易理解的问题上,忽视了解起来有一定难度的事物,从而增加系统性短视的矛盾影响"。专业化是双向的。它使人们能够越来越有效地发现 A 型犯罪,但不能同时发现 B 型犯罪。要认识到警察职权范围内客观上最有害的犯罪或骚乱,就需要走出我们自己的参照系,我们必须假设这在认知上有难度,需要花费很多时间和精力。在一种情况下,警察更容易识别出自己熟悉的东西,而不是那种需要不同技能才能发现的现象。

我们知道犯罪行为在世界范围内发生,其中一些是警方已知的。犯罪总数依旧无法确知。犯罪情报的核心基本目标是观察犯罪——即所有犯罪行为中的一部分。情报主导的警察组织要辨别他们所观察到的犯罪与未发现的所有现有犯罪之间的关系是一个根本性挑战。当我们希望打击犯罪的警察工作目标是减少犯罪对社会的伤害时,这一挑战在道德上是有意义的。如果目标是使用有限的资源来最大限度地减少伤害,那么专业的分析师或决策者可能无法知道他们正在研究或针对的犯罪类型是否应该针对。就减少伤害而言,目前确定和针对的犯罪问题可能不是最有害或最具成本效益的问题。"常规的犯罪嫌疑人"不一定是最有害的犯罪嫌疑人,系统地搜索特定类型的犯罪可能会导致选择偏向(即针对性犯罪的严重性与其在无法确知的所有犯罪总数中"实际"的严重性之间存在差异)。为决策者提供专家建议,"(情报)不仅是采取先发制人和采取预防行动的承重支柱……在考虑采取任何先发制人或预防措施的决策者中,合理认为情报为创造决策优势负有责任"(DeFalco in Rønnand Høffding,2013:710)。本章中分析的两个案例代表了获得专家意见的不同方法,并且正如我将要说明的那样,它们建立在不同的认识论基础上。

以情报为主导的警务对当代警务实践产生了深远的影响。国家情报模型(NIM)是一个著名的例子。简而言之,NIM 可以被描述为警察的商业模式,在犯罪和社会动乱的各个层面提供服务。决策者根据涉及本地、跨境以及严重和有组织犯罪领域的情报产品,对警务进行优先排序,并进行分配(Tilley,2008:384)。到 2004 年底,所有英格兰和威尔士部队的实施工作都已完成(Kleiven,2007)。通过情报职能的专业化、跨部队的共用术语和参考框架,基于模型的实践将为决策者和成本效益好的服务提供必要的基于知识的支持(James,2013;Kleiven,2007;另请参见第三章)。

关于情报主导警务相互矛盾的观点

本章基于对两个文件的主题分析(Braun and Clarke,2006)。首先是挪威的国家警察情报学说(Politidirektoratet,2014)。它是由警察局于 2014 年启动的,到 2017 年仍在实施。该学说是一份权威性文件,描述了未来警察开展情报工作的前提和目的。它旨在统一各个地区和国家机构的警察术语,并为基于知识的整体管理和资源分配做出贡献。

第二份文件是战略情报报告《2016—2017 年犯罪趋势:全球城市中的挑战》,来自奥斯陆警察局(以下简称 OPD)。OPD 多年来已经制作了年度趋势报告,重点是对城市中有组织犯罪的描述和预测。该报告于 2015 年发布。与以往的报告不同,与其他类型的犯罪和混乱相比,有组织的犯罪不再被强调,分析人员旨在发展方法论,并与利益相关者、研究人员和从业人员在情报领域进行广泛的交流。

选择这些文件是因为它们既规范地代表了情报程序,而且同时作为不断进行的挪威警务改革的一部分,情报以新的方式变得专业化和制度化。每个文件都表达了一个不同观点,回答了在警务背景下情报是什么的问题,而且这两个文件都是公开可查的。

这些文件被用于以上陈述的情报目的,回答客观性、如何传达不确定性以及如何以及是否可以进行预测等问题。所有引文均由作者从挪威语翻译而来。

案例 1:情报学说

挪威警察部队目前正在进行改革,强调情报的作用。目的是双重的:改革结构和提高质量。发展情报职能并使之专业化是提高警察绩效和利用可用资源在财务允许范围内提供基于知识的警务服务的重要方式。该改革受到 NIM 的启发,并分享了有关 ILP 的基本目标和假设。除了定义什么是、如何以及为什么使用情报之外,该学说的实施还需要组织结构的变化。正在建立国家情报基础设施,以"提供在行动的各个层面做出正确决策的要求"(Nærpolitireformen, 2015:15)。该学说部分基于北约的情报学说,并共享挪威警察安全局和挪威武装部队所使用的术语和概念。因此,它根植于情报的国家安全传统。

该学说很简短:一份 76 页的规范性政策和参考资料。它指出了情报在犯罪预防和调查、紧急服务、危机管理和行政法任务中的态势感知、决策支持和战略规划(包括资源分配)的效用。尽管此定义是全面的,但执法和危机管理贯穿于文档中,并在文本中应用和明确定义了情报:"情报侧重于决策基础的一部分,涉及个人、群体和造成或可能造成犯罪以及不想要或异常事件的现象。"(Politidirektoratet, 2014:12)

该学说的受众是挪威警察的所有雇员。该学说将其对情报的定义与有组织犯罪团伙中出现的、以检举为导向的战术应用区别开来。改革后,目标是使情报成为由管理主导的过程,在该过程中,可以由专用部门委派情报产品。它促进了情报过程的自上而下模型,其中,情报循环是由需要决策支持的管理者的委派才能启动的:

> 管理和优先级排序是情报流程的第一步。管理人员需要决策方面的支

持,以应对警察职责的挑战。这些需求可以通过早期的情报工作变得显而易见,可以从总体优先事项中获得,也可以通过单个领导者的决策支持来实现。

(Politidirektoratet,2014:27)

未来决策:预测和不确定性

根据该学说,情报在战术、作战和战略层面的目的是最大限度地减少和减轻决策中的不确定性。

尽管分析的最大价值在于它预测未来发展的潜力,但分析或情报产品可能是对现象现况的描述性解释:"为了提供可能的最佳决策支持,分析应面向未来……预测为决策者提供了为未来做计划的机会。"(Politidirektoratet,2014:37)询问事件或发展如何以及为什么发生可能会揭示因果关系的"动力学和驱动力",从而使人们有可能对未来的发展做出预测。

不确定性是预测的自然推论。警察局局长和我们其他人在某种不确定性程度(通常是未量化的)下做出决定(另请参见第一章)。情报学说可以促进情报的发展,增加警察优先级和努力的方向是"正确"、不受误导、相关或建议得当的可能性。分析通过概述全局,将问题和可能的干预措施进行情境化来对此做出贡献。分析人员对评估的信心必须以概率的方式表达给接受者。该原则警告说,不应将情报产品视为提供"某些知识"。但是,只要适当地结合情境分析,它们"将提供更好的洞察力和理解力,从而减少围绕决策的不确定性程度"(Politidirektoratet,2014:18)。分析师的判断必须在最终产品中明确说明,并且此评估以五个级别的等级表示(参见表 13.1)。

表 13.1　可能性程度

	同义词	可信度	%
非常可能	我们相信……	可能性很高	<90[sic]
可能	我们有信心…… 我们认为……	有可能	60—90
可能性和不可能性持平	有可能…… 有50%的可能性…… 有迹象表明……	一半的可能性	40—60

续表

	同义词	可信度	%
不太可能	不可能……	不可能	10—40
不可能	几乎不可能…… 非常不可能……	非常不可能	>10（原文如此）

来源：挪威警察局（Politidirektoratet,2014:39）。

作为一种启发式工具设备，该量表旨在促进情报专业人员与部门之间的交流。其目的不是"最小化复杂现实"（Politidirektoratet,2014:39）。

追求客观

客观性和完整性在"情报原理"的学说中列出：

> 情报必须是无偏见和客观的。这要求完整性，这是情报产品质量和信誉的前提。情报产品通常应依赖多种来源。必须明确说明评估的不确定性。
>
> （Politidirektorate,2014:19）

将情报规范定义为客观的，意味着合理的情报没有偏见，理想情况下不会受到与流程或产品无关因素影响。该学说表明，对多个来源进行三角剖分以及在分析中使用多个假设是提高客观性的可能方法。如果分析师将收集到的信息与自己的评估区分开来（Politidirektorate,2014:37），也会有所改善。分析人员以前的经验、背景和技能是影响他们评估的因素，在分析过程中需要加以控制。"要克服这一点并确保最大限度的客观性和可靠性，必须采用社会科学方法"（同上）。这表明，鉴于情报工作的目的，分析师的主观性被视为天生就有问题。该学说提及社会科学原理，无须进一步评论，尽管是否可以通过社会科学或自然科学实现客观性尚有争议（见 Anderson,2015；Innes et al.,2005）。该学说的科学模型表明了其对标准情报模型的拥护。在此模型中，"情报组织向可能因依赖自己的判断而受到（错误）指导的决策者提供客观评估"，并且该模型本身"源自'理想化政策专家'的形象，隐含地基于一个科学模型"。（Phythian,2012:199）

有趣的是，该学说不会在数据收集或管理人员委派情报方面对主观性提出质疑（请参阅前面的引文，指出情报循环可以由"单个领导者的决策支持愿望"来启动）。分析步骤是打开门以使主观性进入循环的地方。相比之下，收集是非解释性的,由"操作员"或"传感器"(人力和技术收集代理)进行。操作员的例子有秘密侦探和告密者。提及但未指定开放源,而其他可能源的示例则是针对警察的:询问器、犯罪现场调查、通信监视和数据库。该术语是技术性的,与国家安全情报部门和军队共享。情报程序的术语和描述并不能说明该主题是警察收集和需要的。客观性问题并未提出。[①] 虽然人为来源的数据的有效性(HUMINT)可能因植入的虚假信息而受到损害,但收集到的信息却被视为"存在于外部",可供情报专业人员使用。理想情况下,可以权衡和评估这些数据,从而可以得出客观的分析决策。

因此,该学说将"情报生产"业务定义为本质上是技术性企业。通过适当的方法论和足够的完整性,情报产品可以是客观的。先前的经验和专业倾向是潜在的主观缺陷,必须克服。分析过程不被视为从根本上是主观的或部分地取决于情境,分析是作为科学而不是艺术来呈现的(Innes et al.,2005;Sanders et al.,2015)。科学与法律一样,可以成为"警察合法性和权力"的来源(Ericson and Shearing,1986:132)。尽管列出了可能对分析师的判断产生影响的情境问题,但该理论并未提出更广泛的问题,即警察如何具有一定的信念(参见 Brodeur and Dupont,2006:10),或没有一个已知主体,"知识"或"欲知"如何不可行。(Rønn,2014:357)。

案例 2:"2016—2017 年犯罪趋势:全球城市中的挑战"

奥斯陆警察局报告指出了几个目标:切实和积极地为优先犯罪类型的决策做出贡献,深入了解城市犯罪的复杂性,改善战略分析的方法论和认识论方面,以及将实践者和研究知识整合在一起。分析人士认为,研究表明警务知识的生产有待改进,因此认为专业自我反思的"时机已经成熟"(Oslo politidistrikt,2015:15)。

在分析框架中增加现象学:

> 犯罪是能动性和选择的结果,也是结构条件变化的结果,结构条件的变化会影响做出这些决定的情况,以及社会如何选择使用法律工具理解和应对

---

① 但是,该学说概述了情报与调查之间的法律界限。

挑战。

(Oslo politidistrikt, 2015:7)

该报告使用了由分析师开发的新分析框架。以前的趋势报告将其分析建立在具有两个轴的理论模型的基础上,将行为者和犯罪置于纵向和结构性因素上,例如迁移模式或信息技术创新。分析人士认为,这两个轴不适合阐明犯罪和社会混乱的政治和文化方面。这些非常重要,因为分析应"识别并描述将被视为严重犯罪的变化,并可能在将来引起警方的注意"。(Oslo politidistrikt, 2015:22)

新的理论模型从三个方面分析了趋势:经验、文化和结构。需要不同的数据源来阐明以下每个方面:

经验层面包括挑战预期的社会秩序的事件和做法,例如被打或手机被盗(Oslo politidistrikt, 2015:21)。地方、国家和国际犯罪统计数据用于调查此事,但该报告还基于受害者调查、生活条件研究、已发表的定性研究以及与警务专家的访谈。该轴与犯罪的物质现实有关。

文化层面强调现象的理解方式,包括我们用来理解经验的语言(Oslo politidistrikt, 2015:21)。是否将不想要的经历解释为犯罪在文化上视情况而定,并会随着时间的推移而变化。对于特定的犯罪类别,法律策略可能会受到青睐,也可能不会受到青睐,从而影响到如何以及是否需要警方对付它们。文化或现象学因素可能会发生变化,而物质世界不会同时发生变化,这些维度的分离将它们视为潜在独立的变化部分。社交媒体和新闻界的辩论是主要来源。

结构维度被定义为人与人之间的有条理的关系,这些关系将它们定位并赋予它们彼此之间、周围环境和社会资源之间的相对性。性别和劳动力市场关系就是其中的一个例子(Oslo politidistrikt, 2015:21)。该维度的数据来源主要是已发表的研究文献。

趋势、预测和不确定性

分析人士在报告的附录中指出,较早的趋势报告基于对犯罪统计数据的未来预测。他们说,这样做是在没有思考或保留导致当前数字的因素以及将来可能影响它们的因素的情况下。还创建了场景,使用已确定的行为者的意图和互动作为尝试预测将来这些互动结果的基础。报告批评这两种方法的隐含性,这种隐含性使结构和文化变量持续下去,限制了会和已有模式产生分歧的发展,限制对这些发展做出高质量判断和猜测的机会(Oslo politidistrikt,2015:109)。分析师认为,这使"趋势"的概念在早期报道中显得太"宿命"。

因此,该报告试图将"趋势"重新定义为可能性空间。三维模型排除了将文化和结构因素保持不变的可能性,同时将例如社会分层和犯罪化的考虑因素整合到用于战略分析的标准模型中。因此,从这个意义上讲,趋势成为对社会空间的划分,在这些社会空间中可能会出现以前看不见的冲突和社会问题。社会结构的紧张、动荡和不平等影响了空间,影响了出现的"社会动荡"的程度和种类(Oslo politidistrikt,2015:22)。

以这种方式理解趋势会改变传达预测和不确定性的方式。概率量化(如情报学说所规定)是不合适的,因为它过分强调了经验维度。该报告从试图预测给定发展的可能性到考虑"可能出现哪些冲突区域和(平行的)行动可能性空间"(Oslo politidistrikt,2015:22)。

报告中使用"不确定性"一词本身的次数很少,涉及定量估计、犯罪统计数据的有效性或黑暗中的数据。在评估报告中讨论犯罪类型的潜在未来发展时,使用了"可以""将影响""将可能影响"和"可能是迹象"之类的术语。根据他们对"趋势"的操作,分析师概述了可想而知的(和合理的)未来发展。该报告的目的是支持该地区的战略决策,并在总结时提出了今后应关注的领域的建议。根据他们的分析,最重要的建议是提高地区对技术发展的认识,因为分析师认为,这些技术从根本上改变了犯下一系列罪行的条件(例如,识别盗窃、欺诈和传播虐待儿童的资料)。

客观性
  对社会问题进行命名绝不仅限于中性描述

(Oslo politidistrikt,2015:20)

"客观性"一词在报告中与上述引文相同的段落中仅出现一次。警察组织定义了社会问题,但也传达了"他们如何看待自己、他们的现状和他们作为警察的角色"(Oslo politidistrikt,2015:20)。警察的观点当然很重要,但这并不是唯一可能的观点。分析人士说,他们已经做出努力,不把城市多数人口对社会问题的理解当作对社会问题的唯一理解。沿着城市人口纵横交错的文化、种族、性别和年龄基础的冲突路线，可以找到关于重要的社会问题和犯罪的各种观点（Oslo politi-distrikt，2015：20）。警察对社会问题的解释是一种有影响力的解释，有助于塑造他们所服务的社区的警务方式。对社会问题进行分类并将其划分到各个机构中的传统方式，影响了警察看待世界的方式，与其他任何人一样。它影响着警察的注视所见以及描述现实的方式（同上）。

分析师似乎并没有放弃找到有关社会问题真正性质的客观知识的希望，而是似乎已经开发出一种方法，该方法试图（而不是抗拒）承认警察的观点需要被这样识别。分析犯罪趋势，并根据警方的资料和统计数据为未来提供建议，几乎无法揭示在文化和政治上与犯罪和社会混乱有关的情况："将活动定义为'犯罪'，除开它的科学价值，总是'说服性的定义'。它包含了一个宣传元素。"（Aubert，1952：266）该报告将当前对犯罪的理解和定义以及警察组织本身作为需要调查的现象纳入分析。

讨论

上述两个案例代表了两种不同的情报基础理论：情报学说与警务的标准模型保持一致，建立在现实前提下，并传达了情报收集和分析的实证观点。相反，奥斯陆警察局战略报告中概述的方法涵盖了现象学，把现象学视作有别于犯罪或社会失序具体表现的一个独立的问题。以情报为主导的警察基于哪种理论是否重要？

不同的观点有什么价值？

不同的观点有助于理解世界吗？这个问题的答案将至少部分取决于基本的情报理论。如果有一个结果客观的情报生产模型，那将是自给自足的。借鉴托马斯·内格尔、赖斯和施普伦格（Thomas Nagel，Reiss and Sprenger，2016，第 2.1 节）的哲学思想，"客观性的概念以两种性质为前提：一种随视角的变化而变化，而另一种即便改变视角也保持不变"。如果人们寻找并找到有关某种现象或事物的客观知识，则通过识别不随视角变化、保持不变的性质，而没有必要添加更多与视角相关的信息。如果一种用于警务知识生产的模型能够提供客观的结果，那么外部的输入似乎就不如基本的认识论假设我们对世界的知识依赖于视角的那种情况一样有用(参见第七章)。

尽管奥斯陆警察局报告包括文化(可变的和偶然的)以及现象学的维度,但他们的模型并没有否认存在不依赖于视角的知识(例如,拳头撞到脸上)的可能性,并且可以将其描述为批判现实主义:"世界上有一些'现实',但理解它们的过程需要对我们的理解进行批判性的自我反思。"(Gill and Phythian,2012:39)没有关于这些数据与当前问题的相关性的基础理论,就不会收集任何数据,并且"信息在上下文中具有意义"(Manning,2001:100)。

将这两种情况放在一个连续统一体上,情报学说被直接置于情报的标准模型末端。它很大程度上依赖于来自警方驱动的报告和其他受控来源的数据,因此不会引起警方观点的质疑。根据拉特克利夫的观点,分析师应该针对客观条件较弱的需求(例如,来自媒体、政治力量和单一问题社区团体的压力)提倡客观的刑事情报评估,而这些人都不太愿意意识到"全局"的复杂特征(Ratcliffe,2009:3)。另一方面,罗恩(Rønn,2013)批评专家分析员是事实的客观仲裁者:"试图将情报分析员表现为警务专家顾问的尝试似乎很吸引人,因为这会引起警察组织的廉正和自治。但是,当所测量的内容不容易定义且价值存在争议时,就会出现问题。"她提出了一种参与式的方法,用于"威胁和伤害评估",其中特定挑战中的所有(或尽可能多的)利益或当事方都表示了对这一问题的各种看法(Rønn,2013:60)。

不受政治影响的政策制定?

我认为战略决策是政策决策,类似于政治:在两种情况下,战略情报的存在都是为了为那些优先考虑可能采取的行动并相应分配资源的人提供知识。以情报为主导的警务特权分析的管理模型,是决策知识的来源。因此,它是组织绩效管理或治理的组成部分。确定优先事项和分配资源等于决策。

情报学说中概述的情报循环包括决策。根据该学说,只要影响决策者的是一个目标,并且被视为情报循环的一部分,就可以合理地质疑将流程视为非政治性的好处。尽管警察对犯罪和社会混乱的观点是其中之一,但他们的观点具有重要意义。情报可产生有关可能威胁安全、安保和社会秩序的实体和现象的知识。可以说,通过情报建立和表达的知识体系不仅仅是在世界范围内的另一种观点。警察的定位是专家,他们可以向其他行为者,包括为警察提供资金的政府,传播有关犯罪和混乱的知识(Ericson and Haggerty,1997)。

ILP避免采取被动的警务方式,并提倡对犯罪问题有针对性且具有成本效益的干预措施。这需要产生"可操作的"知识(Brodeur and Dupont,2006)。他们认为,质疑确定性是道义上的当务之急,因为警察认为会影响行动:

> 如果基于媒体新闻或什么是"真实"的日常信念采取行动,那么将知识和通常不会造成有害后果的"知识"形式的有效性分割开来也许是有道理的。但是,由警察收集或注意到的可采取行动的信息却并非如此:警察的行动可能对个人有害,可能意味着他们被剥夺自由。在被认为是知识和采取行动之前,必须对警察信息或情报进行彻底验证,这一要求与其潜在危害成正比。
>
> (Brodeur and Dupont,2006:22)

尽管有效性是适当且重要的,但不一定是轻易应用于各种知识或查询对象的原则。首先,警务知识的对象可能与可以明确验证的物质或技术事实无关。如奥斯陆警察局报告中所述,对仇恨犯罪等现象的文化敏感性可能会发生变化,这对警察而言是必然的。然而,很难想象如何验证这样的社会事实。第二,可操作的知识既可以预测也可以描述(Rathmell,2002)。鉴于ILP的积极进取心,可行的知识将由对未来的统计预测或定性判断组成。即使根据经过验证的经验观察进行预测(例如,将趋势推算到未来),众所周知,预测仍然很困难,并且难以验证,除非随着时间的流逝而发生。

战略情报产品直接对个人造成伤害的可能性也许不容易被察觉。尽管在情报或调查中有缺陷的警务工作可能对个人造成明显而严重的不利后果,但战略情报却具有造成更大范围危害的风险。警察的知识生产对于犯罪和混乱的治理至关重要,"与权力挂钩的知识不仅拥有'真相'的权威",而且具有使自己成真的权力。一旦应用于现实世界,所有知识都会产生影响,并且至少在这种意义上说"成为真实"(福柯转引自Mythen,2014:35)。良好的治安并不意味着不超越民主和人权理想。这也是要努力确保不会出现由于优先次序处理流程无法采集合理的服务需求而导致人口或地区的服务不足的情况。然而,这些主要是价值问题,在

"客观面纱"后面并未得到充分解决(Sanders et al.,2015:723)。哪个更值得警察干预:有组织的犯罪会以非常严重的方式影响到少数人的生命,或者是大规模犯罪,会触及很多人的生活,但不会造成破坏性的后果?

警察对公民社区的作用

开展警务工作的不同方式来来去去,并建立在各种意识形态和理论的基础上,ILP可与社区警务形成有益的对比。虽然两者都旨在维持秩序和调查犯罪,但ILP旨在提高效率,而社区警务旨在提高合法性(Weisburd and Braga,2006),"帮助自由与安全和解"和"帮助建立对社区的信任"。(Alderson转引自Tilley,2008:376)。在ILP中,警务的范围仅限于执法:"本质上是从事警务的实际业务……这与是什么业务无关。"(Tilley,2008:383)ILP着眼于执法,有忽视社区希望警方协助处理的问题的风险。

克莱文在NIM中研究了社区情报的状况,该模型被她判断为"最纯粹的形式",即"将普通犯罪嫌疑人围捕"(Kleiven,2007:270)。NIM很难让社区参与,因此将生活质量问题置于逮捕和监视之上。问题部分在于,情报的定义和目的——帮助侦查——仍然不明确(2007)。对犯罪和执法的重视挑战了公民向警察求助的各种合理关切。但是,可以适当地调整以情报为主导的警务做法:威胁评估可以采取参与性方法(Rønn,2013),可以从不参与犯罪的公民那里收集关于影响安全感的各种问题的社区情报(Innes,2006;Innes et al.,2009),可以对公民对警察干预措施的反应进行系统的监控,并将其纳入警察管理系统中(Lum and Nagin,2017)。这些都是可以在警察局报告中指出做法的例子,这些做法可以开始克服将警察的观点视为客观的问题。

警务方面的情报技术和专业在很大程度上是从有组织犯罪部门和安全部门发展而来的。在主流警务中,情报本身并没有被视为或应用为一门学科(James,2013)。缺乏透明度可能已被接受,这是由于此类部门处理的问题很严重,而且与广泛的低警务要求相比(Brodeur,2010),其范围相对狭窄。在"大量警务"中实施ILP将使对过程的自我反思更具针对性。

结论

尽管 ILP 可能将自己更多地呈现为一种工具而不是意识形态,但它并非没有视角。警察组织积极绘制从犯罪专家的角度来看的世界地图,并与其他人交流威胁是什么,以及可以合理预期如何对付这些威胁。战略情报传达了警察组织对威胁及其犯罪类别的看法。这并不是说警察实际上不是犯罪专家,也不是说警察组织不应将其分析和经验提供给资助他们的政治机构的知识库。但是,我认为警察组织并不是"最佳"使用资源的完全客观的观察者。警察所认为的观点会影响行动(Brodeur and Dupont,2006),但"镜头背后"没有任何观点(Nagel,1989)。

情报理论的基本认识论可能会影响产品被视为可行的方式。像现实主义社会科学一样,基于现实主义认识论的情报,以一种自我反省的知识理论所没有的方式,保证了超然和公正。从治理的角度看,现实情报可能更有吸引力,并且与绩效管理、审计和结果度量的现有系统更兼容。尽管所分析的两种情况都是规范性文本,但情报学说更为有力。即使将方法的开发留给了情报专业人员(例如奥斯陆警察局分析师),我还是认为它建立在现实主义的假设之上。本文未对警务对受监视环境或现象学的、依赖于视角的知识的影响进行探讨。考虑到情报学说是正在进行的改革的一部分,挪威情报主导的警务似乎准备从现实主义的认识论开始。

警察从压倒性的被动治安模式中摆脱出来,[1]警察在确定和对犯罪和社会混乱定级方面变得更加重要。客观性基于方法是科学的这一基础,可以使主动干预与关于犯罪的识别、评估、衡量和控制的公开而明智的论述隔离开来。警务是充满价值的,而战略决策则需要对理性的人可能会不同意的事情进行判断。并非只有警察组织内部的理性人士可以发表意见。

---

[1] 例如,对"有些事应该现在就去做,而不是任其发生"的情况做出回应(Bittner 转引自 Klockars,1985:16-17)。

参考文献

Anderson, E. (2015) 'Feminist epistemology and philosophy of science', in E. N. Zalta(ed.), The Stanford Encyclopedia of Philosophy(Fall). Metaphysics Research Lab, Stanford University.

Aubert, V. (1952) 'White-collar crime and social structure', American Journal of Sociology, 58(3): 263-271.

Braun, Virginia and Clarke, Victoria(2006) 'Using thematic analysis in psychology', Qualitative Research in Psychology, 3(2): 77-101.

Brodeur, J.-P. (2010) The Policing Web, Oxford: Oxford University Press.

Brodeur, J.-P. and Dupont, B. (2006) 'Knowledge workers or "knowledge" workers?' Policing and Society, 16(1): 7-26.

Cope, N. (2004) 'Intelligence-led policing or policing-led intelligence? Integrating volume crime analysis into policing', British Journal of Criminology, 44(2): 188-203.

Ericson, R. V. and Haggerty, K. D. (1997) Policing the Risk Society, Toronto and Buffalo: University of Toronto Press.

Ericson, R. V. and Shearing, C. D. (1986) 'The scientification of police work', in G. Böhme and N. Stehr (eds), The Knowledge Society, Dordrecht: Springer Netherlands, pp. 129-159.

Gill, P. and Phythian, M. (2012) Intelligence in an Insecure World, 2nd edn, Cambridge/Malden, MA: Polity Press.

Gundhus, H. (2009) For sikkerhets skyld: IKT, yrkeskulturer og kunnskapsarbeid i politiet [To be on the safe side: ICT, occupational cultures and knowledge work in the police], Oslo: Unipub.

Innes, M. (2006) 'Policing uncertainty: Countering terror through community intelligence and democratic policing', The ANNALS of the American Academy of Political and Social Science, 605(1): 222-241.

Innes, M. and Sheptycki, J. W. (2004) 'From detection to disruption: Intelligence and the changing logic of police crime control in the United Kingdom', International Criminal Justice Review, 14(1): 1-24.

Innes, M., Fielding, N. and Cope, N. (2005) '"The appliance of science?" The theory and practice of crime intelligence analysis', British Journal of Criminology, 45(1): 39-57.

Innes, M., Abbott, L., Lowe, T., and Roberts, C. (2009) 'Seeing like a citizen: Field experiments in "community intelligence-led policing"', Police Practice and Research, 10(2): 99-114.

James, A. (2013) Examining Intelligence-led Policing: Developments in Research, Policy and Practice, Basingstoke: Palgrave.

Kleiven, M. E. (2007) 'Where's the intelligence in the National Intelligence Model?' International Journal of Police Science and Management, 9(3): 257 – 273.

Klockars, C. B. (1985) The Idea of Police, Beverly Hills, CA: Sage Publications.

Lum, C. and Koper, C. S. (2014) 'Evidence-based policing', in G. Bruinsma and D. Weisburd (eds), Encyclopedia of Criminology and Criminal Justice, New York: Springer, pp. 1426 – 1437.

Lum, C. and Nagin, D. S. (2017) 'Reinventing American policing', Crime and Justice, 46(1).

Manning, P. K. (2001) 'Technology's ways: Information technology, crime analysis and the rationalizing of policing', Criminology and Criminal Justice, 1(1): 83 – 103.

McDowell, D. (2008) Strategic Intelligence: A Handbook for Practitioners, Managers, and Users, Lanham, MD: Scarecrow Press.

Mythen, G. (2014) Understanding the Risk Society: Crime, Security and Justice, Basingstoke: Palgrave Macmillan.

Nærpolitireformen(2015) Prop. 61 LS(2014 – 2015) [The proximity police reform]. Oslo: Justis og beredskapsdepartementet.

Nagel, T. (1989) The View from Nowhere, New York: Oxford University Press.

Oslo politidistrikt(2015) 'Trender i kriminalitet 2016 – 2017: Utfordringer i den globale byen' [Trends in crime 2016 – 2017: Challenges in the global city].

Phythian, M. (2012) 'Policing uncertainty: Intelligence, security and risk', Intelligence and National Security, 27(2): 187 – 205.

Politidirektoratet(2014) 'Etterretningsdoktrine for politiet. Versjon 1.0' [Intelligence doctrine for the police. Version 1.0], POD publikasjon No. 11/2014.

Ratcliffe, J. H. (2009) 'The structure of strategic thinking', in Strategic Thinking in Criminal Intelligence, 2nd edn, Sydney: Federation Press.

Ratcliffe, J. H. (2016) Intelligence-led Policing, Abingdon and New York: Routledge.

Rathmell, A. (2002) 'Towards postmodern intelligence', Intelligence and National Security, 17(3): 87 – 104.

Reiss, J. and Sprenger, J. (2016) 'Scientific Objectivity', in E. N. Zalta(ed.) The Stanford Encyclopedia of Philosophy(Summer), Metaphysics Research Lab, Stanford University.

Rønn, K. V. (2013) 'Democratizing strategic intelligence? On the feasibility of an objective, decision-making framework when assessing threats and harms of organized crime', Policing, 7(1): 53 – 62.

Rønn, K. V. (2014) '(Mis-) informed decisions? On epistemic reasonability of intelligence claims', International Journal of Intelligence and CounterIntelligence, 27(2): 351 – 367.

Rønn, K. V. and Høffding, S. (2013) 'The epistemic status of intelligence: An epistemological contribution to the understanding of intelligence', Intelligence and National Security, 28(5): 694 – 716.

Scott, L. and Jackson, P. (2004) 'The study of intelligence in theory and practice', Intelligence and National Security, 19(2): 139 – 169.

Sanders, C. B., Weston, C. and Schott, N. (2015) 'Police innovations, "secret squirrels" and accountability: Empirically studying intelligence-led policing in Canada', British Journal of Criminology, 55(4): 711 – 729.

Sheptycki, J. (2004) 'Organizational pathologies in police intelligence systems: Some contributions to the lexicon of intelligence-led policing', European Journal of Criminology, 1(3): 307 – 332.

Tilley, N. (2008) 'Modern approaches to policing: Community, problem-oriented and intelligence-led', in T. Newburn(ed.), Handbook of Policing, Cullompton: Willan Publishing.

Weisburd, D. and Braga, A. A. (eds)(2006) Police Innovation: Contrasting Perspectives, Cambridge: Cambridge University Press.

Weston, C. (2015) 'Hunting for "paper gangsters": An institutional analysis of intelligence-led policing in a Canadian context', PhD thesis, Wilfrid Laurier University.

Whelan, C. (2016) 'Informal social networks within and between organisations: On the properties of interpersonal ties and trust', Policing: An International Journal of Police Strategies & Management, 39(1): 145 – 158.

第十四章　寻找坏人：禁止和驱逐非法摩托车团伙

辛尼夫·扬森

如果你是非法摩托车手，或者你是参与有组织犯罪活动的非法摩托车团伙的成员，那么你已经成为我的名单首位。来到澳大利亚是一种特权，如果你来这里伤害澳大利亚人，欺诈我们的福利体系，犯下严重罪行，那么你将在驱逐出境名单中位居前列。

（移民和边境保护部长彼得·达顿，脸书墙更新，2014年12月22日）

引言

从由马龙·白兰度主演的经典影片《飞车党》为启发开始，到最近的奈飞系列电视剧《混乱之子》，由查理·汉南主演，主角名为杰克逊·泰勒，一个叛逆年轻摩托车手形象，已从美国青年文化的一部分演变为在全球文化消费市场上占据标志性地位。随着摩托车手生活方式的扩展，以及在美国境外的非法摩托车帮派（Outlaw Motorcycle Gangs，OMCG）的建立，"摩托车手文化"也已从被视为当地的治安问题演变为因模仿"反恐战争"这个游戏的语言和逻辑而成为警察和情报机构寻求预防有组织犯罪的目标。

澳大利亚发生的"飞车之战"的声明就说明了这一点，该声明发生在紧迫和"道德恐慌"的气氛中（Morgan et al., 2010; Ayling, 2011, 2013; Ananian-Welsh and Williams, 2014）。在这里，OMCG被定义为与恐怖组织类似的国家安全威胁，正如在口头上使用"飞车之战"以及对"恐怖统治"负有责任的"国内恐怖分子"和"城市恐怖分子"这样的标签所表明的那样（Ananian-Welsh and Williams,2014:15）。这导致澳大利亚多个州引入了"反摩托车手立法",这不仅使剥夺自由以预防未来的犯罪成为可能,而且还在联邦层面使人们更多地利用情报来指导协调多机构努力,旨在破坏、拆除或中和各州和地区的 OMCG 组织。如以上引述澳大利亚移民和边境保护部长脸书墙引言所表明的那样,越来越多的边境管制政策被用于瞄准 OMCG。这意味着部长所提到的名单不仅仅是一个隐喻,还表明他作为警务人员的个人背景将如何影响其部长级优先次序。这是由澳大利亚警察和情报机构提供的 OMCG 成员的实际名单。为了提高 OMCG 政策的有效性,英联邦行政权力的扩大伴随着地方一级保密性和秘密警务常态化。关于澳大利亚对 OMCG 的回应,真正有趣和独特的不仅是围绕该政策领域的奇怪言论,而且是旨在破坏 OMCG 成员调动和结社的行政权力和惩罚性权力之间日益强大的国际国内动力。

在本章中,我们将研究"犯罪预防逻辑"从"反恐战争"到"飞车之战"的迁移,是如何导致新的警务形式和传统的刑事司法制度期望之间的差距扩大的。目的是说明澳大利亚对 OMCG 的处理方式与 2001 年 9 月 11 日以后的趋势是如何吻合的,该趋势赋予警察和安全情报机构越来越多的权力。从实践的角度来看,澳大利亚 OMCG 政策的有效性将从两个角度受到质疑。首先,本章着眼于澳大利亚 OMCG 政策的广泛影响,研究其意料之外的后果,并有证据表明"飞车之战"的实际影响加剧了少数群体和非公民的不稳定地位。其次,请注意以下事实:无法审查针对非公民驱逐出境的决策过程。另外,以情报为主导的警务成为一种自我实现的预言,因为对 OMCG 采取"强硬应对犯罪"的方法破坏了摩托车手团伙成员与警察之间对话的动机。与此相关的是,本章说明了针对 OMCG 的多机构、多辖区的方法如何影响警察和情报机构的内部等级体系,因为对 OMCG 的传统管辖形式已被新颖的技能和思维方式所取代。

本章分为三个部分,以讨论的形式进行组织,首先是对澳大利亚执法的一般描述,以及针对州、领地和英联邦辖区 OMCG 的协调努力。在第二部分中,我介绍并讨论了反恐控制命令制度作为对 OMCG 做出新反应的模型的合理性,以及由此产生的后果。在最后一节中,我将介绍澳大利亚在预防犯罪和先发制人威胁方面所做的最新进展,即执行"品格测试"作为取消签证的理由驱逐 OMCG 成员,使其与在澳大利亚的亲友疏离。澳大利亚模式的一个有争议的特征是,它在很大程度上依赖于保密条款,这些条款允许不给出"受保护的信息",同时免除了给出刑事证据的责任。

本章以相关文献、政府文件、查询和报告以及媒体呈现为基础。还包括实地调查的见解以及与澳大利亚执法机构和专家代表的访谈。实地调查于 2015 年 11 月至 2016 年 3 月进行,涉及维多利亚州、新南威尔士州、首都地区、昆士兰州和南澳大利亚州的 29 场正式访谈和约 40 场非正式对话。大多数非正式对话都是在我进行实地调查和采访特遣队以及来自各个情报机构的代表时进行的。为了匿名起见,在本文中引用或解释采访时,我不会提供消息来源的详细信息,除了会说出他们属于哪个机构,以及相关情况下,他们的州。

在犯罪预防社会中预先消除非法摩托车团伙犯罪

澳大利亚的 OMCG 政策着眼于破坏和威慑,而不是传统意义上的预防犯罪。在过去几年中,预防 OMCG 犯罪的努力主要采取了州和国家级的特遣队和特别行动的形式。针对 OMCG 的国家级特别行动,阿泰罗(Attero)特遣队和摩耳甫斯(Morpheus)特遣队,是联邦努力协商的跨州和地区管辖范围与警务合作相关的复杂法律领域的结果。阿泰罗和摩耳甫斯均由严重有组织犯罪协调委员会(Serious Organised Crime Coordination Committee,SOCCC)成立。SOCCC 于 2012 年创建了阿泰罗,以协调针对打击非法摩托车团伙"叛逆者"帮派的重点工作。摩耳甫斯特遣队成立于 2014 年 9 月,其目标是更广泛的澳大利亚最高风险非法摩托车帮派及其成员。澳大利亚对 OMCG 采取多机构应对措施的目的是,利用和协调多个州、地区和联邦执法与情报机构的专业技能,以及其决策机制。这意味着边境安全部门、政府部门以及州、地区和联邦执法机构聚集在一起,以促进运营和战略情报的流通,并建立对澳大利亚帮派环境的共识,为国家和地方应对方案提供依据,例如破坏和预防策略。

可以将对 OMCG 的多机构应对视为更大社会转变的一部分,从侦破已发生的犯罪转向寻求通过预防将来发生犯罪来控制和管理风险的方法。这是高警务和安全功能的混合体,在某种程度上,对安全威胁的响应在微观和宏观层面都已私域化(另请参见第九章和第十章)。同时,无论是私营部门还是公共部门,例如税务和福利部门、环境组织、企业、银行、酒吧所有者、社区、学校和父母,都被视为新型网络联盟的合作伙伴,以寻求与国家统一的利益。其他人将新警务策略的前瞻性轨迹描述为正在改变警务架构。更重要的是,犯罪干预已加入定量绩效指标列表,这些指标表明了警察和安全机构在新的警务逻辑中取得成功的能力(Sheptycki,2007),这进一步加深了传统预防策略与在"犯罪预防社会"中先发制人控制机制之间的界限(Zedner,2007;McCulloch and Wilson,2015;也参见第二章)。

控制令的变迁

除澳大利亚首都特区(ACT)之外,所有州和地区均已颁布立法,通过实施各种联合法律或所谓的"控制令计划",赋予当局更大的权力来处理与帮派有关的犯罪,或旨在通过针对有组织犯罪网络的个人成员或与犯罪者的"惯常联系"来预防犯罪的"反联系模型"。澳大利亚"飞车之战"中最具影响力的立法是在南澳大利亚州(SA)引入了《2008年严重和有组织犯罪(控制)法》(SA法)。根据朱莉·艾琳(Ayling,2011)的说法,在长期敌对的"地狱天使"摩托车手社团和"科曼奇罗斯"摩托车手社团在悉尼国内航空公司航站楼爆发打斗之后,道德上的恐慌引起了澳大利亚其他多个司法管辖区立法部门的串联。媒体的高度关注有助于推动澳大利亚对OMCG的方法进行重新配置,并增加警务资源,以防止未来发生此类事件。因此,在事件发生仅十天后,在悉尼机场,新南威尔士州(NSW)颁布了《2009年刑事(刑事组织控制)法》,而内森·里德州长宣布将当地反帮派警察分队从现有的50人增加到125人(NBC News,2009)。类似的暴力冲突构成了随后在澳大利亚各州和地区进行法律讨论的背景。

澳大利亚的控制令允许对自由的长期限制,即使在没有证据表明犯罪发生和以前没有定罪的情况下,个人也要受到警察的控制。由于该模型取决于为回应某人与组织的联系——而不是该人的行为——而引入的刑事权力,因此它说明了犯罪预防警务框架以及通过控制可疑行为来防止犯罪的努力。本质上,立法建立并规范了有组织犯罪的观念。控制令结合了民事措施和惩罚措施的混合性质,侦警察不仅可以禁止 OMCG 成员之间的结盟并强制实行宵禁和限制交流,还可以对违规行为处以监禁、罚款或两者并罚。这些法律不仅限制自由,而且实质上使警方对某些群体和个人的监视合法化,从而规避了澳大利亚犯罪制度原本规定的程序保障的高门槛;因此,它们被视为通向更有效警务的途径。

极端措施的常态化

随着新的反摩托车手立法获得法院的支持,各州政府也在努力避免成为 OMCG 的避风港。因此,南澳大利亚州的控制令计划不仅在许多其他澳大利亚辖区"串联",而且还推动了跨辖区执行现有法律、法规和政策工具的努力。阿纳尼亚·威尔士和威廉姆斯所说的"极端措施常态化"(Ananian-Welsh and Williams,2014:17)似乎是一个不断发展的故事,对此澳大利亚政府可以说是拥有最严格的政策。虽然麦克·瑞安州长可能认为南澳大利亚州拥有"世界上最严厉的反摩托车手法律"(Rann,2008;Bartels,2010),但他很快就被新南威尔士州立法者超越,后来又被坎贝尔·纽曼州长超越。坎贝尔·纽曼州长宣布《恶性违法结社解散法》(*Vicious Lawless Association Disestablishment Act*,通常称为 VLAD)和《2013 年刑法(刑事组织破坏)修正法》(*Criminal Organisations Disruption Amendment Act*,通常称为 CODA),宣布:

> 今天,我们将向议会介绍该州史上针对这些暴徒的最严厉法律。确实,它们将是世界上最严厉的法律。它们的设计目的不仅仅是针对或管理帮派。它们旨在摧毁帮派。
>
> (Ackland,2016)

昆士兰州的纽曼政策于 2013 年推出,即"布罗德海滩摩托车手斗殴"之后不久,在著名的度假胜地和赌场度假胜地黄金海岸,"班尼多斯"摩托车手帮派成员与其竞争对手"芬克斯"摩托车手帮派之间爆发了暴力冲突。这项立法赋予了昆士兰州反犯罪与腐败委员会更多的权力,并允许对作为帮派活动一部分的严重罪行处以最高 25 年的有期徒刑。有效的是,纽曼政府还出台了一系列监狱政策,减少了假释监禁的可能性,并为广泛使用单独监禁开辟了道路。此外,立法还决定,有罪的摩托车手应该穿粉红色连身裤,因为这样做会使他们感到羞辱。

执法和溢出效应

尽管昆士兰州的 VLAD 和 CODA 显然是针对摩托车手,但它们也可以用于打击其他群体和犯罪,例如对儿童的有组织性虐待、抢劫甚至是政治抗议团体(Ananian-Welsh and Williams,2014)。这不仅说明了该法律可能产生的深远影响,而且还表明了昆士兰刑事司法系统的态度,该系统已经对诸如涂鸦等轻微犯罪规定了最低刑期。同样,尽管 2012 年新南威尔士州反结社法的意图是打击犯罪团伙,但新南威尔士州监察专员在 2016 年发布的一份报告中提醒人们注意,可适用该法的范围广泛。该报告回顾了过去三年中的实施做法,结果表明,发出的 9 000 多个结社警告中,有许多是不当使用或由于"警察错误"而使用的。该报告还发现,警察使用法规针对弱势人群和无家可归者,以此回应公共座位区、人行道和公共交通枢纽的公共骚扰投诉,并评论说:"通常,这种使用的动力来自这些地区的骚扰行为或当地企业对'不受欢迎的人'破坏零售或酒店业企业的投诉。"(NSW Ombudsman,2016:4)

令人震惊的是,新南威尔士州监察专员还报告说,根据联合立法,土著居民占发出的所有官方被警告人的 38%。这显然是一个过高的比例,因为这个少数群体仅占新南威尔士州总人口的 2.5%。受反结社法律管制的妇女、儿童和青年人中土著居民的比例异常高,占成年结社妇女的一半,占登记的儿童和青年的 60%。新南威尔士州监察专员进一步评论说,在正常情况下,与家庭成员结社属于结社罪,但他解释说,一些警官在考虑结社的人是否为"家庭成员"时,没有"认识到土著文化实践中的亲属概念"(NSW Ombudsman,2016:4)。监察专员对结社法在儿童和年轻人身上的使用表示特别关注,因为"警察的错误率异常高",其中 80% 的警告是错误识别儿童和年轻人的身份进行定罪的。这导致了将近 200 个无效警告。监察专员评论说,这不仅严重浪费了警务资源,而且对直接受影响的人产生了未知的打击。

尽管在其他州没有类似的评论,但研究人员和专家指出了类似的问题,认为媒体、执法机构和政府高估了 OMCG 的实际威胁。在昆士兰州,戈德斯华绥和麦吉利夫雷(Goldsworthy and McGillivray,2017)发现,QPS 反摩托车手特遣队的逮捕和指控只有一小部分涉及实际骑摩托车的人,而 OMCG 仅占记录在案的刑事犯罪的不到 1%。他们认为,昆士兰州犯罪协会的法律和强制性判决对毒品市场活动几乎没有影响,也没有在法院取得成功。实际上,没有犯罪组织的定罪,只有根据强制性刑罚规定的少量指控。更具体地说,2016 年在昆士兰州进行的一次公开调查发现,自 2013 年以来根据 VLAD 强制性刑法被起诉的 202 人中,有82.2% 与 OMCG 没有关系,剩下 7.4% 被归为同伙,还有 10.4% 作为成员(Queensland Government,2016)。

犯罪情报和身份等级变化

昆士兰州的调查评论认为,"参与者"定义的法律范围太广,而且反摩托车手的法律更广泛地从自然和人权的角度挑战了传统的正义观念(Queensland Government,2016:171)。调查特别批评情报和证据之间法律上不清楚的区别,理由是:

> 在我们的法律史上,直到最近,这种与程序公正和对抗正义的常规流程的偏离仍被认为是非同寻常的,以至于仅在反恐怖主义立法的背景下使用……2013 年法律当然设想并涵盖了其使用,但立法部门根本没有定义"犯罪情报",或者仅将其定义为警务专员收集并提供给首席执行决策者的信息。
>
> (P. 156)

简而言之,这意味着,由于昆士兰州立法对情报的定义尚不清楚,因此没有标准将"情报"与警方及其合作机构获得的任何其他形式的信息区分开。这意味着可以合法地对任何人隐瞒警方获得的任何宣布为"犯罪情报"的信息,从而从根本上降低了他们了解和质疑针对他们的指控性质的能力。同时,它告诉我们,有效的立法以及扩大执法和情报机构的权力被视为比个人的自由和权利更为重要。

尽管新政策和法律改革的目的之一是通过激励犯罪网络和团伙成员提供信息来预防有组织犯罪,但有人担心这部分法律无效。例如,昆士兰州警察报告说,新法律并未激励更多人主动提供犯罪信息——实际上,根据 VLAD(2013)指控的人中有 92% 没有向警察透露情报(Queensland Police Service, 2015; 转引自 Goldsworthy and McGillivray, 2017)。在我对警察特遣队代表的采访中,警探们还表达了一种看法,即高压法律迫使他们更多地依赖警察的手段,例如监视和渗透,因为他们与摩托车帮派代表之间基于信任的对话导向关系被破坏了。更直言不讳地说,当他们的政客们对摩托车帮派大力整治时,他们与 OMCG 成员之间的交流已从对话之类变成了对抗性越来越强的方式,包括要求和控制命令。因此,新政策被视为传统社区警务方法的主要障碍,对犯罪情报的需求变得不可避免。这激励了特遣队招募和培训更多的警察,这些警察有能力渗透到 OMCG 俱乐部,并掌握线人和监视技术,并将其秘密情报收集扩展到脸书等社交媒体平台。越来越多的技术使用使他们的警务形式变得越来越私人化,因为收集所有信息,从昨天的聚会到他们的女友和最新的文身等。

似乎随着组织设计和权限变得越来越模糊,人们越来越倾向于使用秘密的和强制性的警察权力(Ransley and Mazerolle, 2009; 也请参见第一和第五章)。除了重新建立信任关系以及与 OMCG 成员进行对话的可能性外,错误、权力滥用和腐败还可能离间摩托车帮派并破坏先前能够引起服从的伙伴关系。在实施更严格的 OMCG 政策时,警察面临的挑战之一是在社会摩托车俱乐部成员与自称或警察视为目标的 OMCG 组成员之间做出重要区分。对于未经培训的警官,许多地方差异以及 OMCG 行为准则和等级制度的保密性为滥用权力和犯下各种错误开辟了道路。在我的访谈和现场笔记中,这是一个经常性的主题,不仅导致在警察内部增加使用专门的情报部门,而且还导致警察和情报官员之间的非正式身份等级制度的使用。其中,成为 OMCG、摩托车和骑摩托车的亚文化专家,就可以确保在执法事业中一直是那个不可或缺的人。虽然 OMCG 的专业知识在上一代人看来与个人能力和对 OMCG 成员及其生活方式的了解,以及与警务机构内部和各个警察机构之间的个人和非正式网络有关,但年轻一代似乎与其工作技能有更重要的联系,这些技能使他们能够在研究某些法律专门领域、警务战术和特定 OMCG 中一小部分成员的团队中工作。重要的是,虽然一些较老的 OMCG 专家在成为新特遣队的一部分之前,多年来一直独自工作或在只由两名男性警官组成的团队中工作,但现代形式的 OMCG 警务着重于官员和特工安全、所属单位的完整性。这需要增加资源和人员以跟上 OMCG 和帮派情报特遣队的快速增长。在我访问的单位中，女性地位正在发生变化，因为以情报为主导的警务越来越不依赖于外表和恐吓能力，而更多地取决于通过正规教育和更多样化的机构背景获得的技术和分析技能。经验丰富的侦探和 OMCG 首领坐下来"面对面"聊天或互相玩心理游戏的故事都属于过去，并不能反映当前的做法。

温水煮青蛙

为了了解警察、情报部门和机构内部不断变化的身份等级，重要的是要意识到它们与澳大利亚税务局的联系如何特别重要，不仅在提高特遣队没收犯罪资产的能力方面，而且还包括在作为警察破坏策略的一部分追捕 OMCG 成员时。寻求联系是因为 OMCG 成员的资产可能不以自己的名义，而且还因为假定这会增加成员离开俱乐部的心理和情感动机。一位 ATO 女联络员向我解释说，"温水煮青蛙"是他们的新策略：

> 我可能某天会给他们开一张小税单，然后两个月后，福利署可能会带走他们的福利金，而另一天，因为他们还可以继续做其他事情，所以我又给他们开了另一张税单——所有这些都是微小的事情，不是对他们穷追猛打，进行大规模的毒品调查并希望他们入狱。如果我们能以多种方式打击他们，他们就会开始思考："哦，在帮派中太艰难了。我一直被所有这些政府机构所刁难。算了吧。我不再做了。"这是我们从某些人那里得到的反馈。他们离开了，"变得太艰难了"，而且当 AFP 或警察不断进入并搜集信息时，他们的家人、妻子、孩子们会感到不安。

这里的获取信息是指有关经济交易和创收活动的信息。但是，针对家庭成员的能力还取决于特遣队收集有关从事严重犯罪活动的组织情报的能力：有关其成员、前成员、准成员和同伙的情报，但越来越多地涉及其家人、朋友和亲密关系。正如我们看到的那样，"温水煮青蛙"与"单纯进行大规模毒品调查"同时出现，并且被认为是阻止 OMCG 犯罪的一种更柔和有效的方式。因此，引文表明，有组织犯罪立法中的刑法规定并不是"打击摩托车帮派战争"的唯一前沿，因为地方特遣队发挥了更广泛的破坏技术手段,这些手段与刑法领域以外的监管制度有关。在我的实地工作中,我看到交通法规被用来强制进行多种药物测试以破坏摩托车活动,暂停摩托车牌照,禁止对建筑物设防的禁令,以及消防安全法规被用来检查俱乐部房屋并暂停它们的使用、拆除这些房屋的其中一部分。此外,法律还禁止在合法经营场所穿俱乐部的衣服。因此,我很快了解到,大多数警务活动都旨在通过任何可用的法律手段破坏 OMCG。一个有趣的例子说明了这如何影响特遣队的能力范围,我遇见了一位专门从事野生动植物保护立法的警务人员——OMCG 成员以饲养非法爬行动物并通过出售赚钱而闻名。

所有特遣队的共同点是,他们进行了战略性工作,努力通过在经济上打击俱乐部成员,使其士气低落。使 OMCG 首领和成员承受财务压力的理由是假设干扰和压力,尤其是经济压力,会产生情感和心理影响,随着时间的推移会削弱其领导结构。如我们所见,经济压力可能以税收法案和撤回福利的形式出现,也可能以法律罚单和失去工作机会的形式出现。这是通过将 OMCG 成员排除在某些执照和许可证之外而强制执行的,这间接地阻止了他们从事诸如安保、建筑或驾驶等工作;拖车司机、当铺经纪人、赌场经营者、汽车经销商和机械师都需要某种形式的执照或许可证(Ayling,2013)。一些州目前正试图效仿《新南威尔士州文身店法》,以通过许可、监管和强有力的警察执法使该行业规范。最初,警察对文身店进行镇压的动机是,该行业已被 OMCG 渗透,并被用作犯罪活动和洗钱的前线。这种形式的法规需要加强权力来执行更严格的法规,例如,通过向行政决策过程提供警方情报,以帮助判断某个人是否是某个特定执照或许可证的"合适且适当的"持有人,或者在执照申请时通过警方安全评估。在 2017 年 4 月通过的最新修正案中,引入了一系列机制来提高 2012 年原始文身店监管计划的效率和有效性。在新南威尔士州,警察局长有权因为申请人与帮派有紧密联系而对他的申请做出不利的安全评估,认为他不是"合适人选"。其他规定确保了警方在决定许可申请或管理许可时使用的任何刑事情报报告均受到保护以防止泄露,这充分说明,正如我们在昆士兰州反骑摩托车手立法中所看到的那样,如果一个执照申请者品行败坏、与帮派有紧密联系,他就没有权利了解申请驳回的理由。

搜寻坏人

　　对一个人是否是"合适人选"的行政判断转化为法律上的所谓"品格测试",因为在确定一个人是否可能从事未来的犯罪行为时确实提出了品格问题(Rimmer,2008)。在过去的十年中,虽然"品格测试"在澳大利亚的性质和使用发生了变化,但追溯到古希腊的哲学,一个人的品格表明了他或她的道德和道德倾向。传统上,当有人寻求某种特权(例如签证、公民身份或重要工作,例如需要安全检查的工作)时,就会使用澳大利亚的品格测试。近年来,在法律背景下对人品的判断范围不断扩大,而且,正如我们在《新南威尔士州文身店法》的例子中所看到的那样,它还用于规范某些行业,以防止有组织犯罪分子渗透。传统上,用来判断一个人人品的证据包括他们的陈述及其过去的活动和行为,包括任何警方记录或刑事指控,但同时,执照或许可证的申请人也可能必须经过警方安全评估,其中包括个人联系和"结社"的证据:一个人的社交网络。这个想法不仅仅是通过执行警方记录检查来评估过去的行为方式,其目的还在于访问情报信息,以评估某人参与密谋犯罪的可能性。随着犯罪情报报告越来越多地被使用并保密,不可审查的行政控制和决策程度也在成比例地增加。此外,由于过去十年来移民和公民法的变化,以及以国家安全为名的新反恐法的广泛适用,未能通过品格测试的后果变得更加严重,因为它有可能导致公民身份申请被拒绝、签证被吊销、被拘留、被驱逐出境或变成无国籍等的后果。

　　在澳大利亚法律背景下,"品格测试"范围扩大的影响以及移民控制与国家安全法之间的交叉点在签证取消和驱逐令的增加中最为明显。2000年之前,根据移民法中的品格测试规定,签证被取消的次数不到十次,而仅在2006/7财政年度,就取消了116份签证,相比之下,2014/15年度为580笔,而2015/16年为983笔(Neave,2016:6)。有趣的是,在2014年1月1日至2016年2月29日期间被取消的1 219项签证中,根据国家安全和有组织犯罪的指控而被取消的签证不足十笔(Neave,2016:7)。实际上,大多数签证的取消是由于暴力犯罪、毒品犯罪、性犯罪、抢劫、盗窃、欺诈和其他非暴力犯罪造成的(同上)。这表明边境与犯罪控制的融合,也许在本文引言部分中移民和边境控制部长彼得·达顿(Peter Dutton)关于以 OMCG 成员为目标的承诺中的一再声明中更加明确地表达了这一点。据报道,达顿部长在 2014 年中至 2016 年 3 月之间(Davidson,2016)将 81 名 OMCG 成员或同伙驱逐出境。2016 年 10 月,他向议会报告说,他在过去 12 个月中取消了 1 013 个签证,其中 100 个是非法的摩托车帮派成员(OpenAustralia.org,2016)。尽管 2014—2016 年的数字并不完全可比且可能不可靠,但 OMCG 签证的取消约占 2014 年 1 月 1 日至 2016 年 2 月 29 日取消的 1 219 项签证的 6%—7%,约占在 2015 年 10 月至 2016 年 10 月之间取消签证的 9%—10%。鉴于摩托车手团伙的规模很小,并且考虑到 OMCG 在澳大利亚犯罪统计中的边际作用,这两个数据估计都表明人数过多。

2016/17 财政年度没有可用的数据。但是,鉴于达顿一再的媒体声明,涉及使用签证取消以使澳大利亚社区免受犯罪侵害并清理签证系统,在他担任部长期间,这些数字似乎将继续增长。我们可能还会看到儿童被包括在未来的数字中,因为他还宣布了他对《移民法》进行修正的承诺,该修正案将使品格规定适用于儿童。达顿在谈到墨尔本的帮派暴力问题时说:"如果你违反法律,如果你的孩子在 12 或 13 岁时作为帮派的一员游走,那么,坦率地说,我们认为你们不应该成为澳大利亚公民或澳大利亚社会的一员。"(Killoran,2017)

2016 年 3 月,彼得·达顿部长与司法部长(也是总理反恐事务助理)国会议员迈克尔·基南举行了联合新闻发布会。他们都强调了情报对于 OMCG 的多机构方法及其决策过程的重要性;情报被表述为"拥有名单",名单不仅包括与 OMCG 有关的人员,还包括其同伙,被称为"帮助促进犯罪"的人,例如其律师和会计师:

> ……当前名单中包括参与"非法摩托车帮派"的人员,但重要的是要拥有其同伙的最新列表——协助犯罪的人员,例如律师和会计师……现在,我们正在寻求新的破坏性方法破坏非法摩托车帮派,包括在其会所执行强制令,我们正在认真调查他们的税收和福利金,我们一直在监视他们的旅行和商务活动,最重要的是,最有效地,达顿部长刚刚概述的是撤销他们在澳大利亚的特权并把他们赶出本国。

(司法部长,2016)

尽管澳大利亚打击摩托车帮派的目的可能是为澳大利亚社区提供一种安全

感,但司法部长的话语所说明的团结和日益对抗的方法却是以道德化的言论为前提的,目的是灌输一种恐惧感,等待犯罪人员以及协助犯罪人员的将是严厉的对待。因此,澳大利亚对待 OMCG 的做法是一种政治上的叙述,其目的不仅在于规训 OMCG 成员成为守法主体,而且实质上是基于在追逐良好品行时对一个国家的敌人、朋友和盟友进行区分的不同实践。

作为移民、打击犯罪和恐怖活动的战略,澳大利亚的品格测试提出了一个观念,即对澳大利亚各州和地区的威胁是外部威胁,因此必须在英联邦层面加以解决,而不是基于社会凝聚力和反犯罪能力在社区一级存在的问题。这样看来,OMCG 政策既不是极端的也不是例外的,而是反映了澳大利亚联邦日益集中的行政权力的一般特征。因此,签证的取消与本章引言部分提到的国家多机构特遣队和情报部门的建立密切相关——流亡的"叛逆者"帮派全国统领亚历克斯·维拉的高调案例就是一个例子。根据莫菲斯行动主席、新南威尔士州帮派警察分队队长侦探督察长黛布·华莱士的公开声明,他的签证一旦被取消,就没有人接任领导职务,这使得新南威尔士州特遣队猛禽队能够"从各个角度击中他们"。据报道,悉尼街头爆发了内部权力斗争和地盘斗争,许多高级帮派成员被杀,该帮派的许多权力基础被侵蚀了(Willacy and McClymont,2015)。

品格和一般签证取消

在 2014 年对《移民法》做出的修正案中,可以找到在移民与边境保护部内部针对知道名字的 OMCG 成员做出战术决定的权力,该法律通常降低了《移民修正案(品格和一般签证取消)法》的门槛。该法案通常被称为"品格测试",用以取消非公民的签证。这些要求在第 501 条中列出,适用于所有非公民,包括几乎一生都在澳大利亚生活的永久居民。根据 2014 年的修正案,如果被定罪的非公民罪犯被判处 12 个月或更长时间的监禁或因两项及以上罪名被判处 2 年以上监禁,他们将自动取消其签证,并将其安置在移民拘留中心等待遣返。因此,根据第 501 条取消的签证数量从 2013/14 年度的 76 起增至 2015/16 年度的 983 起(Neave,2016)。根据《移民法》,签证持有人必须继续满足品格要求才能留在澳大利亚,这为品格测试适用于所有非公民开辟了道路。如果他们从事犯罪活动,或有可能从事严重的犯罪行为,则可以取消签证(相比之下,前一种行为具有很大的风险)。该法不要求对某人的该犯罪活动进行起诉和定罪。它还允许部门从任何州或地区机构获取与某人是否通过品格测试有关的个人信息。

此外,《澳大利亚移民法》包含更笼统的标准:"国家利益"和"对澳大利亚公民的未来风险",再加上保护情报信息的保密规定,允许部长亲自行使广泛的酌处权。重要的是,如果部长"有理由怀疑"某人未通过品格测试,则部长有权做出将其驱逐出境的最终决定。这将举证责任从部长身上转移给了个人,并且不需要确认怀疑是否正确,也无须披露怀疑依据是什么。保密规定旨在提高政府一级对敏感信息的保护水平,并确保各机构有提供这些信息的自由,而不必担心这些信息会公开或损害证人的安全或国家安全。但是,这些规定显然也阻碍了任何想要审查决策过程的人,因为它们只允许在非常有限的情况下对部长的决定进行审查。

在部长亲自做出决定的情况下,几乎不可能在法庭或法院面前质疑或复审该决定。上面提到的"叛逆者"帮派全国统领亚历克斯·维拉和新西兰出生的亚伦·乔·阿杰·格雷厄姆的案例就说明了这一点。维拉小时候来到澳大利亚,但在2014年访问马耳他后被拒绝再次进入澳大利亚。他试图推翻签证取消。维拉先生试图质疑部长保留情报信息的权利,但于2016年被最高法院驳回。同时,格雷厄姆先生于2015年在塔斯马尼亚州多机构镇压行动中被拘留;他没有被指控犯有任何罪行,但是以前曾因对保险欺诈调查员的野蛮殴打而被定罪,这仍然使他符合驱逐出境的要求。2016年,在联邦法院撤销原始裁决仅几小时后,他被第二次剥夺了签证(Robertson,2016)。到2017年,格雷厄姆先生已成为澳大利亚最高安全监狱系统中时间最长的被拘留者之一,因为有关此案的最终决定仍未定。2017年2月,州政府干预了他的高等法院上诉,支持澳大利亚政府将他驱逐出境的权力,还主张联邦议会有权决定哪些信息应为国家安全利益而保密(Mercury,2017)。

等待的好处

英联邦监察员最近进行的一项调查(Neave,2016:6,14)发现,所有取消撤销的决定都由部长亲自做出,大多数撤销(75%)的决定也是。调查还发现,没有标准的时限来处理撤销请求,而且可能需要数年的时间才能最终决定取消签证的撤销申请,这使大量人员在等待部长的签证决定。其中许多人在澳大利亚拘留中心,因为他们担心如果离开澳大利亚领土,该决定将是负面的。在决定是否取消签证时,部长具有广泛的权力,如第 65 号部长指令所示,要求决策者考虑:(1)保护澳大利亚社区免受犯罪或其他严重行为的侵害,(2)澳大利亚未成年人的最大利益,以及(3)澳大利亚社区的期望。65 号令还指出,如有必要还必须考虑其他因素。这些问题包括但不限于国际义务以及对澳大利亚商业利益、受害者的影响以及如果撤销会遇到的障碍程度等问题。

虽然部长拥有广泛的自由裁量权,但在其部门一级却是相反的情况(Nethery,2012)。这意味着部门做出的决定不会自动考虑诸如家庭状况或照顾者责任等事项,或者是否需要考虑其他情况。根据监察专员的报告,品格测试的管理由国家法规与品格中心(National Compliance and Character Centre,NCCC)协调和管理。NCCC 使用品格案例优先级排序矩阵来确定处理第 501 条签证取消案例的顺序。该汇总表侧重于案件的严重性,并且将暴力或性犯罪列为优先事项。此外,根据以下因素对案件进行优先排序:声誉风险、对移民拘留中心的良好秩序的影响、被拘留者从澳大利亚迁离的便利性以及被拘留者的健康状况。该矩阵还指出,部长的战术考虑可能会影响优先级。监察员报告(Neave,2016)指出,尽管 NCCC 在行使法律方面没有任何酌处权,但其工作重点是监狱和有严重刑事定罪的人。这意味着,大多数通过签证确认的人都是通过州和地区矫正服务提供的囚犯名单来识别的,因此,他们的选择是 2014 年修正案的结果,该修正案使已被判处 12 个月或以上的监禁,或因两项或以上的罪行被判处两年或以上徒刑的被定罪非公民罪犯自动取消签证。

监察专员约翰·麦克米兰(John McMillan,2006)的早期评论批评该部门的不一致和临时识别过程,并得出结论认为,许多人是因为"不幸"才需要接受品格测试(Nethery,2012),但监察专员科林·尼夫的报告在描述 NCCC 与州和领地矫正服务机构之间不一致和非正式的关系时的语调则较为温和,只是指出 NCCC 本身将这描述为充分评估(Neave,2016:9-10)。非正式性似乎延迟了囚犯名单的提供,尽管该部门确实有权强迫提供信息,但由于隐私法的原因,有些监狱根本拒绝提供囚犯名单。只有西澳大利亚州地区合规团队与他们所在州的惩戒服务部门达成正式协议。

据 NCCC 称,该部门还使用其他方法,包括媒体和互联网监视、社区报告、执法机构的查询或转介、签证申请声明、乘客卡声明或 CMAL(系统警报)激活。所有这些都可能导致非公民被识别并评估签证的取消(Neave,2016:9)。监察员报告除了有关国籍和定罪的统计数据之外,不包含任何对这些方法如何代表合格非公民标识的统计数据,也没有提供有关人员类别的特定优先顺序的信息。因此,根据公开的信息,很难知道部长级战术考虑导致了多少次签证取消,以及自动签证取消和对定罪的非公民罪犯的拘留数量是多少——以及运作良好的官僚体系在联邦一级协调被定罪的州和地区囚犯的驱逐数量是多少。在澳大利亚进行实地调查时,我试图获得有关针对 OMCG 进行品格测试的战术使用的信息,因为一些采访表明,警方正式和非正式地要求这样做。尽管似乎不可能有针对性地做出努力来解决所有 OMCG 签证的取消,但仍无法获得有关 OMCG 签证取消的详细信息。这也意味着我们不能排除一些签证被取消的人是 OMCG 成员的家人或朋友,而不是犯罪分子。这种透明度的缺乏与英联邦监察员调查的结果相对应,因为它还指出了难以评估州际差异的相关性和影响,包括其遵守联邦移民体系目标的能力和动机,这是 NCCC 在寻求协调监狱和拘留系统提供的信息以取消签证方面面临挑战的一个因素。当地利益相关者的不服从、向联邦机构提供相关信息的延误或失败,很容易是由于对新联邦政策的抵制导致的无能和资源缺乏。英联邦监察员 2016 年的报告对此未有提及。作为记录,我于 2016 年 2 月 28 日通过电子邮件与达顿部长联系,礼貌地要求提供信息。我于 2017 年 4 月 23 日再次联系他的办公室,再次要求提供信息,并被再次沉默以对。

最终讨论

苏珊·哈里斯·里默在 2008 年指出了在澳大利亚增加使用品格测试的道德含义,并预言了一种制度的发展,在这种制度下,非公民的行为标准要比澳大利亚公职人员的期望更高。作为其论点的延伸,我们可以说,如果要求澳大利亚公民的品格达到与非公民相同的标准,那么犯错的空间可能会比目前少。因此,自相矛盾的是，当我们不给人们怀疑的权利、不通过他们的行为去评判他们，而是因为我们担心他们会做什么或可能认识谁去对他们进行判断时，缺乏部长级决策的问责制以及澳大利亚法院无法公开质疑情报，就为错误和滥用权力开辟了很大的不受限制的空间——以预防为名。换句话说，由于情报和品格测试的管理原则已从反恐立法过渡到预防犯罪，这在行政和法律审查途径的侵蚀中重新调整了澳大利亚与其国民之间的信任关系。J. 麦卡洛克和 D. 威尔逊（McCulloch and Wilson, 2015:134）提醒警惕透明度的缺乏，并辩称，缺乏透明度导致掩盖错误、无能、腐败和国家罪行，将这些看成是在一个权衡伤害与采取行动必要性的系统中可辩解，甚至不可避免的。一方面国内犯罪与司法之间的差距在缩小，另一方面由于对可预见威胁和稳定身份的想象对国家安全构成威胁，因此限制人民自由的行政权力在不断扩大。因此，似乎预测和控制未来的期望为当前的主观决策提供了必要的借口，使我们盲目相信达顿部长的道德情操将在他顺着名单处理 OMCG 成员和同伙时指导他的能力，避免犯错。

参考文献

Ackland, R. (2016) 'Futile and costly bikie laws have not addressed "organised" crime but then, they didn't need to', The Guardian, 14 April [Online].

Ananian-Welsh, R. and Williams, G. (2014) 'The new terrorists: the normalisation and spread of anti-terror laws in Australia', Melbourne University Law Review, 38: 362.

Ayling, Julie M. (2013) 'Going Dutch? Comparing Approaches to Preventing Organised Crime in Australia and the Netherlands', RegNet Research Paper No. 2013/12.

Ayling, J. (2011) 'Pre-emptive strike: How Australia is tackling outlaw motorcycle gangs', American Journal of Criminal Justice, 36(3): 250–264.

Bartels, Lorana (2010) 'The Status of Laws on Outlaw Motorcycle Gangs in Australia', Research in Practice Report No. 2(2nd edn), Australian Institute of Criminology.

Davidson, H. (2016) 'Visas of 81 bikie gang members havebeencancelled, Peter Duttonsays, The Guardian, 11March[Online].

Goldsworthy, T., and McGillivray, L. (2017) 'An examination of outlaw motorcycle gangs and their involvement in the illicit drug market and the effectiveness of antiassociation legislative responses', International Journal of Drug Policy, 41: 110–117.

Killoran, M. (2017) 'Minister Peter Dutton says tougher immigration laws on the way', The Courier-Mail, January 19.

McMillan, J. (2006) 'The administration of section 501 of the immigration Act 1958 as it applies to long-term residents', Report no 1. Commonwealth Ombudsman: Canberra. Migration Act 1958(Cth).

McCulloch, J. and Wilson, D. (2015) Pre-crime: Pre-emption, precaution and the future, Abingdon: Routledge.

Mercury, P. B. (2017) 'State Government backs deportation of bikie AJ Graham' The Daily Telegraph, February 19 [Online].

Minister of Justice(2016) 'Disrupting the threat of outlaw motorcycle gangs', Joint media release, 11 March [Online].

Morgan, G., Dagistanli, S. and Martin, G. (2010) 'Global fears, local anxiety: Policing, counterterrorism and moral panic over "bikie gang wars" in New South Wales', Australian & New Zealand Journal of Criminology, 43(3): 580 – 599.

NBC News(2009) '4 charged in deadly Sydney airport brawl', March 23 [Online].

Neave, C. (2016) 'The administration of section 501 of the immigration Act 1958', The Department of Immigration and Border Protection. Report no. 08, Commonwealth Ombudsman: Canberra. Migration Act 1958(Cth).

Nethery, A. (2012) 'Partialism, Executive Control, and the Deportation of Permanent Residents from Australia', Population, Space and Place, 18(6): 729 – 740.

NSW Ombudsman(2016) 'The consorting law Report on the operation of Part 3A, Division 7 of the Crimes Act 1900', April.

OpenAustralia. org(2016) Questions without Notice. Visa Cancellations: 19 Oct 2016: House debate [Online].

Ransley, J., and Mazerolle, L. (2009) 'Policing in an era of Uncertainty', Police Practice and Research, 10/4: 365 – 381.

Rimmer, S. H. (2008) 'The Dangers of Character Tests: Dr Haneef and other cautionary tales', Discussion Paper Number 101, ISSN 1322 – 5421 THE AUSTRALIA INSTITUTE.

Robertson, J. (2016) 'Former bikie boss faces deportation after Peter Dutton cancels visa again' June 10 [Online].

Sheptycki, J. (2007) 'High Policing in the Security Control Society', Policing, 1: 70 – 79. Queensland Government (2016) Taskforce on organised crime legislation. Brisbane: Queensland Government.

Willacy, M. and McClymont, A. (2015) 'Rebels boss Alex Vella, stranded in Malta, speaks out over legal battle to return to Australia', 13 July [Online].

Zedner, L. (2007) 'Pre-crime and post criminology?' Theoretical Criminology, 11 (2): 261 – 281.